有效的
渔业管理

可持续渔业政策的实施

Making Fisheries Management Work
IMPLEMENTATION OF POLICIES FOR SUSTAINABLE FISHING

斯汀格·S.耶塞柳斯（Stig S. Gezelius）主编
加斯帕·拉凯尔（Jesper Raakjær）

唐议 沈卉卉 译

中国民主法制出版社

2018年·北京

北京市版权局著作权登记号图字：01-2018-4459

图书在版编目（CIP）数据

有效的渔业管理：可持续渔业政策的实施／（挪）
斯汀格·S. 耶塞柳斯（Stig S. Gezelius），（丹）加斯
帕·拉凯尔（Jesper Raakjær）主编；唐议，沈卉卉译
. —北京：中国民主法制出版社，2018.7

ISBN 978-7-5162-1846-4

Ⅰ.①有…　Ⅱ.①斯…　②加…　③唐…　④沈…　Ⅲ.
①渔业管理—研究—世界　Ⅳ.①F316.4

中国版本图书馆 CIP 数据核字（2018）第 154698 号

Translation from the English language edition：
Making Fisheries Management Work
Implementation of Policies for Sustainable Fishing
edited by Stig S. Gezelius and Jesper Raakjær
Copyright © 2008 Springer Science + Business Media B. V.

图书出品人：刘海涛
出 版 统 筹：乔先彪
责 任 编 辑：程王刚
责 任 校 对：姚丽娅
装 帧 设 计：黄慧君　顾建成

书名／有效的渔业管理——可持续渔业政策的实施
作者／斯汀格·S. 耶塞柳斯（Stig S. Gezelius）　加斯帕·拉凯尔（Jesper Raakjær）　主编
　　　唐议　沈卉卉　译

出版·发行／中国民主法制出版社
地址／北京市丰台区玉林里 7 号（100069）
电话／（010）63292534　63057714（发行部）　63055259（总编室）
传真／（010）63056975　63292520
http：// www. npcpub. com
E-mail：flxs2011@ 163. com
经销／新华书店
开本／16 开　710 毫米×1000 毫米
印张／13.75　字数／240 千字
版本／2018 年 9 月第 1 版　2018 年 9 月第 1 次印刷
印刷／北京建宏印刷有限公司

书号／ISBN 978-7-5162-1846-4
定价／45.00 元
出版声明／版权所有，侵权必究。

翻译说明

一、本书系耶塞柳斯和拉凯尔所编著的 *Making Fisheries Management Work*：*Implementation of Policies for Sustainable Fishing* 一书中文全译本，所据版本为德国施普林格出版社 2008 年第一次印刷本。

二、书中人名和专有术语一般按照通行译法译出，有些无通行译法的人名和术语，译者括注了相应的原文或不作翻译，以便读者对照和理解。所引用著作已有中文版的，按照已出版的中文著作名称表达，其他情况则保留原文，不作翻译。

三、本书切口处标注了原书页码，与索引中对应的页码一致。

序　言

　　近年来，东北大西洋渔业的现状反映了现代渔业管理政策在实施中的诸多缺陷：很多情况下，渔获物丢弃、隐瞒或虚报渔获物上岸量是造成资源破坏、养护目标难以达成的主要因素。渔业管理相关的社科文献认为，资源养护政策的实施与执法是否严格有关，并将监管和处罚机制视作确保渔民遵守捕捞限制并如实上报渔获量的主要手段。但是，我们连续几年对渔民合规性进行调查后发现，政策的有效实施并不局限于监管和处罚这两种方法。本书旨在对渔业养护政策的有效实施提供更多的建议。

　　以挪威为例，该国约有7000艘渔船分布在2万余公里的海岸线上，而沿岸居民不足500万人。因此，通过简单的监视和执法手段确保渔民依法从事捕捞活动并不现实。挪威的渔业监管体制在很大程度上是通过政府/产业合作，并依靠法律法规提供保障。

　　不同的沿海国在渔业管理政策的实施过程中会遇到一些典型的问题，如渔获物丢弃和上岸量误报等。由于各国的体制、政治和自然环境不同，渔业管理制度也有很大的差别。因此，我们采用了比较研究的方法，分析各国渔业制度的差异及其产生的深层原因。渔业管理的本质要求我们从历史的角度出发，对影响管理制度发展的结构状况和演变过程进行比较分析。

　　本书旨在为渔业管理的实施提供多角度的看法。2005年，在挪威从事渔业合规研究的耶塞柳斯与在丹麦/欧洲从事渔业合规研究的拉凯尔取得联系，决定通过比较研究的方法，从历史角度出发，对渔业资源养护管理制度在实施过程中出现的法律和行政问题进行深入的探讨和分析。耶塞柳斯的最初想法是对挪威、法罗群岛和欧盟在渔业管理中遇到的挑战和解决方案进行比较分析。拉凯尔随后争取到同事海格兰的加入。在拉凯尔和海格兰对欧盟的渔业管理制度进行研究的过程中，他们意识到有必要拓展分析的角度，将政策执行中遇到的挑战和问题放在欧盟多边的环境中进行讨论。由于欧盟各国有不同的政治立场和深层的利益冲突，其在养护措施的实施方面也有明显不同的结果。此外，在欧盟的环境下，养护政策的实施作为结构性政策的一部分，具有高度的政治敏感性。因此，我们在这个研究项目中增加了一个新的比较维度——政策实施过程中政治目标改变的原因。虽然渔业资源养护政策在实施过程中遇到的问题不止本书中提到的四个案例，但是我们希望本书能为渔业管理提供新的研究角度，关注政策实施的不同方面。虽然本书不能展现渔业管理的全貌，但是希望其他学者能为我们的研究提供建议和补充，对渔业管理在执行阶段容易忽略的问题进行深入研究。

这项名为《大西洋渔业总可捕量制度的实施情况研究》（Implementation of TACs in the Atlantic Fisheries，ITAC）的项目受到挪威研究理事会（Research Council of Norway，NFR）的资助，于2006年1月至2008年3月期间完成。参与项目的机构包括挪威奥斯陆的挪威农业经济研究所（Norwegian Agricultural Economics Research Institute，NILF）和丹麦希茨海尔斯北海中心奥尔堡大学的创新渔业管理中心（Innovative Fisheries Management，IFM）。研究团队包括挪威农业经济研究中心的耶塞柳斯博士（项目负责人）、洛雷罗博士，以及来自创新渔业管理中心的拉凯尔教授和海格兰先生。

本书在写作的过程中也得到了研究团队以外很多人的帮助和贡献。特别感谢帕莱夫斯基女士，她对其中几章提出了宝贵的意见，参与了准备阶段的讨论，并为第七章的写作提供了帮助，因此我们把她作为第七章的共同作者。在本书出版的过程中，我们也受到许多人的帮助。在此要感谢挪威农业经济研究中心的威格兰德博士和斯卡斯丹德先生，为本书第一章提供了重要的建议；感谢创新渔业管理中心的克里科女士对本书的第一章以及第五章到第七章进行了校对。同时，我们也要感谢法罗群岛渔业和海洋事务部的托夫唐、法罗渔业检验中心的西蒙生、法罗渔业实验室的来纳特、法罗议会的奥德和法罗渔民协会的雅各森为第四章提供的帮助。感谢东北大西洋渔业委员会（NEAFC）荷艾达对第一章和第四章的贡献。感谢不来梅大学的马库斯为第五章共同渔业政策（CFP）提供法律方面的建议。感谢丹麦中上层渔业渔民生产组织的奥尔森先生和奥尔堡大学哲特莫教授为第六章提供的建设性意见。最后，我们要感谢挪威、法罗群岛和丹麦三国渔业行政部门和捕捞行业的所有相关人员抽出宝贵的时间与我们讨论渔业管理中出现的问题。如果没有他们的帮助，本书不可能顺利完成。

Xi 本书各个章节的作者姓名以字母顺序排列。耶塞柳斯承担了主要的编辑任务，拉凯尔提供协助，因此编辑的排序耶塞柳斯在先，拉凯尔随后。最后，我们非常享受本书的创作过程，希望各位读者也同样享受本书的阅读过程。

耶塞柳斯和拉凯尔

缩略词

ACFM　Advisory Committee for Fisheries Management　渔业管理咨询委员会

AdlP　Amis de la Pêche　渔之友

BCF　Board for Commercial Fishing　商业捕捞委员会

CEC　Commission of the European Communities　欧共体委员会

CEU　Council of the European Union　欧盟理事会

CFP　Common Fisheries Policy　共同渔业政策

CPUE　Catch Per Unit Effort　单位捕捞努力量渔获量

DG　Fish Directorate General for Fisheries and Maritime Affairs　渔业和海洋事务总署

DAF　Danish Fishermen's Association　丹麦渔民协会

DoF　Directorate of Fisheries　渔业局

DKK　Danish Kroner（1 DKK equals approximately 0. 13 ）　丹麦克朗（1 丹麦克朗约0. 13 欧）

DPPO　Danish Pelagic Producers Organisation　丹麦中上层渔业生产者组织

ECJ　Court of Justice of the European Communities　欧盟法院

EEZ　Exclusive Economic Zone　专属经济区

EFZ　Exclusive Fishing Zone　专属捕捞区域

EP　European Parliament　欧洲议会

EU　European Union　欧盟

FAO　Food and Agricultural Organization　联合国粮食和农业组织

FIFG　Financial Instrument for Fisheries Guidance　渔业指导融资基金

FKA　Fartøjs Kvote Andele（vessel quota shares）　渔船配额

FoF　Friends of Fish　鱼之友

GRT　Gross Register Tonnage　总注册吨位

GT　Gross Tonnage　总吨位

ICES　International Council for the Exploration of the Sea　国际海洋考察理事会

ICNAF　International Commission for the Northwest Atlantic Fisheries　国际西北大西洋渔业委员会

ITQs　Individual Transferable Quotas　个体可转让配额

kW　Kilowatt　千瓦

MFAF　Ministry for Food, Agriculture and Fisheries　食品农业和渔业部

NAFO　Northwest Atlantic Fisheries Organization　西北大西洋渔业组织

NEAFC　North East Atlantic Fisheries Commission　东北大西洋渔业委员会

nm　Nautical miles (1 nm equals 1.852 kilometres)　海里（1 海里等于 1.852 千米）

OECD　Organization for Economic Co-operation and Development　经济合作与发展组织

QMV　Qualified Majority Voting　多数表决制

RAC　Regional Advisory Council　区域咨询理事会

SSB　Spawning Stock Biomass　产卵群体生物量

STACRES　Standing Committee on Research and Statistics　调查与统计常设委员会

TAC　Total Allowable Catch　总可捕量

USSR　Union of Soviet Socialist Republics　苏维埃社会主义共和国联盟/苏联

UK　United Kingdom of Great Britain and Northern Ireland　大不列颠和北爱尔兰联合王国/英国

Xiv　VMS　Vessel Monitoring System　船舶监视系统

VPA　Virtual Population Analysis　有效种群分析

WGBEAC　Working Group on Joint Biological and Economic Assessment of Conservation Actions　养护行动生物经济联合评估工作小组

WWII　World War II　第二次世界大战

WWF　World Wide Fund for Nature　世界自然基金会

渔业管理术语一览[1]

兼捕渔获物（By-catch）：除目标渔获物以外渔民无意捕获的渔获物（FAO 2008）。在实际应用中，该术语相当于副渔获物。

底层渔业（Demersal fisheries）：对海洋底层鱼类种群的捕捞作业。简单来说，底层是指靠近海床部分的水域。鳕鱼和黑线鳕是底层渔业中典型的目标鱼种。刺网、延绳钓和底拖网是底层渔业中常见的作业渔具。

丢弃渔获物（Discard）：在渔获物捕获的情况下，将其放生或扔回大海的情况（FAO 2008）。丢弃的渔获物往往处于死亡或濒临死亡的状态，尤其是在捕捞上船被再次丢弃后，这也意味着渔获物丢弃导致一部分捕捞死亡未上报和未登记。

产能利用率（Capacity utilisation）：捕捞产能的实际利用程度。产能利用率经常以实际捕捞时间与理论可捕捞时间的比率衡量（FAO 2004：119）。

单位捕捞努力量渔获量［Catch per unit effort（CPUE）］：每个单位的捕捞努力量所得到的渔获量（例如，每月延绳钓每一枚钓钩的渔获尾数）。

努力量限制（Effort regulation）：限制捕捞努力量的正式法规（尤其是国家条例）。努力量限制一词通常指对产能利用率的限制（例如，渔场的船作业天数限制），但也可指对捕捞能力的限制。就达到目标捕捞死亡率来说，努力量限制也指总可捕量限制。

捕捞能力（Fishing capacity）：渔船或船队能够产出渔获的能力。渔船的捕捞能力通过渔船在完全利用的情况下所捕获的渔获量或所使用的捕捞努力量衡量（FAO 2008）。船队的捕捞能力受渔船数量、吨位和马力、渔具捕捞技术、渔民的专业知识水平等因素的影响。

捕捞天数限制（或出海天数限制）（Fishing day regulations）(or sea-day regulations)：一定时期内渔船作业天数的限制。捕捞天数限制也是努力量限制的一

---

[1] 本书对术语的定义基于 FAO（www.fao.org/fi/glossary/）提供的解释。一些技术性定义经过修改，并尽量用非技术性语言进行表达，因此个别术语的解释可能有所简化，另见：www.nefsc.noaa.gov/techniques/tech_terms。

种，同时限制了渔船的产能利用率。

捕捞努力量（Fishing effort）：一定时期内投入捕捞生产工具的数量或强度（里克引用自 FAO 2008）。简而言之，捕捞努力量是捕捞能力（例如，以吨位 GRT 和功率 KW 衡量）、捕捞活动（捕捞时间）和捕捞工具的相关函数。实际上，（不一定在定义上），捕捞努力量以捕捞能力和产能利用率进行计算，可以通过诸如渔场的千瓦天（作业天数）进行衡量（FAO 2008）。

捕捞死亡率［Fishing mortality（or fishing mortality rate）］：某一鱼类种群由于捕捞活动产生死亡的比率，通常用一年种群捕获的百分比表示（FAO 2008；NEFSC 2008）。

捕捞权（Fishing right）：捕捞一定数量的鱼类，或一定比率的总可捕量的权利，或根据规定使用渔船（或其他任何具体捕捞工具）的权利。

择优弃劣法（High-grading）：丢弃价值较低的渔获物，以提高渔获上岸量的经济或配额价值。

兼捕渔获物（Incidental catch）：渔民作业时意外捕获的渔获物（Clucas 1997）。兼捕渔获物往往由于渔民无法进行选择性捕捞所致。

中上层渔业（Pelagic fisheries）：以中上层鱼类为目标渔获物的捕捞作业。中上层指相对海床和沿海水域而言较为开阔的区域。鲱鱼、鲭鱼、蓝鳕、毛鳞鱼等都是中上层渔业中典型的目标鱼种。中上层渔业主要渔具是围网和中层拖网。

配额/渔获配额（Quota/Catch quota）：有关渔获物捕捞的数量限制。本书中的配额是一个综合性的概念，包括总可捕量，成员国从总可捕量中得到的份额，船队的份额，个人或个体渔船的份额，以及总可捕量制度实施前的捕捞定量限制（如船次限制）等。[2]

xvii **结构性政策**（Structural policies）：用以规范船队规模和构成的政策。结构政策一般旨在降低捕捞能力。捕捞许可证是结构政策中普遍采用的做法，许可证制度往往和其他政策（如渔船回购、捕捞权转让等）结合使用来降低捕捞能力。

目标渔获物/目标种群（Target catch/target species）：渔民捕捞作业时希望捕获的鱼种。

目标捕捞死亡率［Target fishing mortality（or target fishing mortality rate）］：捕捞死亡率有关的政治目标。例如，某一种群的目标年捕捞量是该种群数量的 20%，

---

［2］ 本书中配额的定义与 FAO 对"渔获配额"的定义稍有出入，后者的限制范围更广。

那么，以非技术性的说法，这就是目标捕捞死亡率。

总可捕量（Total allowable catch）：有关某一鱼种每年允许捕捞的渔获数量的政治决策。TACs 的具体数量以一年为单位进行核定，通常作为达成目标捕捞死亡率的监管手段。

参考文献

Clucas I. 1997. A Study of the Options for Utilization of Bycatch and Discards from Marine Capture Fisheries. FAO Fisheries Circular No. 928 FIIU/C928. Rome：FAO.

Food and Agricultural Organization of the United Nations（FAO）. 2008. www. fao. org/fi/glossary/. Accessed 18 February 2008.

Food and Agricultural Organization of the United Nations（FAO）. 2004. The State of World Fisheries and Aquaculture 2004. FAO，Rome.

Northeast Fisheries Center（NEFSC）（U. S. Department of Commerce）. 2008. www. nefsc. noaa. gov/ techniques/tech_terms. Accessed 18 February 2008.

目 录

vi

第一章　可持续渔业政策实施中存在的问题

耶塞柳斯

【摘要】本章作为导论，对本书案例分析中出现的研究和管理问题进行了概述，从社会科学角度介绍了渔业管理政策在实施中出现的问题，指出政策的实施在研究中鲜有涉及。此外，本章简单介绍了管理体系的不同类型，以及不同管理类型在实施中遇到的挑战。最后，本章将管理体系的不同类型与本书案例相结合，对本书重点讨论的问题进行了综合性概述。

1.1　引言

在 1977 年引进 200 海里专属经济区（Exclusive Economic Zones，EEZs）的概念以前，北大西洋渔业委员会负责对北大西洋的鱼类种群进行管理，主要通过技术性措施（网目尺寸限制）控制渔民在渔业方面的投入。然而，到了 20 世纪 60 年代，随着渔船现代化程度的提高，单纯的网目尺寸限制已经不能应对资源养护中面临的挑战。人们开始考虑采用有别于传统技术性限制措施的方式，对捕捞活动进行切实有效的控制。当时，渔业管理者并不确定该采取何种有效的管理方式，讨论的方案包括对捕捞产出进行控制（渔获配额制度）、通过捕捞努力量限制达到捕捞投入的控制等[1] 考虑到鱼类种群的分布和侦查问题，北大西洋渔业委员会最终决定制定一项评估捕捞努力量和捕捞死亡率[2]相关性的可靠标准，并如第二章所述，选择渔获配额制度对该区域的鱼类种群进行管理。因此，沿海国通过 EEZ 的设立实现了对近海渔业资源的控制，而总可捕量（Total Allowable

---

[1]　简单来说，捕捞努力量是时间、渔具等可用于捕捞作业的资源的总量。努力量的规范是总可捕量制度以外保障可持续渔获物的另一种方案。完整的解释见缩写词列表。

[2]　见技术术语一栏中捕捞努力量和捕捞死亡率的定义。简单而言，捕捞努力量指在捕捞作业中花费的资源总量，而捕捞死亡率指某一鱼类种群由于捕捞而减少的比率。

Catches，TACs）制度成为主要的渔业管理方式。渔获配额制度、兼捕渔获物管理、幼鱼和小鱼捕捞限制等措施对渔民的捕捞活动进行规范，成为现代渔业管理的核心。

原则上，TAC 制度的实施是渔业资源保护的重要一步，实现了渔业管理人员对捕捞死亡率的直接控制。理论上，新 EEZ 制度的确立进一步夯实了可持续渔业管理的基础，沿海国将近海渔业置于国家管辖下，意味着严重依赖渔业的国家得到渔业资源的直接控制权。然而，这些改革收效甚微：在 20 世纪 70 年代和 80 年代，过度捕捞日益严重。20 世纪 90 年代初，随着几种重要的鳕鱼渔业接连面临危机，北大西洋过度捕捞成为亟待解决的管理难题。据联合国粮农组织（FAO）估计，在全球范围内，过度开发和资源接近枯竭的鱼类种群从 20 世纪 70 年代中期的 10% 增加到 20 世纪 90 年代初的 25% 左右。本书案例中提到的东北大西洋是受影响最严重的地区之一。完全开发的种群比例持续增加，过度开发的种群所占比例趋于稳定。目前主要的渔获种群都处在充分开发或过度开发状态（FAO 2007：29-33）。

政府基于科学的管理方法在防止过度捕捞方面有很多失败的经验教训，前人对其失败的原因和后果也做了很多研究。影响渔业可持续发展的原因，诸如专业知识的匮乏、政治因素的影响、渔民非法捕捞等，都受到了普遍的关注和讨论。然而，尽管人们已经意识到确保渔业可持续发展的重要性，学术文献中却很少提到养护政策实施中遇到的法律和管理问题，这也是促使我们完成本书的原因之一。无论资源养护的政治目标定得多么伟大，科学依据多么翔实，如果得不到有效的实施，都是一纸空文，而渔业管理在这方面确实受到很多严峻甚至是特有的挑战。

本章通过一系列案例研究概述了渔业政策在实施过程中遇到的重要挑战，并尽可能给出解决方案。这些案例表明，可持续渔业政策在实施中遇到的挑战多种多样，但是不同的管理体系都有其典型的管理问题。因此，要了解渔业资源管理政策实施中的问题，首先要对不同的管理体系进行分类。本章对不同的管理体系进行了分类，并对其在实施中的问题进行了大致的讨论。最后，本章以类型学作为理论基础对本书案例进行了分类。

本章尝试将渔业资源管理中的社会问题进行系统化分类并进行讨论，因此还涉及可持续发展中社会问题和可能的解决方案。在对不同的管理体系和实施挑战进一步讨论之前，有必要对一些主要的渔业管理观点进行论述，并和我们的主题相联系。

1.2 有关渔业管理失败的论述

基于 TAC 的渔业管理方式并没有促进大西洋渔业的可持续发展，长期的过度捕捞使人们几乎对该制度失去了信心。在某些方面，20 世纪 60 年代的一些观点再次得到关注：现有制度的有效性受到质疑，捕捞努力量限制重新作为实现渔业可持续发展的替代方法得到考虑。1966 年，法罗群岛做出了根本性的改变，从将渔获配额制度改为捕捞努力量控制制度。欧盟近期在底栖鱼恢复计划中采用了法罗群岛模型。尽管现有的论述和 40 年前有点相似，但是在经验的积累上却有显著的差别。现代渔业管理的目标是通过规范人类活动达到控制自然环境的目的。目前看来，该目标显然过于乐观地估计了人们了解、预测和管理人类活动和鱼类种群的能力。理想的渔业管理模式如下：科学家们负责提供可靠的鱼类种群信息预测，政府官员以此作出促进渔业可继续发展的政治决策，国家行政部门将这些决策进行有效实施，产业界遵守相应的规章制度。由此，渔业管理是一系列事件协调的因果关系链，如图 1.1 所示。

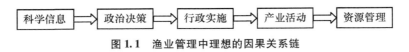

图 1.1　渔业管理中理想的因果关系链

在过去二十年，这个理想模型的理论基础不断受到学术界的质疑。人们曾经把 1922 年纽芬兰和拉布拉多鳕鱼渔业的崩溃归咎于渔业科学的失误（Harris 1990；Hutchings and Myers 1994；Steele et al. 1992），社会科学家们还探讨了鳕鱼种群明显"客观"的科学信息的社会建构本质（Finlayson 1994）。学者们指出，要从纷繁复杂的海洋生态系统中发现精确的信息并非易事，有人甚至认为，广义的科学知识并不优于本土生态知识（Felt 1994；Wilson et al. 1994）。政治上也一直不乏批判的声音。一些学者指出，政府官员往往将配额核定过高，超出可持续发展水平。因为他们知道，如果遵循鱼类生物学者的科学建议，可能对自身的政治生涯带来即时的负面影响（Sagdahl 1992；Steele et al. 1992；Gezelius 2002）。

最后，虽然有很多文献资料讨论了政府对捕捞业进行监管的合理性、相关性和有效性，但很多只是就公共资源管理进行的泛泛论述。争论主要来源于霍布斯对于国家治理的看法（Hobbesian justification for state governance）。他认为当个人财富的积累来自对公共资源的利用，个人利益是集体理性的一种障碍。[3]在现代社会理论中，这包含了两种相关的形式：一种是称为"囚徒困境"的战略行动模型，另一种是称为"公地悲剧"著名比喻。囚徒困境说明自私和尔虞我诈的成员只会尽最大可能地利用他人养护的成果而不会对公共资源的养护作出贡献[4]，这个模型说明集体行动需要执法机制的保障。公地悲剧（Gordon 1954；Hardin 1968）是这个观点的简化版，说明在缺乏外部监管的情况下，渔民为了养护共同的渔业资源而减少捕捞努力量是无法获利的。与"囚徒困境"相似，这说明每个社会成员都是理性和自私的。然而，公地悲剧的模型并没有像博弈论那样发现社会成员战略性理性的一面，从而将社会公民作为无效的社会能力而存在。

　　作为了解具体问题具体事件的分析工具，"囚徒困境"和"公地悲剧"的理论同样适用于环境问题的分析。这些模型在政治和社会生活中的普遍应用引起了学术界的讨论（Brox 1990）。渔业管理研究的两个领域也曾就这些模型的应用进行讨论。其一是渔民的合规性研究，包括威慑执法的效果和其他因素，如公民的道德对于合规性的影响（Hønneland 1998；Kuperan & Sutinen 1998；Hatcher et al. 2000；Gezelius 2002b；Nielsen and Mathiesen 2003）。其二是有关国家自主管理的适当性研究。批评国家自主管理的观点认为，基于社区的管理方式有很多成功的公共财产资源管理案例，因此反对将公民理性用"公地悲剧"和"囚徒困境"理论进行简单假设（Acheson 1975；McCay & Acheson 1987）。一些批评的观点认为，国家制定法规对公民的行为进行规范不仅不必要，而且是导致社会机构破坏从而造成资源枯竭的直接原因（Maurstad 2000）。批评公地悲剧的学者经常呼吁在渔业管理上要分权民主，他们认为渔民应在管理事务中享有真正的话语权。这个观点引出了公共财产资源"合作管理"的概念（Kearney 1984；Jentoft 1989；Pinkerton 1989；Wilson et. al. 2003）。有关公共财产的论述大多侧重于对渔业管理权力结构和决策过程的讨论。然而，在一定程度上，它也涉及政治决策，特别是使用权的制度化问题。新古典主义经济学家受到公地悲剧和囚徒困境理论的启发，建议使用权私有化，而合作管理派学者仍普遍支持公共财产制度。对现代渔业管理的成功因素和失败的论述，及其与图1.1中因果链的关系如表1.1所述。

---

[3]　公共资源是指该多个社会成员共同使用，并且每个个体使用者利益的获取都将对他人造成负面的效应的资源（Baden 1977；139）。

[4]　对于博弈论非技术性介绍，请参见 Dixit & Skeath 2004。

表 1.1　渔业管理链中的成功因素和批评

管理层面	成功的条件	学术/公众话语
科学层面	有效信息	信息的不确定性和社会建构
政治层面	基于科学的目标 捕捞死亡率	决策过程和以长期利益为优先
行政层面	充分实施	执行
公民层面	合规	合规的动机和成因

　　总之，现代渔业管理无法保证渔业可持续发展的原因，包括科学信息不足、政治决策失利，以及渔民对法律法规响应不够等。然而，政策实施中法律和行政方面的问题并没有引起足够的重视。资源管理政策在实施中遇到的问题常常用执法不力一言蔽之，这显然是一种局限的观点。因为捕捞限制措施在实施过程中最严重的问题之一并未出于犯罪故意，其本质上是渔民的非故意兼捕导致的。在捕捞中误捕的渔获物通常称为"兼捕渔获物"（Clucas 1997）。与故意违背渔业法律相反，兼捕是渔业管理中最难处理的问题。因为渔业管理的基本职责是监督和控制捕捞死亡率。几乎所有的渔业管理制度都鼓励渔民上报兼捕渔获物，以防止渔民故意从事非法捕捞。然而，这并非简单的执法问题，而是一个法规的构建问题。只有制定合理的法规，才能保障合法捕捞的权利。也就是说，政策的实施不仅要求渔民守法，同时要求政府制定的法规具有合理性，从而确保渔民遵守。

　　在基于渔获配额的管理制度中，主要的任务是监督和控制捕捞死亡率。本书的案例说明为了完成这个任务建立一套功能性制度并非易事。由于监管措施有可能为违反渔业法律提供动机，因此在制定监督和管理捕捞死亡率相关措施时需要考虑多重因素。从挪威的制度中可以看到，渔民对渔业法规的遵守并不是简单地通过强制执行达到的，而是在规章制度中制定了相应的奖励措施。然而，挪威的案例同时说明，国家保障规章制度的实施需要强大的法律和行政管理能力。结构性因素为挪威渔业管理制度的有效实施提供了便利，与此相反，欧盟由于成员国众多，在实施这些法规时出现了相反的情况。欧盟各成员国不同的政治和地理环境导致渔业政策在各国实施情况的不同，因此在捕捞死亡率的监管上有很大欠缺。法罗群岛在渔业管理中放弃了基于 TAC 的管理制度，从 20 世纪 90 年代中期开始把重心放在捕捞努力量控制，解决了捕捞死亡率监管中的一些重要问题。但是，为了控制目标捕捞死亡率，新的管理模式在捕捞能力控制和捕捞努力量限制措施的实施中遇到了新的挑战。

可以说制度实施中的法律和行政问题是现代渔业管理的致命弱点。本书第二章表明，尽管如此，当 TAC 制度成为北大西洋主要的渔业管理模式，制度的实施并不是主要的问题。当时渔业管理中面临的主要挑战是：如何核定一个合理的捕捞死亡率，并在北大西洋渔业委员会成员国之间进行合理的分配。北大西洋的渔业经历了捕捞努力量的快速增长，而渔业管理者却缺乏足够的政治手段采取联合行动，使北大西洋的渔业免于过度捕捞。当然，主要是由于缺乏相应的科学和政治手段。人们在政策的实施上缺乏经验，因此，政策的实施体系建立在不断尝试和失败的基础上。这个在尝试和失败中不断学习的过程持续了近三十年。本卷旨在总结过去的经验和教训。

渔业管理有关的学术讨论在很大程度上来自管理层对问题的定义不同。随着国家法规的延伸，出现了公共财产的研究，随着政府实施方案的出台，出现了合规性的研究，而随着渔业管理上明显的失败，出现了公众对渔业科学的批评。从这个角度看，本卷的出现并非巧合。资源养护政策经过 30 年的实施，有过不断尝试和失败，不同渔业管理体系中出现的问题变得显而易见，是时候对这些问题进行系统化的梳理。

1.3 资源管理的种类

渔业资源的稀缺性可以理解为某个鱼类种群无法为未管制的捕捞活动提供可持续资源的能力。渔业资源的稀缺性要求政府采取措施限制渔民对这些资源的获取，这是渔业管理的本质。因此，我们需要区分资源性稀缺和政策性稀缺。前者指自然资源有限的本质，后者指政治决策对公民的准入权进行限制（Gezelius 2002）。

渔业资源稀缺一般由三个因素相互作用导致。其中，两个与渔业的潜在投入有关，另一个与捕捞的潜在产出有关。第一个投入因素指在捕捞过程中人力资源的投入，通常称为捕捞能力。捕捞能力可以理解为一艘渔船潜在的捕捞努力量。捕捞能力的衡量标准包括渔船的数量、大小，或渔具的数量等。第二个投入因素指捕捞能力的实际利用率，通常称为产能利用率。产能利用率是实际捕捞作业时长与渔船理论作业时长的比率（FAO 2004：119）。实际捕捞努力量可以认为是捕捞能力和产能利用率的结合[5]。捕捞的潜在产出自然由第三个因素决定：自然资

---

[5] 完整的定义见术语一览。

源的丰度和可获得性。如果在没有限制的情况下自然资源不能满足渔船的捕捞能力，那么这种资源就是有限的。

政策性稀缺是指任何一种因素或与这三种因素有关的资源稀缺，如表 1.2 所示。政策性稀缺可能与捕捞能力有关，通过许可证制度限制公民拥有或建造渔船的权利。这种法规通常称为结构政策。政策性稀缺也可能与产能利用率有关。例如，通过作业时间限制（如禁渔期或捕捞天数限制），作业区域限制（禁渔区）或技术措施（如渔具限制）等。产能利用率的限制通常简称为"努力量限制"。最后，政策性稀缺也可能与自然资源的获取直接相关。渔获配额或上岸配额、兼捕措施、最小可捕尺寸限制等都是典型的例子。

8

表 1.2　渔业管理中政策性稀缺的基础和形式

资源性稀缺的因素	政策性稀缺的形式
捕捞能力	投入限制：结构政策
产能利用	投入限制：捕捞努力量限制
自然资源	产出限制：渔获配额和上岸配额

TAC 制度在资源养护的论述中占了绝大的篇幅，但是通过渔获配额达到对捕捞死亡率的控制有一定的难度。因此，一些国家在资源管理中采取其他两种政策性稀缺的管理形式。海格兰和拉凯尔在有关欧盟共同渔业政策（Common Fisheries Policy，CFP）及其在丹麦的实施的章节中（第五、六章），以及耶塞柳斯、海格兰、帕莱夫斯基和拉凯尔有关实施中的政治（第七章）均描述了欧盟在资源管理中对结构政策的严重依赖，部分是因为无法有效实施渔获配额制度。第四章介绍了法罗群岛由于实施失败摒弃了基于 TAC 的渔业管理制度，并引进了一项几乎完全依靠捕捞努力量限制进行管理的新制度。挪威（第三章）正好相反，在其资源管理政策中摒弃了结构政策，将渔获限制作为资源管理的主要手段。虽然在不同的管理体系中政策性稀缺的主要形式会有所不同，但是，我们同时也意识到，在某种程度上，大多数管理体系中存在多种形式的政策性稀缺形式。例如，法罗群岛的捕捞天数限制以严格的结构政策为前提，而欧盟则同时采用了渔获配额制度和捕捞天数限制。一些渔业投入限制措施，如网目尺寸限制和禁渔区等应用于大多数的渔业管理制度中，甚至在那些着重于产出限制的管理制度中也不例外。

表 1.3　资源管理措施的目的

管理目的	典型的管理措施
渔获数量限制	配额，捕捞天数限制，结构政策
渔获组成控制	最小可捕尺寸限制，兼捕措施，网目尺寸限制，禁渔区

政策性稀缺不同管理形式的结合说明大多数渔业资源管理制度的两个共同目标：渔获数量限制和渔获组成控制。每个目标通过具体的管理措施得以实现，见表 1.3。用于控制渔获组成的主要措施在大多管理制度中都很常见。表 1.3 说明了现代渔业管理制度主要区别在于限制渔获数量的管理措施的不同。因此，我们可以将区分管理制度和研究案例的选择标准定为：我们关注的主要是为了控制渔获数量而采取的政策性稀缺管理的主要形式。

1.4　资源管理和分配：尾巴指挥着狗?[6]

政策性稀缺引起利益分配冲突。资源越少，利益团体得到满足的概率越低。因此，从政治角度来看，分配的代价变得越来越高。因此，管理方式的选择不仅是实在的政策实施问题，同时也是如何解决分配的问题。正如海格兰和拉格尔在《共同渔业政策》（CFP）一章（第五章）所述，分配中面临的挑战往往导致总可捕量额度的增加。同时，分配过程中的政治考量有时掩盖了实施养护政策的真正目的。

表 1.2 列出的是三种主要管理形式在资源分配上不同的特点。TAC 制度能够解决分配中的问题，因为渔获配额的价值相对而言可以预测，因此利益集团很难对此进行操纵。渔获数量限制是协商和妥协的产物。对产能利用来说却不是如此：利益团体间捕捞天数的分配并不能反映每个团体实际的捕捞能力。同样，结构政策意味着对捕捞权进行分配，而捕捞权的价值很难进行评估，因此难以达成一致。海格兰和拉格尔在《共同渔业政策》一章中提到，虽然欧盟的资源养护在很大程度上依赖结构政策，但是分配中面临的挑战使他们仍然重视 TAC 制度的实施。耶塞柳斯的章节中对法罗群岛底层渔业的描述是个不同的案例，因为法罗群岛底层鱼类种群属于法罗专属的国家资源。因此，法罗群岛政府对捕鱼权的分配无须经过多次谈判，拥有唯一的话语权。所以，与欧盟和挪威不同，法罗群岛的底层渔

[6]　作者暗示主次颠倒之意。——译者注

业逐渐脱离了基于 TAC 的管理制度，着重采用捕捞努力量限制制度。

与渔获配额制度和捕捞天数限制制度不同，结构性政策在基础层面对资源的稀缺进行监管，减少管理中的核心问题：渔船的产能过剩。因此，结构政策可能在未来减少一部分监管和分配的需求。然而，实际上产能过剩总是与渔业资源的波动有关。这意味着几乎所有的管理制度都有额外的监管措施，至少周期性存在。减少渔船数量也有很高的政治成本，而在北大西洋的主要渔业中还没有仅通过结构政策彻底解决过度捕捞的案例。捕捞船队长期的产能过剩意味着资源养护仍然需依靠产能限制和/或渔获数量限制。

如第三章所述，那些自认成功实施渔获配额的国家不再把结构政策作为资源 10 养护的重要手段。然而，即使脱离了资源养护政策，结构政策仍然对资源管理有特殊的影响，比如，将捕捞权的分配作为缩小船队规模的一种手段。为了降低渔民脱产的政治成本，一些国家将减少产能的责任交由构建市场，允许渔民出售长期捕捞权。例如，挪威为此出台了可转让配额制度（Hersoug 2005），而丹麦近年来也采取了类似的策略（见第六章）。在挪威的案例中，渔获配额分配到渔船后，渔民可以通过售卖渔船转让渔获配额。随着渔船的购入，船主可以将新购渔船的配额转移到已有旧船，卖方最后将失去配额的渔船回购。这意味着在船队规模缩小的情况下渔民仍然保留原有渔获配额。这项政策意味着结构政策通过基于 TAC 的管理和渔船配额的分配得以实施。总的来说，捕捞权无论以渔获配额还是捕捞天数的形式进行转让都缩小了船队规模，使长期性结构政策直接受制于相应的资源管理形式，这使资源管理形式在后期很难改变。结构政策最终使管理制度束缚于相应管理形式带来的挑战，如何在行政层面上处理这些挑战将成为资源养护的唯一关键。

与结构政策不同，渔获配额和捕捞努力量管理意味着对稀缺的捕鱼权进行无限次重复分配。然而，重新分配的政治成本可以通过长期性义务得以降低，例如，签署分配原则相关的政治合约，如欧盟的相对稳定性原则，挪威渔船船队间长期性分配原则，或者，各国签署国际渔业委员会长期协议等。但是长期分配政策易受各方面影响，很难达到妥协，从而带来强大的制度惯性，这方面与结构政策相似。

总之，分配问题往往使管理体系产生惰性。戴维（David 1995）用"路径依赖"一词来形容过去的选择对现在的选择成本产生的影响。这个术语也可以用来理解现在的渔业管理和措施在实施过程中遇到的挑战。一旦决策者选择以一种方式来管理政策性稀缺资源，并建立了必要的分配体系，改变这种管理方式就会产生巨大的政治成本。资源的成功管理因此是一个如何有效执行现有政策的问题。

利益的分配冲突也可能直接影响政策的实施。海格兰和拉格尔在关于 CFP 及其在丹麦的实施的章节中，说明了利益的分配冲突如何影响国家政策。这源于国际上政策制定的主要特点：委托利益团体负责政策的实施。政府部门为了防止利益冲突造成对资源管理目标的颠覆，由利益团体来负责政策的具体实施。

1.5 什么是"成功"的管理制度?

本书的案例把制度的有效实施视为渔业管理成功的关键。但是渔业管理上的成功是一个复杂的概念，不能简单地概括为目标的实现。因为渔业管理最终目标的达成——稳健的鱼类资源——受多方面非人为因素的制约，而渔业管理只能对人为因素进行控制。即使有合理的管理体系，负面的自然因素也会造成鱼类资源的下降，反之亦然。因此，渔业管理体系的优劣应将其作为集体行动进行衡量。如果渔业管理体系在某种程度上产生了理想的人类行为活动，那么这个管理体系就是成功的。

与鱼类种群的稳健性相比，人类行为是更为有效和公平的衡量标准。然而，衡量人类的行为活动并非易事，尤其是在管理体系的概念中涉及渔业科学。科学的涉及意味着有效的科学信息是理想行为产生的先决条件，因此在评估人类行为的同时还需要衡量科学信息的有效性。虽然，我们在衡量一个管理系统的优劣的时候把科学信息视作外部因素，但是在设计人类活动的时候仍然有难度。因此，本书在这方面的讨论有所保留。

政策实施中最主要的挑战是为如何设计激励因素以便完成政治目标。本书分析了各种管理制度中为了措施的有效实施有意或无意设立的激励因素，并对这些因素的有效性进行了评估。每个案例介绍了一个不同的资源养护管理制度，以理想的集体行为为标准描述了已解决和未解决的问题，希望借此说明这个管理制度的成熟性。分析中运用了比较法、历史法和语境法，并着重分析了促使这些管理制度发展的条件。

1.6 渔获限制措施实施中的问题

第二章介绍了 TAC 制度如何成为北大西洋渔业资源的主要管理工具，并说明了 TAC 制度实施中面临的难处。有关挪威渔业管理的章节（第三章）介绍了实施体系是如何逐渐发展，以应对基于渔获配额的渔业管理制度带来的挑战。其他案例则说明 TAC 制度在实施中遇到的问题促使各国改变资源管理方式或通过增加其他管理措施来应对挑战。海格兰和拉格尔在 CFP 一章（第五章）介绍了欧盟在实施渔获配额制度失败后如何通过调整结构政策对渔业资源进行管理。法罗群岛一章（第四章）描述了法罗政府在基于 TAC 的渔业管理制度失败后，做出彻底改变，通过政策性稀缺的管理形式对渔业资源进行管理。由于政治环境的不同，这种转变在法罗群岛比在挪威和欧盟其他国家更容易实现。因此可以说，为了养护渔业资源而实施 TAC 制度，在实施中出现的问题以不同的形式促进了东北大西洋渔业管理制度的发展。

TAC 制度的有效实施和渔业管理中两个核心任务直接相关：监管和控制捕捞死亡率。TAC 措施的有效实施很大程度上是如何鼓励渔民对渔获量进行如实上报并不超过渔获配额，实现这一目标有两大问题：首先，配额制度会导致渔民有意误报渔获量。渔民往往会增加捕捞强度，以便从 TAC 中获得最大份额，因此，政府引入了个体配额制度（Gordon 1954）。个体配额使渔民不再为了从 TAC 中获得最大的份额而一再提高捕捞强度。但与此同时，捕捞死亡率的监管变得非常困难。拥有个体配额的渔民往往将最有价值的渔获物捕捞上岸，而低价值的渔获物被丢弃。这种做法，通常称为"择优弃劣"（high grading），成为个体渔获配额制度下渔业管理的长期挑战。个体配额会导致渔民通过不上报、非法销售或伪造渔获信息等方式隐瞒多余的渔获。

从 20 世纪 80 年代现代渔业管理体系的出现开始，渔业犯罪一直是渔业研究的话题之一。早期的文献主要来自经济学家，他们认为政策的实施主要是执法威慑的问题（Sutinen and Andersen 1985；Anderson and Lee 1986；Blewett et al. 1987；Furlong 1991）。随着学者们开始注重对渔民在守法问题上的规范性影响，如渔民对法规和执法的合法性的看法，这种观点在 20 世纪 90 年代末期得到广泛传播（Hønneland 1998；Kuperan & Sutinen 1998；Hatcher et al. 2000；Gezelius 2003；Nielsen & Mathiesen 2003）。多年来，对渔业违法的研究有很多文献，但是对于捕捞死亡率进行有效监管的第二个障碍——捕捞中不可避免的非故意违规行为却很少涉及。在任何通过渔获配额、最小可捕尺寸以及兼捕渔获物管理等措施进行渔获限制的管理制度中，由兼捕引起的非故意违规行为都对政策的有效实施造成很大的挑战。尤其在底层渔业中，多龄鱼或多鱼种混杂，极容易造成兼捕。在中上层渔业中当鱼群受到捕食也容易发生兼捕。多鱼种渔业的一个主要问题是，在捕

13

捞目标鱼种的同时很难将非目标鱼种排除在外。当目标鱼种的配额用完，渔民在捕捞其他目标鱼种时，该鱼种也有可能作为兼捕渔获物捕获。即使在捕捞单一鱼种的渔业中，由于渔民无法控制渔获尺寸，同样会造成非故意兼捕。控制和估计渔获物数量上的困难可能导致最终上岸的渔获超出配额（Gezelius 2006）。非故意渔获物死亡是渔业管理制度在实施中最难解决的问题之一。可以说，欧盟和法罗群岛底层渔业中 TAC 制度的失败很大程度上是兼捕渔获物有关的法律和行政措施的不足造成的（Gezelius 2008）。

兼捕可以看成是一个双重实施的问题（Gezelius 2008）。首先是刑事责任制的建立问题，需将渔获物死亡的随机性考虑在内。其次是如何避免渔民隐瞒渔获数据或超出配额部分的渔获。就刑事责任制而言，兼捕的问题在于如何对捕捞中的"审慎原则"进行定义。渔业和其他产业在刑法上的区别在于无法完全控制渔获的合法性。刑事责任制的正义原则规定，法律制裁公民的蓄意行为，而非行为本身不可预见的后果。因此，建立明确和可接受的审慎原则对于渔业执法的合法性至关重要。然而，这种做法的困难在于，鱼类死亡的随机性使执法者难以界定非法捕捞是由于故意、过失犯罪还是运气不佳所致。

第二个问题是归责标准有可能导致渔民违反渔业法规，并破坏对捕捞死亡率的监测和控制。审慎原则的积极使用意味着持有非法渔获的渔民一般不会受到惩罚，除非是按照正常的规范标准证明他们是过失所致。根据这条原则，渔民在遵守法律法规的前提下可以放心上报非法兼捕渔获物，无须通过误报上岸量或丢弃渔获物进行隐瞒。虽然理论上可行，但审慎原则在实践中的应用仍然很难。捕捞的不可预测性导致执法人员难以证明非法渔获到底是出于过失犯罪还是犯罪故意，因此减少了渔民受到惩罚的可能性。这个问题的解决办法是采用严格的刑事责任原则，也就是把非法兼捕渔获看作过失犯罪的后果。严格的刑事责任有效地弥补了非法捕捞的法律漏洞。然而，严格的刑事责任原则有可能导致渔民为了隐瞒非法渔获，通过丢弃或误报等手段，破坏对捕捞死亡率的监管。

换句话说，渔获限制措施在实施中的一个主要问题是，鼓励非法渔获物上岸或上报的话，将在一定程度上鼓励渔民的非法捕捞行为；而打击非法渔获物，又可能导致非法渔获的丢弃或误报。因此，渔获限制措施在实施过程中需要有适当的执法原则，以便在这两方面达到平衡。

第三章介绍了挪威的渔业管理制度，并对以上问题提出了一个解决办法：对非法兼捕渔获物进行非惩罚性没收。无论渔民是否出于过失犯罪，挪威管理当局都有权没收所有非法渔获。例如，捕捞鳕鱼的渔民如果捕获到超过一定数量的黑线鳕，那么他们知道这些黑线鳕会被没收。但是，他们也知道，在没有明显过失的情况下可以保留自己的合法渔获，并且没有罚款的风险。因此，这种管理制度降低了追求非法渔获的动机，并且渔民不至于通过丢弃渔获物对非法渔获进行隐瞒。在挪威出台禁止渔获丢弃的政策后，非法渔获物的非刑事没收对该禁令的实施至关重要。挪威的非惩罚性没收制度认为，非法捕获并非私人财产，因此不受私有财产权保护。非法渔获被认为是无主资源（Government of Norway 1976, 2006）。

在非法兼捕渔获的处理上，欧盟没有类似挪威的法律条款。欧盟制定非惩罚性没收条款必须得到所有成员国的同意并在本国通过相应的立法。例如，丹麦在非法渔获的没收上采用丹麦刑事法典原则，只有在法院判定行为违法的情况下，才能对渔获进行没收（Government of Norway 1976, 2006a, b）。为了应对非法渔获带来的司法和行政问题，欧盟选择对渔获的上岸而不是渔获本身进行监管（EU1997, 2002a, b, 2003）。和捕捞相比，渔获的上岸在很大程度上出于渔民的自愿，因此，在成员国立法和行政有较大差异的欧盟，上岸监管比渔获监管容易执行。但是，欧盟的上岸监管制度要求渔民丢弃，所有超过配额数量或渔获组成规定的渔获物，这其实违背了渔业管理的基本目的：监测和控制捕捞死亡率。欧盟正尝试采用新的渔获物丢弃禁令（EU 2007）。然而，目前这项禁令中出现的司法和行政问题尚未有可行的解决方案（Gezelius 2008）。

15

1.7 实施偏差的问题

在本书中的几个章节都指出，资源养护政策在实施中遇到的挑战有时已经远远超出了法律和行政层面。海格兰和拉凯尔在有关 CFP 及其在丹麦的实施的章节中介绍了欧盟多层次管理体系中政治和实施的模糊界限。这几章提到，当政治决策者为了避免资源使用者陷入囚徒困境，会对资源的稀缺性进行管理；但是当利益团体负责这些政策的实施时，囚徒困境的问题会再次出现。在欧盟，陷入囚徒困境的是成员国。海格兰和拉凯尔在丹麦实施 CFP 的一章中还提到，由于政府人员和公众对渔业问题关注有限，强势的个人、利益相关的盟友在政策的具体实施中发挥了巨大的影响，使其为自身利益服务。此外，作者还指出，这导致国家政策实施的话语从资源养护转移到其他方面。因此，超国家资源管理政策的有效实施需要在国家层面减少政客和利益团体的过多干涉，以避免他们对政策基本目标的颠覆。因此，政策的有效实施不仅包括从技术层面有效完成既定目标，同时涉及如何从政治层面引导成员国对既定目标进行忠实的实施。只有政治层面的挑战得以解决后才能谈及如何进行有效的行政管理。

第七章特别讨论了欧盟成员国面临的囚徒困境及其带来的挑战，以及欧盟为了防止成员国颠覆养护目标而采取的措施。"实施偏差"[7] 的问题相对复杂，需要结合不同的理论进行阐述。理性主义简单的囚徒困境模型解释了违规的诱因，但是模型把诱因影响国家政策制定看作是理所当然。可以说，用理性选择理论来理解实施偏差的出现和消除显得过于狭隘。第七章也讨论了与理性选择的简单模型完全不同的理论流派，并说明了这些理论对政策的具体实施产生的影响。分析结合了几个对立的理论流派的观点。但是，这种对立只是对理性选择理论的猜测和简化，也是这个分析中极力避免的。认识到自利理性主义的重要性并不意味着把理性选择看作解释人类的思想和社交活动的唯一工具。第七章借鉴福柯式传统来解释国内和国际权力关系如何促成国内实施话语的形成，并在何种程度上决定这些实施话语对政治目标的重构。当实施话语被严格界定为行政事务，意味着资源养护目标是既定事实，实施偏差将大大减少（见第三章）。一旦国家在实施中模糊了政治和行政事务的界限，实施偏差问题就变得紧迫。第七章对丹麦和挪威的实施话语进行了比较和解释，并分析了这些话语对实施偏差造成的影响。

当实施话语助长实施偏差，国家需要制定理性的激励机制鼓励组织机构遵守国际养护目标。第七章用委托代理理论说明了当实施话语中不包括忠诚度这一标准时，理性激励机制对成员国忠实遵守超国家目标的影响。从这个角度来看，主要的问题是超国家本体如何制定控制和执法方案以确保政策在国家层面的规范化实施。第七章的分析认为欧盟目前还没有为此做好充分准备。

一旦超国家控制和执法问题得以解决，机构和政治的相关性也会重现。超国家本体制定执法安排的能力最终取决于成员国有否结盟的意愿。此外，能否为管理改革建立有效的政治同盟取决于超国家的决策法规，如选举法以及成员国的否决权等。第七章介绍了有否决权的少数派的力量，强调在欧盟的背景下理解结盟和关系网的重要性。

第七章的对比解释和分析借鉴了多个理论传统，所有的理论传统都围绕着权力的不同概念并引导我们在行动过程中注意权力相关的条件：国家自治、政治机构和政府部门的权利分割，国家和行业的利益相关者之间的权力关系等。

---

[7] 第七章将实施偏差定义为"重新定义政治目标并在实施阶段追求替代性政治目标的过程"。

1.8　案例分析

本书讨论了现代国家机构中当代渔业管理的相关案例。我们提到的政策实施中面临的挑战不涉及基本国家机构的功能，如公务员的忠诚度和法院的独立性等。因此，我们的讨论仅限于渔业管理体系的法律和行政规划。在相关案例中，我们选择了几种具有代表性的管理体系进行讨论，并对其相关的挑战和解决方案进行比较分析。这些管理体系的共同点是都通过政策性稀缺的管理方式对渔获量进行控制。

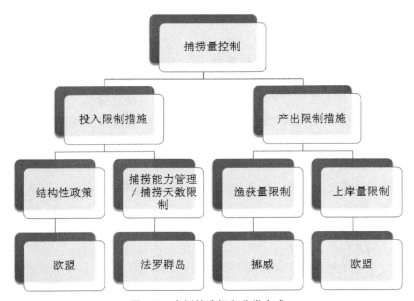

图 1.2　案例的选择和分类方式

图 1.2 列出了案例的选择和分类方式。我们把渔获量控制分为投入管理和产出管理。首先是投入管理的两种主要形式：结构政策和捕捞能力管理/捕捞天数限制。结构政策的内容主要包含在海格兰和拉凯尔关于 CFP 及其在丹麦的实施一章。以捕捞天数限制为主的捕捞能力管理主要包含在耶塞柳斯有关法罗群岛的一章。产出管理，简单来说指的是渔获配额管理。但是，这种标签在一定程度上模糊了管理的一些重要差异。一般来说，"捕捞"意味着将鱼捕获并拉到船上，也就是说，渔获配额对鱼类的死亡进行管理。但是，欧盟的配额并非针对渔获，而是对上岸进行管理。因此，欧盟的产出管理并不能以"渔获配额"一言概之。欧盟的

产出管理，更为确切地说，是指上岸量配额。欧盟的政策要求丢弃非法渔获物，而挪威的捕捞管理体制在法律上明确禁止渔获物的丢弃。产出管理中"渔获量限制"和"上岸量限制"的区别并非是概念上的吹毛求疵，而是资源管理中一个显著的差异。海格兰和拉凯尔提到了丹麦基于上岸量控制的管理体系，而耶塞柳斯提到了挪威渔获量管理的案例。

本书以北大西洋现代渔业管理发展的概述作为开篇，第二章描述了 TAC 制度如何成为现代渔业管理的主要标准体系。随后的章节分析了在此基础上沿海国管理制度的不同发展方向，以及不同的资源管理方式。其中，第三章介绍挪威通过逐渐完善捕捞死亡率监控和控制制度来应对基于 TAC 的渔业管理带来的挑战。第四章说明了法罗群岛渔业管理的根本性变化及随之建立的捕捞能力管理体系，成为与挪威截然不同的案例。第五章和第六章介绍了欧盟的共同渔业政策及其在丹麦的实施情况。与挪威和法罗群岛相比，欧盟缺乏有效实施 TAC 制度的条件，也不具备实施捕捞努力量管理制度的政治灵活性，从而在资源养护中面临瓶颈。第七章是挪威和丹麦/欧盟实施偏差的具体比较。如第六章分析所言，丹麦是欧盟成员国在 CFP 实施中适度偏离欧盟管理目标的代表。通过对丹麦实施偏离情况的分析，我们可以了解欧盟在 CFP 的实施中产生的问题和障碍。每个案例都是研究整体的一部分，但是为了方便阅读，我们分成数个章节，包括比较分析的第七章。第七章是比较章节，因此在观点和数据上与前几章有一定的重叠。

本书中提到的渔业管理在不同结构、政治和法律框架下发展为不同形式。如前面所言，分配配额的政治环境，实施渔获限制的法律和行政能力对理解成员国管理体系的发展尤为重要。虽然就国家改变管理形式的需求而言，政策的具体实施能力是决定性的；但是就管理形式的真正改变而言，分配配额的政治环境具有决定作用。本书的案例在延续性和差异性上体现了显著的不同。

挪威是以渔获配额为主的管理制度渐进式发展的一个典型案例。挪威体系是路径依赖型，配额管理体现在双边和多变分配协议（Government of Norway 2007a），渔船间有关分配的行业妥协（Sagdahl 1992；Gezelius 2002）以及结构政策（Government of Norway 2007b）中。但是，这种路径依赖一直未遇到太大的问题，因为挪威的渔业管理者和行业协会从未有改变基于 TAC 的管理方式的想法。多年来，挪威在渔获管理上获得了相对成功的经验，人们因此对该制度抱有持久的信心。受挪威社团主义政府的影响，行业协会对政府分配的任务普遍抱有信任和接受的态度。第三章描述了该体系如何推动政策的实施，并在防止非法捕捞和鼓励渔民将非法渔获上岸和上报之间达到平衡。可以说，对挪威管理模式的持续信任也与挪威从未经历渔业危机有关。挪威的渔业资源一直处于较好的状况，渔业从业人员、管理人员以及公众都认为该制度能切实保证渔业的可持续发展。

如海格兰和拉凯尔所述，欧盟是另一个基于 TAC 渔业管理模式并产生路径依赖的案例。欧盟虽然采用了渔获量管理制度，但是成员国之间的分配经过了艰难的协商和妥协，最终采用相对稳定原则。然而，比起挪威，欧盟的路径依赖显然更为严重。缺乏挪威这样的实施条件，欧盟很难将总可捕量制度作为资源养护的工具。为了使措施在大多数成员国得以实施，欧盟只能将上岸量管理和强制性丢弃作为渔业管理的方式。虽然违背了资源养护的目的，但是这两种方式相对容易实施。因此，TAC 制度在欧盟主要作为一种分配的工具。人们普遍将欧盟渔业资源的贫乏归咎于管理的失误，但是分配制度背后的政治惰性、制度实施的必要性和复杂性等都导致欧盟无法出台有效的解决方案。因此，欧盟在资源管理中结合了政策性稀缺的多种管理方式——结构政策、上岸量配额和捕捞天数限制，比本书其他案例中用到的管理措施更为多样和复杂。

就路径依赖和对错误的管理方式的调整来看，法罗群岛是一个不同但有趣的案例。在渔业管理方面，法罗群岛并不具有连续性和机构惰性。20 世纪 90 年代中期，法罗群岛在三年中进行了两次管理制度改革。当大部分北大西洋国家在 1977 年前后引入基于 TAC 的管理方式，法罗群岛仍然采用禁渔区、禁渔期和渔具限制对底层渔业资源进行管理，直到 20 世纪 90 年代早期该地区的渔业资源崩溃为止。这次危机促使法罗群岛从 1994 年起采用了基于 TAC 的渔业管理制度和个体可转让配额（Individual Transferable Quota，ITQ）制度。由于法罗群岛在这套制度的实施中同样遇到了典型的问题——非法渔获物丢弃和上岸量误报，他们放弃了这个模式，从 1996 年开始通过结构政策、捕捞天数管理、禁渔区等综合性措施对底层鱼类进行管理。法罗群岛也因此成为资源管理中率先采用捕捞能力限制的先锋。与本书中其他案例相比，法罗群岛的管理政策体现了非凡的灵活性，相对而言没有出现路径依赖的问题。与欧盟和挪威不同，法罗底层渔业资源具有国家专属性，因此，由单一政府进行管理和分配。法罗群岛在分配上的政治自主性亦为管理形式的彻底改革提供了条件。基于 TAC 的渔业管理在法罗群岛存在的历史较短，对国家政治和机构没有太大的影响。因此，与本书其他案例不同，法罗群岛在应对渔业危机时，做出了彻底的改变。

不同的管理形式会使渔民产生不同的行为动机，从而在实施过程中遇到不同

20

的问题。通过限制个体捕捞天数而限制捕捞努力量将导致渔船通过增加捕捞能力以获得更大的渔获量，最终产生捕捞能力过剩问题。在缺乏个体配额的情况下，TAC 制度也会产生相似的问题。在个体渔获配额制度下，渔民不再扩张捕捞强度，但同时产生其他的问题，如择优弃劣、上岸量误报等。而这两个问题在基于捕捞天数的管理制度中却能得到避免。不同的管理方式在实施过程中使某方面变得相对容易，而在其他方面又会产生问题。本书将比较不同的管理方式在各国的实施情况，从管理集体行动的角度探讨这些方式的优缺点。我们采用了案例比较的方法，有助于我们在研究过程中注意到一些重要的情况并指出其中的问题。

在研究这些管理体系时一个更加现实的挑战是，管理目标并不是一成不变的：在我们描述这些管理体系的时候他们就在不断变化。类似本书的一些文献最终都有可能成为历史，最终仅能记录下这些管理体系在特定时期的特征。本书为了避免出现类似的情况，在写作的时候，首先为每个案例提供了历史背景介绍，以便作为将来的参考；其次，分析和对比问题的产生和解决情况，从中获得的经验将为渔业管理者和渔业管理学生提供参考。

1.9　我们从此类研究中学到了什么

本章在开篇指出，人们对现代以科学为基础的渔业管理抱有乐观的态度。科学理论中，这种乐观通常被称为"实证主义"知识观。实证主义认为科学理论可以通过经验证实反映规律和真相。有一种观点认为，人类可以通过抽象建模来模拟具有因果关系的自然规律，并且由此预测自然。科学认知中普遍接受这样的观点。在渔业中，人们用动态抽象模型来预测种群的发展，也反映这种认知的乐观态度。"目标捕捞死亡率"的概念认为，人们可以通过反映自然因果规律的模型处理历史数据，从而预测鱼类种群的发展。

虽然海洋科学家运用的模型被明确地认为是管理体系认知基础的一部分，但在福柯看来（1999），人类行为模型很大程度上已经成为默认国家执政和执法合法化的话语结构。囚徒困境和公共悲剧常被认为是模拟真实人类行为的精确模型，并由此证明国家管理和威慑执法的合法性。社会理论在渔业管理中的应用反映了与海洋科学不同的乐观态度。然而，社会理论在渔业中的应用受到很多社会科学家的反对。与自然科学不同，大多数社会科学都放弃了实证主义知识观。人们关于科学的基本前提有持久论述,[8] 但现代社会科学中理论的概念却颇为模糊,反映了高度不同的知识观 (Mjøset 2005)。

理性选择理论,通常以新古典经济学为代表,在对人类思想进行简单有限的猜测的基础上,应用抽象模型对人类行为进行模拟。囚徒困境和公地悲剧在这个思想学派得到发展和应用。包括本书作者在内的许多学者都同意,囚徒困境和公地悲剧理论都有助于我们对过去事件的理解。但是,这些理论能否对未来进行可靠的预测,仍然富有争议。在这种情况下,对这些模型的批评不仅是由于它们的假设过于简单,而且这些模型所赋予的认识论状态亦存在问题 (Brox 1990)。现在大多数社会科学家都不再认为模拟人类行为的模型可以准确预测未来。许多社会学家和人类学家也放弃进行大规模泛化讨论的想法,认为社会科学只能通过实证研究对可靠的事件经验进行总结。许多定性的、以案例为导向的和历史性的研究,都认为社会科学更适合理解过去而不是预测未来。根据这种观点,社会生活的假设主要作为智力工具,增强我们描述和理解过去的能力 (Boudon 1991)。这种社会理论观点认为社会科学模型在认知论上并不等同于鱼类种群动力学模型。因此,社会科学家不能对渔业管理中的问题和解决方案一言概之。

由此产生的一个相关问题是:有没有一本书,能通过研究历史案例,为渔业管理提供普遍性的经验,为未来的决策提供帮助?本书认为答案是肯定的,但也有不足。历史告诉我们,世上几乎不存在普遍应用的渔业管理体系。管理模型的成功和失败取决于不同条件的影响。虽然人类无法设计出适合所有国家情况的渔业管理体系,但是我们对影响管理模式运作的条件有了越来越深入的了解,这种了解恰恰是来自对过去经验的实证研究。近 30 年的渔获配额渔业管理为我们提供了大量的经验,也促使我们完成这本书的写作。本书旨在通过对过往的案例进行经验总结,帮助读者提高看待问题和解决问题的能力。同时,提出可行性管理方法,并指出导致这些方法失败或成功的条件。通过案例分析进行经验总结,因此可以将其视为扎根理论 (Glaser & Strauss 1967;Ragin 1994)。更重要的是,本书

22

---

[8] 早期对实证主义理论的修改来自 Glaser & Strauss (1967)。他们结合扎根理论提出了新的看法,其核心思想是在对历史事件定性研究的基础上产生可验证的假设。在整个 20 世纪 60 年代和 70 年代,同样受到解释学和现象学的哲学影响,社会科学仅限于对历史事件的解读,而不是对未来的预测和验证。解释学的应用与马克斯・韦伯 (Max Weber) 的诠释社会学和历史社会学的解释的取向基本一致 (1978 [1921])。然而,随后发展出更激进的方法,强调知识是概念的产物,并或多或少地默认知识是文化的产物和再现。这个想法从 Berger 和 Luckmann (1967) 的现象学社会学开始进入了社会科学的领域,并由后现代主义者进行重新定义。后现代主义者不仅否认社会变化可以进行准确预测,而且全盘否决了有效知识的说法。

为研究人员、管理者和行政人员在遇到渔业管理问题时提供了重要的解决思路。实践中渔业管理的复杂性使人们无法对影响因果关系的每个因素进行控制，因此，本书的经验在具体的案例中应进行批判性的评估和应用。

23 参考文献

Acheson, J. M. (1975). The Lobster Fiefs: Economic and Ecological Effects of Territoriality in the Maine Lobster Industry. *Human Ecology*, 3 (3), 183-207.

Anderson L. G., D. R. Lee (1986). Optimal Governing Instrument, Operation Level, and Enforcement in Natural Resource Regulation: The Case of the Fishery. *American Journal of Agricultural Economics*, 68 (3), 678-690.

Baden, J. (1977). A Primer for the Management of Common Pool Resources. In G. Hardin and J. Baden (eds.), *Managing the Commons* (p. 137-146). San Francisco: W. H. Freeman and Company.

Berger, P. L., Luckmann, T. (1967). *The Social Construction of Reality: A Treatise in the Sociology of Knowledge*. London: Penguin.

Blewett E., Furlong W., Toews P. (1987). Canadaś Experience in Measuring the Deterrent Effect of Fisheries Law Enforcement. In J. G. Sutinen and T. M. Hennesey (eds.), *Fisheries Law Enforcement: Programs, Problems and Evaluations* (pp. 170-207). Kingston: University of Rhode Island.

Boudon, R. [1991 (1986)]. *Theories of Social Change: A Critical Appraisal.* Cambridge: Polity Press.

Brox, O. (1990). The Common Property Theory: Epistemological Status and Analytical Utility. *Human Organization*, 49 (3), 227-235.

Clucas I. (1997). A Study of the Options for Utilization of Bycatch and Discards from Marine Capture Fisheries. FAO Fisheries Circular No. 928 FIIU/ C928. Rome: FAO.

David, P. A. (1985). Clyo and the Economics of qwerty. *American Economics Review*, 75, 332-337.

Dixit, A., Skeath, S. (2004). *Games of Strategy.* New York: Norton & Company.

EU (European Union) (1997). Council Regulation (EC) No 894/97 of 29 April 1997 laying down certain technical measures for the conservation of fishery resources. Brussels: EU.

EU (European Union) (2002a). Council Regulation (EC) No 2371/2002 of 20 December 2002 on the conservation and sustainable exploitation of fisheries resources under the Common Fisheries Policy, Articles 20 and 21. Brussel: EU.

EU (European Union) (2002b). Communication from the Commission to the Council and the European Parliament on a Community Action Plan to reduce discards of fish. COM/2002/0656 final. Brussels: EU.

EU (European Union) (2003). Council Regulation (EC) No 2287/2003 of 19 December 2003 fixing for 2004 the fishing opportunities and associated conditions for certain fish stocks and groups of fish stocks, applicable in Community water and, for Community vessels, in waters where catch limitations are requires. Brussels: EU.

EU (European Union) (2007). A policy to reduce unwanted by-catches and eliminate discards in European fisheries. Communication from the Commission to the Council and the European Parliament. COM (2007) 136 final. Brussels, 28. 3. 2007. Accompanying documents: SEC (2007) 380; SEC (2007) 381.

Felt, L. F. (1994). Two Tales of a Fish: The Social Construction of Indigenous Knowledge Among Atlantic Canadian Salmon Fishers. In L. C. Dyer, J. R. McGoodwin (eds.), *Folk Management in the World's Fisheries: Lessons for Modern Fisheries Management* (pp. 251-286). Niwot, Colo.: University Press of Colorado.

Finlayson, A. C. (1994). Fishing for Truth: *A Sociological Analysis of Northern Cod Stock Assessments from 1977-1990.* St. John's: ISER.

Food and Agricultural Organization of the United Nations (FAO) (2004). The State of World Fisheries and Aquaculture 2004. Rome: FAO.

Food and Agricultural Organization of the United Nations (FAO) (2007). The State of World Fisheries and Aquaculture 2006. Rome: FAO.

Foucault, M. (1999). *Diskursens orden.* Oslo: Spartacus.

Furlong W. J. (1991). The Deterrent Effect of Regulatory Enforcement in the Fishery. *Land Economics,* 67 (1), 116-129.

Gezelius, S. S. (2002). Environmental Sustainability and Political Survival-A Comparative Analysis of the Cod Fisheries of Canada and Norway. *Environmental Politics,* 11 (4), 63-82.

Gezelius, S. S. (2002b). Do Norms Count? State Regulation and Compliance in a Norwegian Fishing Community. *Acta Sociologica,* 45 (4), 305-314.

Gezelius, S. S. (2003). *Regulation and Compliance in the Atlantic Fisheries: State/Society Relations in the Management of natural Resources.* Dordrecht: Kluwer Academic Publishers.

Gezelius, S. S. (2006). Monitoring Fishing Mortality: Compliance in Norwegian Offshore Fisheries. *Marine Policy,* 30 (5), 462-469.

Gezelius, S. S. (2008). Management responses to the problem of incidental catch in fishing: A comparative analysis of the EU, Norway, and the Faeroe Islands. *Marine Policy,* 32 (3), 360-368.

Glaser, B. G., Strauss, A. L. (1967). *The Discovery of Grounded Theory: Strategies for Qualitative Research.* New York: Aldine de Gruyter.

Gordon, H. S. (1954). The Economic Theory of a Common Property Resource: The Fishery. *The Journal of Political Economy,* 62, 124-142.

Government of Denmark (2006a). Bekendtgørelse af Straffeloven. LBK nr 1000 af 05/10/2006 (Gældende). Article 31; Chapter 9; Article 75. Copenhagen: Ministry of Justice.

Government of Denmark (2006b). Bekendtgørelse af fiskerilov. LBK nr 372 af 26/04/2006. Article 130; Article 132. Copenhagen: Ministry of Food, Agriculture and Fisheries.

Government of Norway (1976). Ot. prp. nr. 39 (1975-76). Lov om endring i lov av 16. juni 1972 nr. 57 om regulering av deltagelsen i fisket. Oslo: Ministry of Fisheries.

Government of Norway (2006). *Prosjekt salgslag/Fiskeridirektorat: En kartlegging av salgslagenes og*

24

Fiskeridirektoratets virke på de områder en har felles ansvar for ressurskontrollen. Delrapport A. Bergen: Directo-rate of Fisheries.

Government of Norway (2007a). St. meld. nr. 32 (2006-2007). Om deifiskeriavtalene Noreg har inngått med andre land for 2007 og fisket etter avtalene i 2005 og 2006. Oslo: Ministry of Fisheries and Coastal Affairs.

Government of Norway (2007b). St. meld. nr. 21 (2006-2007) Strukturpolitikk for fiske-flåten. Oslo: Ministry of Fisheries and Coastal Affairs.

Hardin, Garret. (1968). The Tragedy of the Commons. Science, 162, 1243-1248.

Harris, L. (1990). *Independent Review Of The State Of The NorthernCod Stock.* Ottawa: Depart-ment of Fisheries and Oceans.

Hatcher, A., Jaffry, H., Thébaud, O. Bennett, E. (2000). Normative and Social Influences Affecting Compliance with Fisheries Regulations. *Land Economics*, 76 (3), 448-461.

Hersoug, B. (2005). *Closing the Commons: Norwegian Fisheries Management from Open Access to Private Property.* The Hague: Eburon.

Hutchings, J. A., Myers, R. (1994). What can be learned from the collapse of a renewable re-source? Atlantic cod, Gadus Morhua, of Newfoundland and Labrador. *Canadian Journal of Fisheries and Aquatic Sciences*, 51 (9), 2126-2146.

Hønneland, G. (1998). Compliance in the Fishery Protection Zone around Svalbard. *Ocean De-velopment and International Law*, 29 (4), 339-360.

Jentoft, S. (1989). Fisheries Co-management: Delegating government responsibility to fisher-men's organizations. *Marine Policy*, 13 (2), 137-154.

Kearney J. F. (1984). Atlantic fisheries, coastal communities: Fisheries decision-making case studies. In C. Lamson, A. J. Hanson (eds), *Dalhousie Ocean Studies Programme*, (pp. 165-204). Hali-fax: Institute for Research and Environmental Studies.

Kuperan, K., Sutinen, J. G. (1998). Blue Water Crime: Deterrence, Legitimacy, and Compliance in Fisheries. *Law & Society Review*, 32 (2), 309-337.

Maurstad, A. (2000). To Fish or Not to Fish: Small-Scale Fishing and Changing Regulations of the Cod Fishery in Northern Norway. *Human Organization*, 59 (1), 37-47.

McCay, B. J., Acheson, J. M. (1987). Human Ecology of the Commons. In B. J. McCay, J. M. Acheson (eds), *The Question of the Commons: The Culture and Ecology of Communal Re-sources* (pp. 1-36). Tucson: The University of Arizona Press.

Mjøset, L. 2005. Can grounded theory solve the problems of its critics? *Sosiologisk Tidsskrift* 13, 379-408.

Nielsen, J. R., Mathiesen, C. (2003). Important Factors Influencing Rule Compliance in Fish-eries-Lessons from Denmark. *Marine Policy*, 27 (5), 409-416.

Pinkerton, E. (1989). Introduction: Attaining Better Fisheries Management through Co-Man-agement-Prospects, Problems, and Propositions. In E. Pinkerton (ed.), *Co-operative Management of Lo-cal Fisheries* (pp. 3-36). Vancouver: University of British Columbia Press.

Ragin, C. C. (1994). *Constructing Social Research.* Thousand Oaks: Pine Forge Press.

Sagdahl, B. K. (1992). *Ressursforvaltning og legitimitetsproblemer: En studie av styringsproblemer ved*

25

forvaltning av norsk-arktisk torsk, Bodø: Nordland Research Institute.

Steele, D. H. , Andersen, R. , J. M. Green (1992). The Managed Commercial Annihilation of Northern Cod. *Newfoundland Studies*, 8 (1), 34-68.

Sutinen J. G. , P. Andersen (1985). The Economics of Fisheries Law Enforcement. *Land Economics* 61, 387-397. Weber, M. 〔1978 (1921)〕. Economy and Society. Berkeley: University of California Press.

Wilson, J. A. , Acheson, J. M. , Metcalfe, M. , Kleban, P. (1994). Chaos, complexity and community management of fisheries. *Marine Policy*, 18 (4), 291-305.

Wilson, D. C. , Nielsen, J. R. , Degnbol, P. (editors) (2003). *The fisheries co-management experience: Accomplishments, challenges and prospects.* Dordrecht, The Netherlands: Kluwer Academic Publishers.

第二章 北大西洋现代渔业管理的诞生：历史概述

耶塞柳斯

【摘要】 本章介绍了 TAC 制度如何成为北大西洋渔业管理的主导模式，并指出了影响管理改革的行业因素、科学因素及政治因素。管理改革始于 20 世纪 60 年代和 70 年代，以 TAC 制度作为新管理形式得到广泛采用作为结束。这一章介绍了在渔业管理领域有话语权的主要机构，包括北大西洋渔业委员会和国际海洋勘探理事会，并说明管理模式的选择受到当时科学和政治因素的影响：管理措施不仅要有效控制捕捞死亡率，而且缔约国之间渔获配额的分配需要具有政治可行性。

2.1 简介

当 TAC 制度在实施过程产生问题的时候，人们一度对该制度能否确保渔业的可持续发展产生了怀疑。这时需要退一步回想当初选择这种管理模式的初衷。因此，本章的目的是对渔业管理体系的发展进行历史性的概述，随后本书将详细介绍其面临的挑战、失败及解决方案。本章旨在梳理现代管理话语的历史线索，希望能帮助读者从历史的角度了解渔业管理的主要问题和解决方案。由于本书在后续章节提到的案例都来自东北大西洋，因此本章将侧重于对该区域的讨论。然而，渔业管理现代化是由北大西洋两岸的参与者和事件所推动的，这些参与者和事件之间互相联系，因此现代化进程也是覆盖整个北大西洋区域的单一进程。本章列出的历史纲要可以作为北大西洋现代渔业管理发展历史的综合概述。

2.2 1900—1960年：对过度捕捞的持续关注

渔船上蒸汽机的采用以及从19世纪末开始拖网技术的发展使人们逐渐意识到潜在的过度捕捞问题，因此，人们在北大西洋对捕捞管理进行了早期的尝试和规范，例如，在1881年北海渔业会议后通过了《北海公约》。然而，尽管在1881年会议上已经有与会者表达了对资源养护的关注，但关注的重点是资源稀缺造成的社会冲突。因此，当时工作的重点是解决争议并通过安排避免渔具冲突（Blake 1997；Johnston 1985；Sen 1997）。

从长远来看，此次会议更重要的成果是，人们开始意识到海洋生物学等专业知识的必要性。国际海洋勘探理事会（International Council for the Exploration of the Sea，ICES）成立于1902年，旨在促进北大西洋区域海洋和海洋生物资源的研究。过度捕捞，尤其是幼龄鱼的捕捞自一开始就是ICES关注的重点之一。早在20世纪20年代ICES便建议设立禁渔区以及最小可捕标准，并在1934年制定了网目尺寸标准以及幼鱼捕捞标准（Engesæter 2002；Griffith 1999）。ICES一直致力于现代渔业管理的发展。其对过度捕捞的关注最终为"二战"后成立新的国际管理机构作出了重大贡献，为各种渔业管理理论的发展提供了平台，并为20世纪60年代基于TAC的渔业管理制度的发展铺平了道路（Rozwadowski 2002）。

两次世界大战期间，各国政府对过度捕捞问题日益关注，希望能成立一个国际机构解决这个问题。英国政府显得尤为积极，在20世纪30年代就表达了对北海鱼类种群资源状况的担忧，并在1937年主办了一次国际会议来推动1934年ICES建议的实施（Engesæter 2002）。然而，由于战争的到来，该次会议达成的公约并未生效。英国政府在1943年召开了类似的会议，同样以失败告终（Johnston 1985）。直到第二次世界大战结束，北大西洋才得以成立数个重要的国际渔业管理机构，这些机构可以称之为现代渔业管理的摇篮。当ICES一直关注的资源养护问题正式纳入北大西洋沿海国的政治议程，海洋科学又取得了重大进展，这些国际机构得到再次发展，成为现代渔业管理制度发展的主要推动者。

虽然经历了两次失败，但英国政府在战争结束后开始第三次尝试。战后国际机构建设的条件大大改善，因此英国第三次努力得到了较为理想的回报。1946年，由英国政府主导，召开了国际过度捕捞大会，并制定了《网具网目尺寸规定和渔获物尺寸限制公约》，又称为《过度捕捞公约》。该公约由比利时、丹麦、法国、冰岛、爱尔兰、荷兰、挪威、波兰、葡萄牙、西班牙、瑞典和英国等共同签署，并设立常设委员会以促进公约的执行。前两次国际渔业会议审议了整个北大西洋的情况，但是 1946 年的过度捕捞会议在美国的建议下，限于对东北大西洋的讨论。随后在 1949 年针对西北大西洋渔业通过了另一项公约，即《国际西北大西洋渔业公约》，并在此基础上成立了国际西北大西洋渔业委员会（ICNAF），由加拿大、丹麦、法国、冰岛、意大利、挪威、葡萄牙、西班牙、英国和美国等共同签署，并于 1950 年生效（ICNAF 1951，1968）。该公约与《过度捕捞公约》相似，采取适度的养护措施，在渔业数据收集外强调网目尺寸限制。ICNAF 公约还授权委员会对 "所有鱼类种群设立总可捕量限制"（第 8 条），但是该条款迟迟未生效。直到 20 世纪 60 年代人们对养护措施进行了持久的讨论，该条款才得以正式实施（Anderson 1998；Cushing 1977；Government of Norway 1975；Government of the UK 2006；Johnston 1985；ICNAF 1968；Lamson et al. 1990）。

在战后初期，北大西洋沿海国对渔业的专属控制权通常限于本国领海，离岸三四海里左右的区域。冰岛在 1958 年单方面制定并通过了 12 海里捕鱼区的条款，随后其他国家纷纷仿效[9]（Government of Norway 2003；Nordstrand 2000）。但是远洋拖网渔船的发展意味着资源养护只能加强对公海的管理。因此，资源保护实质上是一个国际政治问题。大西洋的渔业委员会因而成为现代资源管理发展的政治舞台。大西洋的渔业委员会在一个科学进步、技术现代化、经济和政治发展的时代中应运而生并发展壮大。这些委员会在渔业管理的重构过程中扮演了重要的角色，同时也是北大西洋沿海国现代化进程的产物。这些沿海国一方面有渔业资源管理的需求，另一方面也有对渔业进行管理的能力。

战后早期的管理制度在资源养护方面能力有限。其中一个原因是，这些制度侧重于限制捕捞效率，而不是直接对渔获量和捕获活动进行规范。1946 年过度捕捞会议上曾有几个代表团建议采取更为严格的养护措施，如禁渔区、捕捞能力限制，以及上岸量限制等。但这些建议遭到大多数国家反对而没有在公约中体现（Driscoll and McKellar 1979；Johnston 1985：361-363）。《过度捕捞公约》直到 1953 年才得以生效。在这段时间里，人们已经普遍认识到该公约已经不足以应对当时的挑战。公约的条款不适用于鲱鱼，而鲱鱼已经处在过度捕捞的状态（Driscoll and McKellar 1979；Johnston 1985：361-363）。经过四年的协商，《过度捕捞公约》的 14 个缔约国（除了最初的十二个签署国，还有联邦德国和苏联）在 1959 年签署了《东北大西洋渔业公约》。新公约在 1963 年生效，管辖

[9]　12 海里专属捕鱼区的设立过程详见第五章脚注 58。

范围仅限于东北大西洋，但扩大了公约区域，条款适用于其公约范围内的所有鱼类种群。在新公约基础上建立了东北大西洋渔业委员会（North East Atlantic Fisheries Commission，NEAFC），对该区域的渔业进行审查和管理，并为成员国提供资源养护建议。每个成员国在委员会上都有投票权，委员会提出的建议需要三分之二以上的代表表决通过才能生效。除非提出具体的异议，通过的建议对所有成员国都有约束力。公约的第 7.1 条规定，委员会有权对网目尺寸及其他捕捞渔具、渔获物大小、禁渔区和禁渔期等规定提供建议。第 11 条规定，应尽可能在 ICES 的科学建议上为东北大西洋渔业管理提供建议。

然而，值得注意的是公约第 7.2 条。成员国认识到第 7.1 条养护条款可能不足以保护鱼类种群在将来免受过度捕捞的危害，而且在当时无法制定和通过更多的养护措施，因此在第 7.2 条作出补充，并规定：

> 有关总可捕量、捕捞努力量以及其他任何为了公约区域鱼类种群养护需要而制定的措施，可以经三分之二多数表决通过，所有成员国根据本国宪法程序接受，在第一段进行增补（NEAFC 1959，第 7.2 条）。

实际上，第 7.2 条虽然没有直接指明具体的方向，但仍然为 NEAFC 管理制度的发展提供了契机。公约并未生效，成员国也同样意识到，网目尺寸和幼鱼限制等措施不足以对种群进行保护，随之而来的是对未来渔业管理方向的讨论。

2.3　1960—1980 年：TAC 制度成为主要的管理模式

31

虽然太平洋大比目鱼渔业和南极捕鲸业曾采用渔获配额限制的做法，但是管理人员和科学家在 20 世纪 60 年代北大西洋渔业委员会的会议讨论中才开始关注捕捞强度限制的必要性，并普遍认为最有效的做法是采用渔获配额制度（Gulland 1984）。受其姐妹委员会 ICNAF 发展的影响，NEAFC 通过了 TAC 制度。几个 NEAFC 成员国在北大西洋两个渔业管理制度的发展中均发挥了重要作用。七个国家（丹麦、法国、冰岛、挪威、葡萄牙、西班牙和英国）一直是 1946 年《过度捕捞公约》、1949 年 ICNAF 公约以及 1959 年 NEAFC 公约的原始签署国。除了这几个国家的双重成员国身份，ICNAF 和 NEAFC 在彼此的年度会议上享有观察员地位。这两个委员会与国际海洋勘探理事会（ICES）以及联合国粮食及农业组织（FAO）有密切联系，ICES 和 FAO 作为观察员参加这些委员会的讨论（Government of the

UK 2006；ICNAF 1951，1968；Johnston 1985；NEAFC 1965；Permanent Commission 1955）。因此，这两个委员会关于渔业管理的论述基本上是相辅相成的。

20 世纪 50 年代后期和 60 年代初期，西北大西洋的捕捞努力量迅速增加，尤其是苏联。ICES 和 ICNAF 科学委员会的科学家注意到这个问题，并警告说，当前关于网目尺寸的规定无法保护幼鱼的正常生长，最终仍可能导致过度捕捞（Rozwadowski 2002：189）。1964 年 6 月，ICNAF 的年度会议上开始就新的管理措施进行讨论。认识到当前管理措施不足，ICNAF 委员会要求下属科学委员会对资源养护措施进行审查评估并在下一年的年度会议上提供相应的调查报告。1965 年，ICNAF 向成员国提交了一份由两位科学家坦普尔曼（Wilfred Templeman）和高兰德（John Gulland）（1965）撰写的渔业报告[10]，报告认为目前的管理措施尚存在不足，必须通过捕捞努力量限制或渔获配额限制进一步规范捕捞活动。

32

ICNAF 的讨论很快影响了 NEAFC 的议程。根据 NEAFC 挪威代表团未公开的内部会议记录[11]，在 1965 年 NEAFC 年会召开之前，作为 ICNAF 成员国的英国政府和挪威政府进行过非正式会谈，就英国在东北太平洋限制捕捞强度的提议进行讨论。当时，负责向 NEAFC 提供科学建议的 ICES 联络委员会指出，捕捞强度影响北极鳕鱼和黑线鳕的种群数量，减少捕捞强度将使这些种群受益（NEAFC 1965）。英国代表团随后在 1965 年 NEAFC 年会上提出，成员国应就减少捕捞强度的问题进行实质性讨论，并建议将此项讨论列入 NEAFC 下一届年会的议程。会上并未确定采取何种管理措施，而且管理措施在行政、经济和生物学方面的影响也存在很大的不确定性。根据英国的提议，限制捕捞强度的议题在 1966 年 NEAFC 年会上首次进行正式讨论，英国是重要的推动者。

两个大西洋渔业委员会在 1966 年的年会上都对管理方式的选择进行了讨论。NEAFC 代表团普遍认为，现有信息不足，无法决定采用何种新的养护措施，并决定与 ICNAF 和粮农组织保持联络，进一步就这一问题进行研究。英国在 ICNAF 中同样发挥了积极的作用，在 1966 年向 ICNAF 参会代表团提交了一份文件，该文件观点与坦普尔曼和高兰德的报告一致，认为直接限制总捕捞努力量或总捕获量是

---

〔10〕 坦普尔曼和高兰德在 ICNAF 常设委员会下属的研究与统计部门（STACRES）进行科学相关工作。与完全依赖 ICES 提供建议的 NEAFC 不同，ICNAF 有自己的科学委员会，尽管 ICNAF 和 ICES 的科学家有很大的重叠。John Fisher 在英国洛斯托夫特的渔业实验室工作，同时也是 20 世纪 60 年代 ICES 研究鱼类动力学模型的先驱科学家之一。他从 1966 年开始为粮农组织工作，并以后续工作小组成员的身份继续在 ICNAF 担任咨询工作，并最终促进了基于 TAC 管理制度的实施（Rozwadowski 2002；WGBEAC 1968）。

〔11〕 挪威渔业和海岸事务部，档案资料。

唯一合理的方案（WGBEAC 1968）。ICNAF 在 1966 年年会上设立了养护工作生物经济联合评估工作组（Working Group on Joint Biological and Economic Assessment of Conservation Actions，WGBEAC），负责评估这两套管理方案。

WGBEAC 由相同数量的生物学家和经济学家组成，包括来自粮农组织、经济合作与发展组织（the Organization for Economic Co-operation and Development，OECD）、各国渔业管理部门、科学和渔业行业人员共 16 人。WGBEAC 在 1966 年/1967 年期间在伦敦举行了两次会议。由于很多渔船船队同时在东北大西洋和西北大西洋作业，对一个区域进行捕捞限制意味着捕捞努力量将转移到另一区域，因此工作组认为养护措施的评估和实施必须覆盖整个大西洋区域。工作组在 1967 年 ICNAF 的第 17 次年会上提交了调查报告，报告的副本也在同年召开的 NEAFC 年会上进行传阅（NEAFC 1968）。

工作组讨论了基于捕捞努力量限制的管理制度和基于渔获配额的管理制度的利弊，并指出，虽然原则上从经济角度考虑，限制捕捞努力量是较为合理的措施，但是鉴于捕捞努力量和捕捞死亡率之间的复杂关系，很难制定一个可靠、标准化的实施措施。例如，工作组认为很难就新技术对捕捞死亡率产生的影响进行确切的评估。而且一些主要渔业涉及多个国家的利益，会产生相应的政治问题。不同国家在渔具的权重上很难达成一致。另外，现有数据的不足导致各国无法对捕捞努力量限制制度进行有效的实施。因此，工作组决定现阶段将捕捞努力量限制"暂时搁置"（WGBEAC 1968：52-56）。尽管渔获配额中很难准确评估渔获物丢弃的数量，但该制度不会产生捕捞努力量限制制度类似的问题。渔获配额制度的主要问题是需要进行逐年调整，以确保捕捞死亡率不变。这意味着需要不断更新可靠的科学数据，国家和渔业产业的通力合作，服从渔获配额的调整。工作组认为 TAC 制度下的管理问题仍有解决办法，因此建议采取这种管理制度，并建议首先在 ICNAF 区域和 NEAFC 北部对鳕鱼和黑线鳕鱼渔业中实施。报告认为，除非两个委员会能承担成员国配额分配的任务，否则，这些措施带来的经济效益将迅速消失殆尽。此外，工作组还指出，成员国可能需要采取一定形式的地方配额分配方式，并建议引入限制性准入许可证制度以确保经济效益。在此后几年中，这份报告的建议成为北大西洋渔业管理的基石：为保护鱼类种群而采取的总可捕量制度，以及为确保经济效益而引入的限制性准入许可证制度。

关于渔业管理现代化的讨论开始于冷战时期，讨论中提出的管理方案在此前并没有任何实践。管理模式的选择还受到当时环境因素的制约：管理措施不仅要能控制捕捞死亡率，而且在配额的分配上需要有政治可行性。当时的主要挑战是如何使各国在减少过度捕捞的合作中达成一致。因此，首要关注的是法规制定前的过程：科学知识的积累和政治协议。法规在具体实施过程中遇到的问题，虽然是现在的主要关注点，但并不是早期咨询报告的重点。

20 世纪 60 年代末和 70 年代初开始的渔业管理现代化得益于科学进步和政治实践的相互作用。20 世纪 50 年代后期出现了一些对渔业管理现代化至关重要的发展。在技术层面上，渔业和渔业研究中应用了回声探测器和声纳技术。到 20 世纪 50 年代后期，回声测深仪已成为海洋科学家进行鱼类种群丰度调查、评估种群规模的重要技术（Rozwadowski 2002：157）。这一时期也产生了重要的理论，为基于科学的捕捞限制制度铺平了道路。贝弗顿和霍尔特（Beverton and Holt 1957）的重要专著《可利用鱼类种群动力学》，提供了针对捕捞压力的鱼类种群动力学数学模型。科学家可以根据该模型为捕捞对鱼类种群带来的影响进行定量分析，并在制定渔业条例时为管理人员提供咨询意见。这本书从第二次世界大战结束后开始着手，大部分建模工作在 20 世纪 50 年代初完成，并通过讲座得到一定程度的传播，而实际的专著到 1957 年才正式出版（Rozwadowski 2002：158-165）。1954 年，斯科特·戈登公布了著名的未管制渔业人类行为经济学模型，并预测未管制渔业活动将导致经济的低效。戈登认为，自由捕鱼将促使渔民不断增加捕捞努力量，除非国家对渔业准入进行限制并将捕捞权分配到渔民个体，否则捕捞能力和捕捞努力量最终将超过最优水平（Gordon 1954）。舍费尔（Schaefer 1957）结合了戈登的观点，开发出一个更为优化的渔业种群动力学发展模型，解释了捕捞努力量、经济净生产量和总渔获量之间的关系。这个模型以开发者的名字命名，称为戈登-舍费尔（Gordon-Schaefer）模型，成为现代渔业管理学术基础的重要部分（Holm 1996：128）。因此，在 20 世纪 50 年代渔获量限制有关的科学理论基础知识，如 TAC 制度、鱼类种群动力学模型、人类行为学模型等，均得到长足的发展。学者为生物学知识与政治的关联提供了理论工具和正当的理由。鉴于这一时期人们对于自然和社会科学知识的乐观态度，以及对国家管理共同利益的能力和信心，这些理论贡献为接下来 20 年的渔业管理改革铺平了道路。

可以说坦普尔曼和高兰德 1965 年的报告是将戈登-舍费尔（Gordon-Schaefer）模型的基本见解传递给渔业管理者的重要渠道。虽然他们的报告中并未提及参考文献，但是清楚地表达了戈登和舍费尔的观点——降低捕捞强度，只有将渔获量限制措施和准入限制、配额分配制度相结合，才能将渔业从配额竞争中脱离出来，避免经济效益的降低。坦普尔曼和高兰德的报告因此向国家渔业管理部门提出了一种生物经济管理模式，随后该模式成为渔业管理的主导。

　　坦普尔曼和高兰德向 ICNAF 提交的咨询报告内容与顾兰德计算世代强度的主要统计方法——虚拟种群分析（Virtual Population Analysis，VPA）相一致。这种方法在波普（Pope）的"世代分析"中进行了简化，是贝弗顿和霍尔特的著作的一个重要补充，对评估种群实际规模的科学工具进行了改进。VPA 和世代分析因此为渔获配额的设定进一步提供了便利（Cushing 1977：233；Rozwadowski 2002：182-194）。VPA 尤其适用基于 TAC 的管理，因为科学家可以根据这种方法计算种群的实际数量。通过渔具和渔船种类评估捕捞努力量的管理方法过于复杂，而且在政治上过于敏感。与之相比，以简单的数据的形式对渔获量进行管理更受渔业管理者的欢迎（Rozwadowski 2002：188-190）。也就是说，只要是侧重于目标捕捞死亡率，VPA 提供的种群规模的定量管理方法原则上和捕捞努力量限制制度同样有效。[12] 有关基于 TAC 的管理制度和基于捕捞努力量的管理制度孰优孰劣的争论一直持续到 20 世纪 70 年代初（Holm and Nielsen cited by Hersoug 2005；Rozwadowski 2002：189）。基于 TAC 的模型受到欢迎主要是因为它能更满足实际政治需求，有利于分配和管理（WGBEAC 1968：52-56）。

　　ICNAF 在 1967 年年会上采纳了 WGBEAC 大部分的建议，并成立了一个监管措施常设委员会，其任务是为确定和分配年度渔获配额设立一个标准程序。ICNAF 在 1969 年设立了第一个 TAC，并于次年应用于黑线鳕渔业。两年后，有 8 个种群（包括鳕鱼和鲱鱼）均设立了 TAC，并将配额分配到各个成员国。到 1975 年，该地区 55 个渔业种群采用了 TAC 制度（Blake 1997；Cushing 1977；ICNAF 1968；Rozwadowski 2002：191）。在 NEAFC，有人担心新的管理措施可能缺乏足够的科学证据，并会带来潜在的经济问题和管理问题。值得注意的是，尽管科学方法论有了重大发展，但当时尚未有精确的评估种群规模和预测种群发展方向的方法（Nordstrand 2000）。NEAFC 在 1967 年年会上同意根据 ICNAF 所做的工作对这个问题进行进一步考虑（NEAFC 1968）。随后 NEAFC 在 1968 年年会上设立了一个特设研究小组，研究在东北北极区域限制鳕鱼和黑线鳕捕捞的可能性。研究组倾向于基于渔获配额的制度，并建议配额的分配应在历史渔获量记录的基础上，考虑沿海国对渔业的依赖程度，以及新进入者的需求。

　　随后的讨论主要集中在法律方面。根据 NEAFC 公约，新措施在添加到第 7.1 条前必须通过第 7.2 条的程序。第 7.2 条规定的程序较为苛刻，要求至少三分之二

35

----

〔12〕 第四章有关法罗群岛的渔业管理中介绍了这种渔业管理制度。基本上，这种体制将捕捞努力量换算成渔获量，计算单位捕捞努力量产生的捕捞死亡率。

成员国的支持，该提案才能被所有成员国接受。因此，NEAFC 通过渔获配额制度是一个漫长的过程。与此同时，东北大西洋鲱鱼渔业出现了危机。自 20 世纪 50 年代中期以来，科学家们一直关注北海鲱鱼的状况，并意识到 1960 年代初大西洋——斯堪的安鲱鱼已经出现了衰退的迹象。然而，ICES 并不认为是捕捞造成鲱鱼资源的衰退。NEAFC 关于管理现代化的讨论尚停留在底层鱼类资源，没有人预料到在 1968—1969 年大西洋——斯堪的安鲱鱼渔业会发生崩溃的现象（ICES 2006；Rozwad-owski 2002：178-182）。当时 NEAFC 已经逐步采用基于 TAC 的渔业管理制度，但是那些严重依赖大西洋——斯堪的安鲱鱼渔业的国家不愿被动等待第 7.1 条修正案的生效。因此，冰岛、挪威和苏联于 1970 年秋季开始在 NEAFC 框架外讨论大西洋——斯堪的安鲱鱼渔业的渔获配额，并同意从 1971 年开始实施（Government of Norway 1971；NEAFC 1971）。同样，三个主要从事东北北极鳕鱼和黑线鳕渔业的国家（挪威、英国和苏联）也在 NEAFC 框架外就这些底层鱼类的总可捕量和分配问题达成协议。英国、苏联和挪威签署三边协议，从 1974 年开始首次就北极鳕鱼渔业采取渔获配额制度。随后，苏联由于非签署国的过度捕捞退出，该协议失效，由 NEAFC 接手。在 1974 年 6 月的年会上，NEAFC 制定了 1974—1975 年北海鲱鱼的渔获配额，以及 1975 年其他几种中上层鱼类和底层鱼类的渔获配额。渔获配额的分配基于历史捕捞数据，并对沿海国和特殊需要进行适当考虑。在 1977 年沿海国设立 200 海里专属经济区（Exclusive Economic Zones，EEZs）后，NEAFC 不再负责制定资源养护措施（Christensen and Hallenstvedt 2005：247；NEAFC 1969；1970；1971；1973a，b；1974；1975a，b；1977；1978）。从那时起，各国、双边以及多边渔业委员会承担了东北大西洋鱼类种群可持续发展的任务。东北北极鳕鱼渔业自 1977 年起由挪威渔业委员会接管。虽然 NEAFC 不再承担渔业管理的重任，但是 1960 年代和 1970 年代北大西洋渔业两个委员会所做的工作为渔业管理制度打下了良好的基础，该制度随后成为北大西洋区域主要的渔业管理模式。

2.4 结语

考虑到当时科学和管理方面的总体发展，我们不难理解北大西洋两个渔业委员会在管理改革中的主要态度。海洋科学的不断发展为科学家提供了最佳鱼类种群知识，包括社会科学在内的所有科学仍受到实证科学理论的极大影响。实证主义观点认为根据科学知识建立的模型可以准确模拟种群动态和人类行为。因此，实证主义观点反映了人们对预测和控制未来的信心。正如罗兹瓦多夫斯基

（Rozwadowski 2002）所言，这种乐观主义在战后初期的 ICES 中得到最为明显的体现，人们坚信科学可以确保海洋资源的合理利用。

这种对知识的乐观态度伴随着另一个重要趋势：国家行政机构的扩张。第二次世界大战后的几十年，国家的职责不断扩大，行政机构的数量明显增加（Flora 1986），国家对渔业产业的管制不断加强，有意思的是，在某种程度上这是国家政策带来的预料之外的后果。欧洲各国"二战"后积极参与经济重建和现代化发展。正如本卷几个案例所示，为了在战后增加社会福利，提高食品安全，渔船船队受到现代化国家政策的鼓励。这些政策促进了捕捞能力空前增长，并最终导致捕捞产能过剩。过度捕捞正是渔船现代化带来的意外副作用。1960 年代渔业管理的主流话语反映出人们逐渐意识到政府需要采取行动减少这些无意的影响，因此，资源管理成为国家在行业发展外的第二个主要任务。

现代渔业管理的产生可以视为两种主导观点的结合：对科学构建社会和自然因果链的信心，以及对政府管理这些公共利益因果链的信心。正如第一章所述，这种观点从 20 世纪 70 年代中期开始不断受到学术界的挑战：社会科学已经基本放弃实证主义的立场，公地悲剧的理论受到挑战，科学知识的可靠性和相对优势也受到质疑。然而，在公众批评的声音越来越强烈的时候，渔业的基本管理模式已经形成，结构已经构建，渔业管理已经在很大程度上产生了路径依赖。

这种路径依赖存在于两种结构中。首先是为解决分配和实施而建立的政治、法律和行政结构。正如后面几章具体描述的那样，这些结构有时是艰难的政治妥协，有时是由谈判、立法和行政的重大投入产生的结果，因此很难轻易改变。其次是管理层的话语结构。从 20 世纪 60 年代末开始，渔业管理的话语主要为政府基于 TAC 的渔业法规所主导。产能过剩的问题仍然受到重视，因为这影响了 TAC 的顺利实施和分配，但基于 TAC 的渔业管理制度是这种管理话语的基本框架。例如，1966 年 ICNAF 工作组决定将通过限制捕捞努力量对渔业进行管理的建议"暂时搁置"（WGBEAC 1968：56），其本意并不是将这个方案排除在未来渔业管理的话语之外，但是，很大程度上事实确实如此。在大西洋两个渔业委员会的讨论过了近 20 年后，这一过程的主要顾问之一，一位共同撰写了上述 ICNAF 咨询报告的渔业科学家指出，这场讨论导致渔业管理者在某种程度上只关注 TAC 一种模式，并形成了"渔获配额是渔业管理的唯一正确方法"的观念（Gulland 1984）。

福柯（1999）认为，渔业管理话语的秩序在 1970 年基本形成。在 20 世纪七八十年代，任何对以国家为中心，基于 TAC 的管理方法的挑战都是边缘化的，不足以对渔业管理的话语产生影响。只有在基于 TAC 的渔业管理出现一系列危机，

38

紧接着产生合法性问题时，这种挑战才开始受到重视。1990 年代初期的渔业危机
及随后在政策实施中不断出现问题，才在某些情况下为不同渔业管理方式的采用
铺平了道路。比如，从 20 世纪 90 年代开始，渔业管理开始逐渐强调渔民的参与，
采用捕捞天数制度，设立海洋保护区等。然而，尽管有这些新趋势，政府基于
TAC 的管理大体上仍然是渔业管理话语的主要模式。

参考文献

Anderson, E. D. (1998). The History of Fisheries Management and Scientific Advice: The IC-NAF/NAFO History from the End of World War II to the Present. *Journal of Northwest Atlantic Fishery Science*, 23 (October), 75-94.

Beverton, R. J. H. ,& Holt, S. J. (1957). *On the Dynamics of Exploited Fish Populations*. Fisheries Investigations, Series 2. Lowestoft (UK): Ministry of Agriculture, Fisheries and Food.

Blake, R. (1997). The International Fishery off Canada's East Coast in the 20th Century. In J. E. Condow & C. Corbin (eds.), *How Deep is the Ocean?* (pp. 207-222). Sydney: University College of Cape Breton Press.

Christensen, P. & Hallenstvedt, A. (2005). *I kamp om havets verdier: Norges Fiskarlags historie*. Trondheim: Norwegian Fishermen's Association.

Cushing, D. H. (1977). The Atlantic fisheries commissions. *Marine Policy*, 1 (3), 230-238.

Driscoll, D. J. , &McKellar, N. (1979). The Changing Regime of North Sea Fisheries. In C. M. Mason (ed.), *The Effective Management of Resources* (pp. 125-167). London: Frances Pinter.

Engesæter, S. (2002). The importance of ICES in the establishment of NEAFC. ICES MSS (Marine Science Symposia) Vol 215. Copenhagen: ICES.

Flora, P. (1986). Introduction. In P. Flora (ed.), *Growth to Limits* Vol. 1, (pp. XI-XXXVI). Berlin: Walter deGreuter.

Foucault, M. (1999). Diskursens orden. Spartacus, Oslo.

Gordon, H. S. 1954. The Economic Theory of a Common Property Resource: The *Fishery. The Journal of Political Economy*, 62, 124-142.

Government of Norway (1971). Forskrifter om fangstbegrensning av atlanto-skandisk sild. 8. jan. Oslo: Ministry of Fisheries.

Government of Norway (1975). Fiskeridirektoratet 75 år. Bergen: Directorate of Fisheries.

Government of Norway (2003). Ot. prp. nr 35 (2002-2003) Om lov om norges territorialfarvann ogtilstøtende sone. Oslo: Ministry of foreign affairs.

Government of the UK (2006). List of signatures and accessions to the Convention for the Regulation of the Meshes of Fishing Nets and the Size Limits of Fish. www. fco. gov. uk: UK Foreign and Commonwealth Office.

Griffith, D. G. (1999). The Evolution of ICES. Lecture. Copenhagen: ICES.

Gulland, J. A. (1984). Control of the amount of fishing by catch limits. *In FAO Fisheries Report* No. 289 Supplement 2. Rome: FAO.

Hersoug, B. (2005). Closing the Commons: Norwegian Fisheries Management from Open Access to Private Property. The Hague: Eburon.

Holm, P. (1996). Kantorsken temmes? Moderniseringsprosesser i fiskerinæringa 1935-1995. In E. O. Eriksen (ed.), *Det nye Nord-Norge: Avhengighet og modernisering i nord,* (pp. 109-142. Bergen: Fagbokforlaget.

ICES (International Council for the Exploration of the Sea) (2006). ICES advice 2006. Copenhagen: ICES.

ICNAF (International Commission for the Northwest Atlantic Fisheries) (1951). *Annual Proceedings* Vol 1. Washington: Department of State.

ICNAF. (1968). *Annual Proceedings* Vol. 17. Dartmouth: ICNAF.

Johnston, D. M. (1985). The International Law of Fisheries. A Framework for Policy-Oriented Inquiries. New Haven: New Haven press.

Lamson, C., McConnell, M., Russel, D., Townsend-Gault, I., & VanderZwaag, D. (1990). Man-aging Fishery Resources Beyond 200 Miles: Canada's Options to Protect Northwest Atlantic Straddling Stocks. Halifax: Oceans Institute of Canada.

NEAFC (North East Atlantic Fisheries Commission) (1959). *North-East Atlantic Fisheries Convention.* London: NEAFC.

NEAFC (1965). *Report of the third meeting.* London: NEAFC.

NEAFC (1968). *Report of the Fifth Meeting and the Second Special Meeting on International Control,* May 1967. London: NEAFC.

NEAFC (1969). *Report of the seventh meeting.* London: NEAFC.

NEAFC (1970). *Report of the eighth meeting.* London: NEAFC.

NEAFC (1971). *Report of the ninth meeting.* London: NEAFC.

NEAFC (1974). *Report of the Special Meetings.* London: NEAFC.

NEAFC (1973a). *Report of the tenth meeting.* London: NEAFC.

NEAFC (1973b). *Report of the eleventh meeting.* London: NEAFC.

NEAFC (1975a). *Report of the mid-term meeting November 1974 and the Special Meeting, Ber-gen January 1975.* London: NEAFC.

NEAFC (1975b). *Report of the twelfth annual meeting.* London: NEAFC.

NEAFC (1977). *Report of the mid-term meeting,* November 1976. London: NEAFC.

NEAFC (1978). *Report of the fifteenth annual meeting,* July 1977. London: NEAFC.

Nordstrand, L. (2000). *Fiskeridirektøren melder: Fiskeridirektoratet 1900-1975.* Bergen: Directorate of fisheries.

Permanent Commission (1955). *Report by the president on the fourth meeting of the permanent commission, held in London sept. 1955.* London: Permanent Commission.

Rozwadowski, H. M. (2002). *The Sea Knows No Boundaries: A Century of Marine Science un-der ICES.* Copenhagen: ICES.

Schaefer, M. B. (1957). Some Considerations of Population Dynamics and Economics inRela- 40 tion to the Management of the Commercial Marine Fisheries. *Journal of the Fisheries Research Board of Cana-da*, 14 (5), 669-681.

Sen, S. (1997). The evolution of high-seas fisheries management in the north-east Atlan-tic. Ocean & *Coastal Management*, 35 (2-3), 85-100.

Templeman, W. , & Gulland, J. A. (1965). Review of possible conservation actions for the IC-NAF area. *Annual Proceedings* (ICNAF), 15, 47-56. Dartmouth: ICNAF.

WGBEAC (Working Group on Joint Biological and Economic Assessment of Conservation Ac-tions) (1968). Report of the Working Group on Joint Biological and Economic Assessment of Conser-vation Actions. *Annual Proceedings* (ICNAF), 17, 48-91.

第三章　挪威渔业中资源养护政策的实施：
历史概述

耶塞柳斯

【摘要】本章讲述了自 1900 年以来挪威渔业管理的发展历史，着重介绍了为实现资源养护目标采取的管理制度，包括如何应对政策实施过程中不断出现的挑战，在基于 TAC 的管理模式下如何处理棘手的法律问题和行政问题。同时，本章试图阐释挪威渔业管理实施体系的延续性和发展史，以及渔业行业组织在其发展中的作用。可以说，挪威渔业管理制度发展的本质是由三个因素决定的，即挪威渔业管理的国家自治水平、议会与渔业行政部门之间权力的划分，以及渔业行政部门与主要行业组织之间的权力关系。

3.1　主题与参与者

本章讲述了在总可捕量（Total Allowable Catch，TAC）制度实施过程中挪威管理体系的发展历史。重点关注资源养护问题，也就是说，普遍关注的分配问题只讨论与养护目标的实施直接相关的部分。本章同时介绍了挪威 TAC 制度实施体系的主要特征，并对这些特征的衍变进行了说明。挪威渔业实施体系的发展并非通过改变总体规划，而是通过管理的逐步完善实现的，这是挪威渔业管理的重要特征之一，并在一定程度上影响了本书的描述方法。因此对不熟悉渔业管理的读者来说，乍看之下，通过改善管理细节改进实施体系可能过于牵强。挪威渔业实施体系的基本理念正是体现在这些管理细节之中。发展的增量性质也证明了现行的对策很大部分是基于过去的结构体系，所以，若要了解挪威渔业管理制度实施的细节，需要深入了解这种结构的形成过程和历史发展。本章的一大目的是将管理细节与影响其产生的想法和结构状况联系起来。根据其结构状况来阐释管理细节，也意味着我们用历史的方法来看渔业实施体系。渔获配额这一概念在 1970 年代早期引入挪威渔业管理，但如果以那时为起点进行概述，我们就忽视了当时决定渔业管理实施体系的许多基本情况。因此，本章将从"二战"前的重要事件开始叙述这些事件在挪威实施 TAC 制度中起到的关键影响。

目前尚未有系统性的解释和说明挪威在 TAC 制度的实施中的资源养护问题，这也是本章写作的目的。然而，挪威的捕捞和渔业管理都有丰富的文献资料，相关英文文献也相当丰富。因此，我不再对挪威渔业进行描述和介绍，读者应该很容易找到相关的背景资料[13]，背景介绍部分将简要说明一下决定渔业管理实施体系发展的主要参与者及其关系。

注重实践的管理方法决定了挪威实施体系发展的增量本质。挪威实施体系的发展注重从实际层面来解决特定问题，渔业管理人员和渔业从业人员都在这一进程中充当重要角色。挪威 TAC 制度的实施体系由四个重要的参与者决定：渔业和海岸事务部（以下简称为渔业部[14]）、渔业局、挪威渔民协会以及渔民的销售组织等。

以渔业部长为首的渔业与海岸事务部位于奥斯陆，主要负责渔业管理的一般行政事务，包括渔业政策和法律提案的起草，以及渔业法规的实施。现今的渔业法规，主要包括一系列授权法案，赋予渔业与海岸事务部在渔业规范方面极大的权利。渔业与海岸事务部现有工作人员 110 人左右，然而渔业和海岸事务部并非养护政策的主要实施部门。具体实施工作由下属的独立单位——渔业局负责。渔业局位于卑尔根，是渔业与海岸事务部的行政与咨询部门，负责日常渔业监管工作，每年发布超过 250 条法令。它也负责渔业法规的实施并为渔业产业提供咨询服务。除了在卑尔根的总部，渔业局还在沿海建立了多个区域和地方办事处，为当地提供执法和咨询服务。渔业局现有工作人员 450 人左右，其中包括区域和地方办事处工作人员 250 人。

挪威渔民协会是代表渔民利益的主要行业组织，包括挪威的沿岸渔民、近海渔民、船东及船员等。自 1960 年代近海渔业加入挪威渔民协会，该协会就成为代

---

[13] 有关挪威渔业综合性的英文介绍，见 Hersoug 2005。Hersoug 的著作同时对挪威渔业管理制度中分配的问题做了详细的介绍。对渔业产业、行业组织以及管理等方面进行介绍的英文文献还包括 Apostle et al. 1998，Gezelius 2003 and Hallenstvedt 1995。对于挪威读者，渔业局（Nordstrand 2000）和渔业组织都对历史事件有具体描述（Christensen & Hallenstvedt 1990，2005；Hallenstvedt & Dynna 1976；Johannesen & Misje 2002）。

[14] 渔业部在 2004 年更名为渔业和海岸事务部。笔者在此称之为渔业部，主要是因为在本章所述的大部分时间里，渔业部是当时的政府管理机构。

表渔民利益的唯一机构，[15] 挪威渔民协会对挪威渔业政策产生了重大影响。在所有重大事务的决策中，渔业与海岸事务部和渔业局都会正式或非正式地咨询其意见。渔业行政部门将挪威渔民协会看作捕捞行业的代表，并将其作为政府渔业管理的伙伴纳入决策部门。渔业与海岸事务部和渔业局认为，将挪威渔民协会放在主导地位具有显著的优势，有助于减少行业建议的异质性（Gezelius 2002a，2003；Christen and Hallenstvedt 2005）。挪威渔民协会在政治和行政上代表渔民的利益，而渔民销售组织保护渔民市场交易的利益。涉及底栖鱼类的有五个销售组织，每一组织负责特定的地理区域，此外还有一个专门组织负责挪威所有中上层鱼类的销售。销售组织由渔民负责，垄断各自区域渔获物的采购，并受到法律保护。这种垄断意味着渔民只能通过渔民销售组织出售渔获。实际交易中，渔民也可以将渔获物出售给个人买家，这些买家根据销售组织的规定，代表组织与渔民进行交易。销售组织的成立使渔民能更好地控制鱼品价格[16]，确保渔民能收到账款。虽然销售组织的建立是出于市场管理的需要，但也逐渐承担起政府政策实施的任务，为渔获交易数据和资金流向提供第一手资料。因此，销售组织也是挪威 TAC 制度实施体系中重要的参与者。

44

　　本章的大部分数据都来源于政府文件，主要是 20—21 世纪挪威渔业管理相关的法案、法规以及筹备阶段的文件等。一些重要的数据来自公开出版的学术资料，包括对渔民的实地调查，以及对渔业管理、海岸警卫队、挪威渔民协会以及销售组织等机构主要知情人的访谈（Gezelius 2002a，2003，2006，2007a）。我们根据职务和工作职责对主要知情人进行了筛选并匿名。可以从引用的文献中看到我们具体的研究方法。作为信息的补充，我们在本章的写作过程中，与相关管理人员就特定事件进行了专门的访谈。毋庸置疑，本章引用的文献对我们有巨大的参考价值。

3.2 1945—1977 年：从产业发展到资源管理

3.2.1 1945 年前的先决条件

"二战"结束后挪威进入捕捞能力提升、国家机器扩展的新时期，自然而然将

---

〔15〕 挪威沿海渔民协会成立于 1987 年，以应对挪威渔民协会中近海渔业利益团体的影响。虽然挪威沿海渔业协会逐渐成为合法的行业代表，但它从未动摇挪威渔民协会的主导政治地位。

〔16〕 销售组织根据市场分析规定鱼品的最低价格。最低价格是与鱼品采购组织协商后设定的，但是销售组织有权在无法达成协议时设定价格。

构建现代渔业管理制度提上了日程。但是，一些"二战"前设立的机构也促进了战后渔业管理制度的发展。在 1946 年成立渔业部之前，渔业行政管理作为其他部门的下属机构运行了近 50 年。18 世纪晚期至 19 世纪早期，发动机在挪威渔船上得到大范围应用，大大提高了捕捞效率。从另一方面来说，也激发了对海洋鱼类种群管理和知识的需求。因此，渔业局的前身——渔业委员会（Fiskeristyrelsen）在 1900 年成立，目前渔业局下属于渔业和海岸事务部，负责渔业执法和技术方面的工作。国际海洋考察理事会（ICES）也在同期成立，海洋科学发展成为挪威渔业管理机构成立初期的核心任务，海洋生物学家齐汉·约尔特（Johan Hjort）在 1906 年到 1916 年期间担任渔业局局长。在 1913 年，他发现年龄段对渔业的周期性变化有重要影响。这个重要发现是基于 TAC 的现代渔业管理制度的基石，也证明了当时科学和管理之间的强大联系。

除了渔业科学，渔业局早期的工作还包括渔业产业发展和渔业执法。渔业局在 1903 年建立了渔业质量控制体系，这是早期控制体系的雏形，随后发展成现在的渔获配额实施制度。在 1917 年通过了《渔船标记和注册法》[17]，并从 1920 年初开始实施（Government of Norway 1917；Nordstrand 2000）。19 世纪末 20 世纪早期，挪威为了实现渔业现代化而制定的监管措施主要为了解决或减少渔民使用不同渔具产生的冲突，但同时也有针对龙虾、三文鱼和海洋哺乳动物的养护措施（Hallenstvedt & Dynna 1976；Nordstrand 2000）

战时建立的渔业组织在很大程度上推动了政府资源管理政策的实施，这个组织使渔业产业与国家之间建立了紧密长久的联系。第一手渔获贸易组织成为政策实施过程中重要的因素。渔业产业在 1920 年代遭遇到经济危机，渔民不得不自行组织一手渔获的交易，并在 1927 年成立了第一个渔民销售组织。渔民为销售组织争取法律保障，最终促成了 1938 年《原鱼法案》的通过（Christensen & Hallenstvedt 1990；Johannesen & Misje 2002）。新版《原鱼法案》在 1951 年通过[18]，并沿用至今。《原鱼法案》确保渔民销售组织对第一手渔获贸易的合法垄断。因此，渔民只能与通过销售组织运作的买家进行交易，并且所有的买家都需要遵守销售组织的规定。实际交易中，买家代表销售组织与渔民进行交易，收到渔获的同时向销售组织提交销售单据，并由销售组织向渔民付款。这种体系意味着所有上岸的渔获都必须通过销售组织进行集中交易，并受到法律保护，而销售组织还需向渔

[17]　挪威语中这条法案称为 *Lov om registrering og merking av fiskefartøyer*。
[18]　挪威语中这条法案称为 *Lov om omsetning av råfisk*（*Råfiskloven*）。

业局上报渔获数据（Nordstrand 2000：177）。《原鱼法案》旨在加强渔民的市场地位，确保渔民对鱼品价格的控制并保障自身收入。但是，第一手渔获贸易组织也为渔捞死亡率监管提供了便利，从而成为挪威资源管理制度实施中的重要力量，虽然该制度在 40 多年后才得以真正发展。

另一重大发展是挪威渔民协会的成立。挪威的捕捞业一般由县级地方组织进行管理，由于政府想要建立统一的捕捞行业机构，因此对地方组织进行了合并，并在 1926 年设立了挪威渔民协会。20 世纪 70 年代早期，该协会已经成为整个捕捞业的代表，包括在沿岸和近海作业的所有船东和船员（Hallenstvedt & Dynna 1976）。挪威渔民协会在解决行业利益冲突方面发挥了重大作用，同时也为政府提供统一的建议。因此，在现代 TAC 制度相关的分配问题上，挪威渔民协会对政府来说是不可或缺的。它不仅对政府捕捞条例的制定有重大影响，而且在行业内传达管理条例内容、促进政策的有效实施起到重要作用。可以说，挪威渔民协会的存在促进了国家与行业的交流，提高了国家政策的合法性，从而使政府捕捞管理条例得以顺利实施。

3.2.2　战后早期政策

如第二章所述，"二战"后的数十年过度捕捞和资源养护问题得到国际渔业委员会的极大关注，成员国都意识到了限制捕捞能力和（或）捕捞量的必要性。随着各国渔业现代化的脚步，大西洋各个渔业委员会开始协调资源养护政策。可以说，国际层面的渔业管理发展在一定程度上与国家层面的政策背道而驰。从 1950 年代末开始，北大西洋渔业委员会一直呼吁减轻捕捞压力，其中也有挪威代表团的声音。但与此同时，挪威的国内政策仍然强调渔业现代化的发展。当时普遍认为传统的养殖和季节性沿岸捕捞相结合的做法经济效率低下。为了获得更大的经济效益，保障鱼品的稳定供给，需要发展近海拖网渔业（Government of Norway 1957a）。

挪威的水产加工企业远离出口市场，冷冻技术的引进使挪威得以改进传统的保存方法并出口新鲜海产品。因此，政府开始推动冷冻业的发展，并在 1950 年代建造了多个冷冻工厂。冷冻工厂的运营需要稳定的渔获上岸量，这也正是政府鼓励发展拖网渔业的一大原因。挪威渔船多为渔民所有，缺少集中资金发展拖网渔业，而渔民也没有建造或购买拖网渔船的兴趣。因此，政府放宽了传统的仅限渔民拥有渔船的捕捞许可政策，通过提供贷款、鼓励试验性渔业等措施积极促进拖网渔业的发展。在这些政策的刺激下，挪威的拖网渔船在 60 年代快

47

速增加，最终出现了产能过剩问题（Hersoug 2005；Holm 1996；Nordstrand 2000：
300-316）。

由于战争造成的休渔，挪威渔民在战后初期渔获颇丰。因此，过度捕捞问题
在早期渔业现代化过程中并不突出。挪威在 20 世纪 30 年代和 40 年代参加了一系
列国际渔业会议并签订了相关协议。但是，许多国家，包括挪威在内，都对渔业
监管限制有所抵触，认为这是其他国家试图加强渔业资源控制的借口。尽管如此，
英国科学家关于北海过度捕捞的报道还是引起了挪威渔业管理机构的关注。

从 20 世纪 50 年代末期开始，挪威渔业管理者才真正意识到过度捕捞问题的
严重性，这也使挪威在接下来十年中逐渐成为严格执行渔业监管措施的支持者。
然而，挪威当时国内的政治环境还没有对过度捕捞进行特别关注，并没有制定资
源管理政策。北大西洋渔业委员会是养护政策的主要发起者。1950 年代末期，挪
威在常设委员会[19]上提出加强对北极鳕鱼种群的管理。渔业部长在 1964 年的一次
演讲中承认，鱼类种群养护已经成为了北大西洋渔业的主要问题，并且强烈支持
ICNAF[20] 提出的加强渔业监管的建议。渔业部长认为通过渔获配额进行管理是当
前最可行的方式（Government of Norway 1975a；Sunnana 1964）。此后，对资源养护
的担忧也日益增长。

挪威加强捕捞能力的国家政策可以视为两个机制结合的产物。一方面，由于
战后数十年领海外渔业资源并不属于沿海国管辖，提高捕捞能力可以在一定程度
上走出这种开放性带来的囚徒困境的局面。另一方面，可能更重要的是，当时资
源养护处在次要位置，这种做法是政治优先的后果。政治优先的惯性导致人们在
很长时间里对过度捕捞问题视而不见，直到其对渔业政策产生极大的影响。挪威
在 20 世纪 50 年代和 60 年代的渔业政策主要围绕行业发展，而在 70 年代将资源养
护提升到了一个新高度（Nordstrand 2000）。在 70 年代早期，渔获配额与捕捞强度
的问题已经成为国际渔业委员会首要考虑的问题，而过度捕捞也成为渔业管理者
主要担忧的问题。

3.2.3　渔业管理法律架构的发展

挪威渔业法一直分散在地区性法案和特别法案的条款中。从 20 世纪 30 年代
开始，挪威政府开始将这些分散的条款整合成国家法案。1937 年的《鲱鱼渔业法》

---

［19］　常设委员会是东北大西洋渔业委员会（NEAFC）的前身。第二章对这些机构有详细的介绍。
［20］　国际西北大西洋渔业委员会（ICNAF）是西北大西洋渔业组织（NAFO）的前身。

取代了中上层渔业的一些法律条款。[21] 围网和马达的引进导致渔场上各种冲突愈演愈烈，《鲱鱼渔业法》对如何解决和避免此类冲突做出了详细的规定。第 37 条对禁渔区、禁渔期和最小捕捞规格作出规定，但这些条款与其说是为了资源养护，更不如说是为了渔获质量和市场（Government of Norway 1937a，b）。1939 年，政府开始着手简化其他相似的渔业法规。这些工作由于战争的开始而中断，但在 1947 年重新启动。当时，挪威渔民的捕捞作业受到 20 多种不同的法律法规的限制。

　　17 世纪的一些地方性渔业法开始有一些条款指导渔民如何避免渔具冲突，以保证鳕鱼渔场的捕捞秩序。19 世纪末期国家法律也增加了相应的条款，以应对技术现代化对资源养护带来的挑战，并开始禁止在海水渔业中使用破坏性渔具。1911 年，禁止在渔业中使用炸药的法令出台。1914 年通过的一项法案限制了一些渔具的使用，并要求政府采取幼鱼管制措施。1930 年代通过了鲽鱼和庸鲽最小捕捞规格的法案。随着 1937 年伦敦渔业会议上对底层渔业网目尺寸和最小捕捞规格的讨论，挪威通过了一项新的《海水鱼类养护法案》。[22] 新法案采用了伦敦会议上通过的标准，并整合了先前不同法律条款中有关渔具限制和幼鱼的规定（Government of Norway 1938，1954）。1923 年还通过了一项龙虾养护的法案。

　　为了构建一个清晰统一的法律架构，挪威在 1955 年通过了针对底层渔业管理的《海水渔业法》[23]（Government of Norway 1954，1955）。该法案以《鲱鱼渔业法》为基本框架，旨在解决渔民的争端问题。然而，1955 年的《海水渔业法》第 4 条也包含了之前立法中的养护措施，主要是破坏性渔具的管制问题。作为 ICNAF 公约的签署国之一，《海水渔业法》的第 4 条授权渔业部为了鱼类种群养护和遵守国际公约的目的设立渔获配额，但渔获配额的条款并不能反映挪威当时的政治议程。当时挪威国内关于如何减轻捕捞压力的讨论尚未开始。在之后的 15 年，大西洋渔业委员会一直就配额和捕捞能力监管问题进行讨论。从这方面来说，ICNAF 公约和 1955 年的《海水渔业法》中有关渔获配额的条款具有一定的前瞻性，这也是它们最终得以实施的条件。

　　之前的法案是对渔业资源养护做出具体规定，而 1955 年的《海水渔业法》赋予渔业部制定并采用具体的养护措施的权力（Government of Norway 1954，1955）。之后的数十年，授权成了挪威渔业管理的通用模式。因此，由渔业行政部门制定的渔业法规成为渔业资源管理的法律依据。1957 年鲱鱼和黍鲱渔业法的修订版中

〔21〕　挪威语该法案称为 *Lov om sild-og brislingfiskeriene*。
〔22〕　挪威语该法案称为 *Lov om fredning av saltvannsfisk*（1938 年 5 月 6 日）。
〔23〕　挪威语该法案称为 *Lov om saltvannsfiskeriene*。

补充了海水渔业法第 4 条的内容，将渔业授权范围延伸到其他渔业（Government of Norway 1957b）。

1950 年代也见证了渔业准入首个综合性法律框架的发展。从 1917 年起，所有商业渔船需要进行标识并在国家渔船系统中登记。1917 年的法案并未对渔业准入作出明确规定，但成为日后准入限制的重要依据。根据 1951 年《拖网渔业法》[24]，拖网渔船作业需要从渔业部申请捕捞许可（Government of Norway 1951b）。但是捕捞准入制度迈出实质性的第一步是 1956 年一项有关渔船所有权的基本法案（Government of Norway 1956），该法案规定已注册渔船的转让或新渔船登记需要渔业部的许可，未登记渔船不得从事商业捕捞。实际上，准入制度并未对渔船登记造成太大的限制：政府规定小于 50 英尺的渔船可以自行登记，有 3 年以上捕捞为主业的个人与公司也有权登记新渔船或从事捕捞作业。然而，当 1960 年代鲱鱼渔业产生危机时，这项法案成为其他限制性政策的基础。由于鲱鱼危机的出现，1956 年修订后的基础法案要求渔业部停止新渔船的登记。从 1970 年开始，渔业部根据这项法规叫停了所有新造围网渔船的登记（Norway 1992：27）。

由此可见，有关产能过剩和过度捕捞的政治担忧在 1960 年代已经开始。政府曾一度积极促进渔船的现代化，但后来开始担忧高效的捕捞方式带来无序扩张。如第二章所言，大西洋渔业委员会意识到有必要加强渔业投入管理的法律依据，开始制定新的管理措施。因此，挪威在 1972 年出台的《渔业从业法规》（从业法规[25]）取代了 1956 年的基础法案。此项法案规定，为了养护或合理利用鱼类种群，渔业部有权采取措施控制渔船扩张，并叫停渔船登记。除了一般捕捞许可证制度，新法案也授权政府为个别渔业制定特定的捕捞许可证，渔船改造需要获得政府许可。此外，新法案授权政府核定渔获配额并进行分配。因此，继 1970 年暂停新建围网渔船登记后，该规定在 1973 年由许可证制度取代（Government of Norway 1971a，1972a，1992）。

《渔业从业法规》体现了挪威对北大西洋渔业委员会的监管逐渐适应的过程。然而，ICNAF 和 NEAFC 的态度对挪威立法的影响远远超过了法律上适应的程度。实际上，1972 年的《渔业从业法规》的通过促使挪威政府开始执行 1967 年 ICNAF 养护行动生物经济评估工作小组推荐的管理原则：通过渔获配额制度对资源进行养护，以捕捞许可证制度为补充，提高经济效益。[26]

---

[24]　挪威语中该法案称为 *Lov om fiske med trål*。

[25]　挪威语中该法案称为 *Lov om regulering av deltakelsen i fiske*（*Deltakerloven*）。

[26]　ICNAF 工作小组在第二章有详细介绍。

51　　　社团管理模式不仅是渔业，也是挪威其他产业的典型管理方式。《渔业从业法案》使其得以持续发展。挪威渔民协会一度对渔业产业对政策变化的适应能力表示担忧，从 1970 年开始就渔业管理部门监管程序进行讨论（Christensen and Hallenstvedt 2005：235），并最终建立了 2 个咨询委员会。1972 年从业法案第 7 条和第 10 条规定，特殊渔业的捕捞许可、渔获配额及配额分配需要向渔民协会代表进行咨询才能做出决定。捕捞许可委员会由政府和行业代表组成（共有 8 名成员，其中 4 名来自挪威渔民协会）。捕捞许可委员会在 1972 年成立，在渔业方面为政府提供建议。一个特殊的监管委员会在 1973 年成立，由来自渔业、科研机构和政府的代表组成，就资源管理问题为渔业部提供建议（Hoel et al. 1991；Government of Norway 1981a；Nordstrand 2000）。

　　从 1970 年起，基于渔获配额的管理制度逐渐成为挪威渔业管理的主要模式。这项政策改革绝不是单边的。正如第二章所述，TAC 制度是 20 世纪 60 年代中期北大西洋两个渔业委员会协商的直接成果。NEAFC 和 ICNAF 一直都关注产能增加和过度捕捞问题，尤其是后者，作为 TAC 制度的主要讨论场所，直接促成了 TAC 制度的实施。然而，到 20 世纪 60 年代末期，不仅西北大西洋鱼类资源状况堪忧，东北大西洋也出现了渔业危机：大西洋-斯堪的安鲱鱼资源在 1968—1969 年急剧下降，北海鲱鱼捕捞量也在减少。鲱鱼危机导致从事中上层鱼类捕捞的渔船产能严重过剩，并迫切需要对该区域的中上层渔业进行管理（Hersoug 2005；Rozwadowski 2002：178-182）。严重依赖大西洋-斯堪的安鲱鱼渔业的国家不愿被动等待 NEAFC 的决议，因此在 NEAFC 框架外通过了第一个渔获配额制度。挪威渔业部在 1979 年在鲭鱼渔业也设置了渔获配额，而鲭鱼是制作鱼粉和鱼油的原材料（Government of Norway 1970）。根据挪威、冰岛、苏联签署的协议，从 1971 年开始大西洋-斯堪的安鲱鱼渔业实施常规 TAC 制度（Government of Norway 1971b；NEAFC 1971），另外，还设定了 1972 年毛鳞鱼的渔获配额（Government of Norway 1972b）。

　　基于 TAC 的管理制度随后在分配和配额的有效利用上产生了一些问题，渔业　52行业要求设立渔船配额。[27]　关于渔船配额的讨论始于 1972 年，但是缺乏有效的立法依据。起初，渔业部并不愿引入渔船配额，因为当时现有的法律仅限于对非法

----

〔27〕　渔船配额是指分配给一艘特定船只的配额，与分配给渔船船队的配额有差别。渔船配额意味着每艘船只享有一定比例的 TAC，使其不必与其他船只就这部分份额进行竞争。因此，渔船配额加了渔民的可预测性，降低了渔业竞争的激烈程度。挪威在渔业管理中，使用"船舶配额"而不是"个人配额"（IQ），意味着配额分配到船只而不是个人。

捕捞进行惩罚，也就是说，超过配额部分的非法渔获物只能通过起诉并且经过法院判决后才能没收（Government of Norway 1976c）。然而，受到捕捞行业的压力，在缺乏非刑事没收的法律条款的情况下，政府从1973—1974年开始在毛鳞鱼渔业实施渔船配额，随后推广到鲱鱼和鲭鱼渔业。这种渔船配额的早期实践使渔业管理人员意识到有必要出台非故意超出配额部分渔获物的处理规定。1974年，渔业部、渔业局与几个主要的渔业组织就这种非故意违法行为的处理进行会谈，并随后在1976年对从业法案条例进行了补充，使渔民销售组织在渔获配额制度的实施中担任重要角色。渔业部授权渔民销售组织对渔船配额的具体额度进行估计，并负责处理超出配额部分的渔获物，超出渔船渔获配额的渔获物由销售组织进行统计后没收。这样既可以保留渔获的价值，也无须追究渔民的刑事责任。

这项规定的一个核心问题是，没收渔民非法渔获但并不追究其刑事责任，这种做法是否与挪威宪法一致。这项条款是基于渔民无权拥有非法渔获物的认识，没收非法渔获物与没收私有财物不同，主要是对无主财物进行管理，因此并不算处罚。由此，没收非法渔获物并没有违反挪威的宪法（Government of Norway 1976c）。

修正后的从业法案使销售组织可以在不追究渔民刑事责任的基础上没收渔获物，这标志着一个新的渔业管理实践的开始，随后成为挪威渔业制度实施中的关键要素：对非法渔获的非刑事没收。修正案为渔获物没收提供了两条重要的思路。首先，在这个体系中，非故意超配额渔获的没收是行政，而非刑事安排。所以，执法人员在没收非法渔获时无需提供刑事过失证明。渔民不会因非法渔获物上岸面临惩罚，不会受到罚款或没收合法渔获，这也减少了渔民丢弃[28]非法渔获的动机。同时，这项改革建立了非法渔获的价值管理体系。根据1955年《海水渔业法》的条款，非法渔获物仍需要强制丢弃，但新体系促使政策发生根本性改变，为10年后渔获物丢弃禁令的实施提供了便利。值得注意的是，在从业法案进行修订的时候，决策者已经普遍意识到减少渔获物丢弃的必要性（Government of Norway 1975c；1976c，d.）。虽然这种认识变成法律禁令需要数年时间，但是授权，并令销售组织为管理非法兼捕渔获做好准备工作成为这条禁令实施的重要条件。其次，修正案意味着渔获配额制度的实施成为国家/行业通力合作的结果。渔民销售组织不但受到法律保护，其重要性更得到进一步延伸。原先，他们的任务是通过垄断第一手贸易保证渔民的市场地位。随着捕捞限额制度的引进，这种集权体系成为资源管理的有利工具，也使渔业产业成为新资源管理制度中一个负责任的合作伙伴。

---

[28]　本章中，丢弃渔获物是指将鱼类放回或丢回大海（见词汇表）。

各国意识到国际委员会已经无法对渔业进行有效的监管，因此在 1975 年联合国海洋法第三次会议上通过了 200 海里专属经济区（Exclusive Economic Zones，EEZs）制度。该制度的基本观点是沿海国拥有管理和利用 200 海里以内（基本包括了沿海国的大陆架区域）资源的专属权利，包括制定和分配总可捕量的权利。挪威在 1976 年 12 月通过了本国经济区法案，并在 1977 年 1 月设立了专属经济区。就国家对渔业资源的管理而言，这项法案不亚于改革。挪威对渔业的控制一度限制在 4 海里领海海域，直到 1961 年才扩展到 12 海里（Government of Norway 1976b，2003d）。挪威经济区法案赋予挪威国民利用海洋生物资源的专属权利，也赋予了渔业部监管渔获配额、捕捞强度以及外国渔民进入包括大部分大陆架在内的 200 海里专属海域从事捕捞的权利。另一方面，挪威政府认为已经具备一个完善的渔业管理法律框架，就国家渔业管理权限来说，建立 EEZ 的法案除了将管辖范围拓宽到 200 海里，并无其他新意（Government of Norway 1976a，b，1978a，1980，1983a；Sen 1997）。然而，渔业管理结构的发展，基于 TAC 的管理制度的建立，国家通过 EEZ 对近海资源的控制等亟须渔业法进行更大的变革。

54

3.2.4　执行机构的产生

战后早期，渔业局进行重建和扩大。随着渔业管理越来越严格，渔业局在 60 年代和 70 年代也不断扩大。1977 年，200 海里专属经济区的建立是挪威渔业管理的分水岭。相较之前，资源养护在很大程度上成为国家责任和重要政治任务。同时，渔业行政部门也进行重组以应对挑战。

直到 1970 年代，挪威的渔业法主要作为有序捕捞的法律依据——解决并避免渔民之间的冲突。因此，19 世纪末建立了一项实施机制来确保捕捞旺季渔民的有序作业——尤其是鳕鱼和鲱鱼渔业。渔业监管部门负责渔业法规的有效实施以保证渔场的捕捞有序，同时也为渔业行业充当顾问的角色。这是咨询机制的开端，并在 20 世纪得以迅速发展，反映了国家在推动行业发展中发挥的重要作用。

咨询服务通过 1972 年的一项独立法案得到正式认可，[29] 并在 1980 年代早期通过改革纳入渔业局成为国家行政体系的一部分，主要包括季节性捕捞监管和行业咨询（Government of Norway 1971c，1978a，b，1980，1982a；Nordstrand 2000）。咨询服务机构由市级渔业顾问组成，受地区渔业主任的领导。另外，咨询服务机

---

〔29〕　这项称为 *Lov om rettledningstjenesten i fiskerinæringen* 的法案在 1971 年 7 月 11 日通过，并在 1972 年 1 月生效。

构在市级和县级设有渔业委员会。

资源养护法规的增多以及渔获配额制度的实施意味着不仅需要对捕捞旺季的渔业进行监管，还需要长期的监管和执法体系。将管理延伸到咨询服务并非解决这个问题最有效的方式。因此，国家资源养护措施的实施（资源控制）成为渔业局第二大主要分支。这个分支机构主要负责从 1900 年起开始的水产品质量控制—（控制服务）。随着需要管理的水产品的增加，控制服务的范围不断拓宽，在 20 世纪已经发展成多个分支机构。1977 年，整个机构进行合并重组，成为渔业局下属一个独立的行政单位。这个行政单位最初成立的目的是对整个海岸线的渔获进行质量控制，到 1970 年代后期，已经有大约 130 名正式员工，以及渔业局和几个实验室的工作人员。质量控制一般采用沿岸水产品加工厂和渔船抽查的方法。随着资源控制变得越来越重要，同样的行政机构和管理程序开始应用到资源控制中。控制服务因此也包括监管渔民对网目尺寸限制、最小规格限制、禁渔期禁渔区以及渔获配额等规章制度的遵守程度 （Government of Norway 1978b；Nordstrand 2000）。

除了政策的实施，在 1970 年代末期，与质量控制相比，资源控制仍处于边缘地位，渔获配额制度也没有得到有效的实施。渔业行政部门缺乏相应的法规、经验和专业人员。直到 20 世纪 80 年代末，配额制度才得以真正有效地实施。但是，中央和地方渔业行政机构在世纪之交就已经成立，无疑为渔业局实施这项制度带来很大的便利。

渔业行政机构的两个地方分支代表了国家承担的两种角色。咨询服务机构继续推动行业发展并提供便利，注重传统的捕捞管理以解决渔民之间的捕捞争端。控制服务机构越来越多地将重点放在资源管理上，逐渐承担起国家作为资源管理者的任务，对稀缺性资源进行监管。这种行政结构和分工持续了近 20 年，直到 1989 年地方行政部门的两个分支进行合并。渔业局的地方分支一般称为外部行政机构（ytre etat）。

渔业局外部行政机构的任务是在陆上对渔业进行监管，以及近海季节性捕捞的管理。对于海上的渔业管理，挪威海军从 1907 年起承担了渔业执法的部分职责，包括在挪威领海驱逐外国渔船。从 1920 年代末起，海军开始为近海和远洋渔船提供服务。如果拖网渔船和定置渔具在国际水域产生冲突，挪威海军也承担着保护渔具的使命。1970 年，NEAFC 一项有关渔船互检的协议生效，挪威海军负责此项协议的实施。在配额制度实施后，需要在海上对渔船进行检查，挪威海军从此承担起渔业执法的重要任务。1977 年，200 海里 EEZ 的建立意味着挪威海军有了维护海上主权、监督渔业执法的新任务。海岸警卫队于 1977 年成立 （Christensen and

Hallenstvedt 2005；Norway 1975b），成为海上执法的重要机构。

3.3 1977—2000 年：现代渔业管理的形成

3.3.1 新型国际资源养护制度

新海洋法公约经过多次协商，初步确定了 200 海里 EEZ 制度，资源养护因此成为沿海国的责任。另外，公约要求沿海国本着养护的目的对共享鱼类种群进行合作管理。1977 年，200 海里 EEZ 的正式建立也使 NEAFC 在渔业管理中处于边缘地位。然而，当时大西洋渔业委员会已将渔获配额制度作为渔业管理的主导方式（见第二章）。1970 年代中期，新型的双边和多边资源管理制度正是以此为基础得以建立。

200 海里 EEZ 的建立对挪威来说并不意味着对重要的鱼类种群享有专属管辖权。挪威渔民主要捕捞在本国和其他国家 EEZ 之间洄游的跨界鱼类种群。因此，新 EEZ 的建立也伴随着一系列有关共有鱼类种群管理的双边和多边协商进行。挪威和苏联（USSR）通过三方协议分别在 1971 年和 1974 年就鲱鱼渔业和鳕鱼渔业达成合作（见第二章），并从 1950 年代开始科研合作。两国还在 1975 年和 1976 年连续签订数个渔业管理协议，并建立了一个渔业合作委员会以继续渔业方面的合作。渔业合作委员会负责巴伦支海共有鱼类种群资源 TAC 的核定和分配，包括东北极地鳕鱼、北大西洋鳕鱼和毛鳞鱼，合作还包括交换两国专属鱼类种群的配额。1977 年，挪威与欧盟就北海、挪威海、不列颠群岛以西鱼类种群的管理签署了类似协议。与挪威-苏联的协议相似，挪威与欧盟通过每年谈判对几种共有底层和中上层鱼类的配额进行了协商和分配，并交换了两国专属鱼类种群的配额。1980 年，挪威与冰岛就在冰岛 EEZ 和挪威渔区扬马延岛周围洄游的毛鳞鱼的管理签署了双边协定。1989 年，冰岛、格陵兰岛与挪威就毛鳞鱼渔业签订了三方协议。随着 EEZ 的确立，新的资源管理机构不断成立，同时，一系列交换和转让专属捕捞权的双边协议也得到签署。

科学家从 20 世纪 70 年代开始对种群大小和发展状况进行评估，尽管数据不一定可靠。ICES 渔业管理咨询委员会就 TAC 的核定咨询了双边和多边委员会，但是初期种群科学评估对配额产生的影响受到人们的质疑（Nordstrand 2000：399-402），在 NEAFC 的体制下，历史捕捞数据是决定配额分配的重要依据。EEZ 延伸后，种群的渔区归属成为分配的关键要素，渔区归属原则意味着跨界鱼类种群在沿海国专属经济区的数量决定了这个国家 TAC 份额的大小。

由于国际渔业政治的不断变化，东北大西洋渔业资源管理和分配的体制结构

57

一直在进行不断的调整。挪威、冰岛、俄罗斯和法罗群岛在 1996 年签订了一份大西洋-斯堪的安鲱鱼渔业 TAC 和各国配额分配的协议，欧盟在 1997 年加入该协议。然而，随着 2003 年协议的失效，这些国家直到 2007 年才对配额和分配重新达成一致。此外，自 1990 年代末期蓝鳕鱼渔业开始迅速发展，这些国家一直希望能建立蓝鳕鱼渔业的管理制度。2005 年秋，这些国家就蓝鳕鱼的管理首次达成协议（Government of Norway 1983a，1995a，2003a，2005a；Nordstrand 2000）。现有 TAC 制度的实施成为一个国内问题：各国需要设立国内法规控制捕捞死亡率，并监管政策的执行。由于各国国情的不同，政策的制定和实施力度也有差异，导致签署国之间一度产生紧张的局面。本卷提供的案例讨论了多种不同的实施力度和能力，在本章末尾，我们将介绍一下在过去几年为了建立一个国际管理机制付出的努力。

当资源养护的新制度登上国际舞台时，实施并不是一个大问题。直到 1970 年代早期，主要的问题都在如何制定和采用基本的监管措施（见第二章）。20 世纪70 年代末期基本的渔业监管措施已经制度化，实施的问题才浮出水面。渔获配额制度在实施中并不能有效地控制捕捞死亡量，挪威渔业行政机构不得不在随后几年投入更大的资源解决这个问题。

3.3.2 渔获配额作为资源管理的手段

早期捕捞许可证制度，尤其是基于 1951 年《拖网渔业法》的许可证制度是基于对渔具和渔民进行规范的需求设立的。在 1970 年代早期，捕捞许可证制度成为资源养护措施的一部分，鲱鱼渔业的崩溃使渔业部在 1972 年《渔业从业法案》的授权下从 1973 年开始对中上层渔业的围网渔船采用限制性捕捞许可证制度，次年，NEAFC 开始首次在鲱鱼渔业中采用 TAC 制度。出于同样的原因，渔业部在 1974 年对从事青鳕鱼捕捞的围网渔船也采取了限制性捕捞许可证制度（Government of Norway 1981a，1983a；NEAFC 1974）。随着渔获配额制度在渔业管理中的大力发展，入渔许可限制才逐渐退出资源管理的历史舞台。

由于结构政策不能免除对国内渔船渔获量限制的需求，因此在渔业管理中出现了渔获量配额和捕捞能力的管控的分工。200 海里 EEZ 的建立需要一个连贯的渔业政策，因此政府制定了一个充满雄心的"挪威渔业长期规划"，同时确定了渔业的主要政治目标、问题与解决方法（Government of Norway 1977a），这项规划将捕捞许可证制度和渔获配额作为两项互补的管理措施。为了使船队规模与渔业资源相匹配，使捕捞能力和渔业资源相平衡，对需要相应减少的产能进行了评估。这项规划的基本方针是根据科学依据设定渔获配额，并使捕捞能力与可捕渔业资源相适应。如果这项规划得以成功实施，就无须制定针对具体渔船或船队的细节性管理条例。[30] 这项方针也在 1972 年《渔业从业法规》中有所体现，其中一些条款提到了许可证制度对资源养护的重要性。到 1976 年为止，《渔业从业法案》强调 TAC 制度的实施，不仅保障了渔民的利益，其本身也是资源管理的重要手段（Government of Norway 1971a，1972a，1976d）。

20 世纪 70 年代，通过入渔许可限制渔船捕捞能力成为资源管理的主要手段。1977 年制定的长期规划反映了 EEZ 扩大后人们对捕捞能力适应渔业资源的乐观态度。然而，情况恰恰相反。巴伦支海的鳕鱼种群在随后几年持续低迷，鲱鱼与鲭鱼也面临相同的状况。80 年代早期，人们已经不再将资源管理寄期望于捕捞能力限制，认为只有严格的入渔制度，并加上一定的渔获配额和捕捞技术限制才能对资源进行有效管理，而且许可证制度不能取代渔获限制。渔业行政机构开始意识到在未来几年捕获限制将成为重要的管理手段。因此，渔获限制的主要目的在于保证渔业利益并为渔民提供就业保障。

从 1980 年代早期开始，人们不再认为结构政策能为渔业资源提供有效的养护。挪威的资源管理主要依靠两项支柱：总可捕量限制和技术性限制，比如网目尺寸限制、幼鱼捕捞限制、禁渔区等，最大限度地减少渔获物中幼鱼的比例。在此基础上，1983 年的新《海水渔业法》也不再将结构政策作为资源养护的手段（Government of Norway 1981a：16，1983a）。资源养护政策的实施因此在实际上仅限于渔获限制措施的实施问题。然而，将资源养护完全等同于捕捞限制并未使政策的实施得到简化。渔业管理者不再试图降低捕捞能力，使之与 TAC 相适应。这意味着为了保障渔业的经济利益，渔船配额制度不得不提上日程，而渔船配额制度的充分实施是渔业管理中最困难、最复杂的问题之一，不仅需要对渔获量进行监控，还要处理非法兼捕渔获的问题（见第一章）。

1977 年长期规划中最显著的缺点是未考虑新兴渔获配额制度的实施问题。为了控制目标渔获的捕捞死亡率，如何对渔获进行监管也没有进行系统的考虑。一部分因为这个原因，当时措施的实施不是主要讨论的话题。同年政府出版的渔业局管理服务白皮书也同样忽视了这个问题（Government of Norway 1978b）。白皮书主要关注质量控制问题，也谈到了禁渔期与幼鱼捕捞限制等问题，却完全忽视了渔获配额制度的实施，仅在执法列表里用"配额制度"一笔带过。

59

---

[30] 如第一章所述，通过降低捕捞能力来消除配额制度只是一种乐观的想法，因为资源波动至少需要周期性捕捞限制加以管理。

对实施中问题的忽视很大程度上是渔业法的不完善造成的。直到20世纪70年代末期，配额管理仍然缺乏相应的法律基础：渔获称重、销售单据、渔捞日志等缺乏相应的管理条例。因此在渔获配额的管理上没有切实的实施措施。1976年《渔业从业法案》修正案允许销售组织没收超过渔船配额的渔获物。修正条款虽然赋予渔民销售组织新的义务，却没有制定新的管理条例。因此，在70年代末期，就配额实施而言，挪威渔业政策和行政管理仍不成熟。EEZ的确立使这些问题变得更为严峻。根据福柯对规划的解读，制度化惰性话语结构造成新事物无法获得应有的关注（Foucault，1977，1999），这是一个典型案例。

20世纪70年代中期，关于法治现代化的讨论重申了基于TAC的管理体制的惰性制度适应问题。1973年，政府任命委员会起草一份新法案以替代1955年的《海水渔业法》和1937年的《鲱鱼渔业法》，标志着长达40年的法律简化和现代化进程的结束（Government of Norway 1975c）。然而，当1975年报告出版时，以渔获配额制度和扩展沿海国管辖权为主的新型管理制度早已取代了新提案的建议。新法案主要关注已有法案中提到的保障渔业秩序的问题，而促进渔获配额有效实施的内容，如捕捞报告、渔捞日志等却没有涉及。

虽然没能解决管理中出现的新问题，1975年报告提出了一个有趣的建议：禁止死鱼和濒死鱼的丢弃。1955年《海水渔业法》要求即时丢弃所有非法渔获。而1975年报告却认为，出于"预防和控制的目的"，丢弃的渔获应仅限于低于捕捞标准的小鱼及禁渔期的非法渔获（Government of Norway 1975c：23）。同时建议渔业部禁止死鱼和濒死鱼的丢弃，以免资源的浪费。当时，种群规模和发展状况科学评估方法刚刚萌芽，需要可靠的捕捞死亡率数据的支持。虽然近几年渔业管理者越来越重视捕捞死亡率的监管，但当时该话题并未提上议程。因此，一定程度上，管理人员并未将捕捞死亡率和渔获物丢弃挂钩。

1982年，政府向挪威议会提交的新《海水渔业法》对1975年报告中的建议进行了大量修改。1980年，渔业捕捞应确保自然资源的可持续发展已经成为渔业部主要的议程。因此，1982年的法律不再是保障渔业秩序的细节性法规条例，而是以TAC的实施为重点的授权法案（Government of Norway 1980：25，1982b）。1983年新《海水渔业法》标志着构建法律框架实施TAC制度迈出了第一步。

3.3.3　实施TAC制度的法律框架——1983年《海水渔业法》

1983年之前的渔业法、行政管理和市场组织的发展，为基于TAC的渔业管理制度的实施创造了重要的条件。然而，这并非它们发展的初衷。1983年之前，挪威的渔业管理体系缺乏监管捕捞死亡率所需的法律条例和日常行政检查，并且没有将渔获配额与控制捕捞死亡率相挂钩。例如，1955 年的《海水渔业法》要求丢弃非法渔获。因此，20 世纪 70 年代首个有关配额管理的渔业中也要求丢弃非法渔获。例如，20 世纪 70 年代末鳕鱼管理条例明确禁止非法渔获的上岸（Government of Norway 1977b，1978c）。与欧盟现有的非法渔获丢弃条款相似，这些措施在实施过程中弱化了监管的职能，因此并没有达到控制捕捞死亡率的目的。

我们发现，在挪威的渔业行政管理中渔获物丢弃政策一直处在不断的变动中。鲱鱼渔业长期面临困境，因此，首次将捕捞死亡率和渔获配额相结合的尝试毫无意外地从鲱鱼渔业开始。经历数年的危机，1981 年大西洋-斯堪的安鲱鱼渔业开放小规模捕捞（即挪威春季产卵的大西洋鲱鱼）。很明显该种群的捕捞死亡率需要进行控制。但是当时的《海水渔业法》要求丢弃非法渔获物。因此，通过渔获配额制度控制捕捞死亡率的首次尝试通过行政程序而不是刑法条款来解决。1981 年的鲱鱼法规授权渔业局签发捕捞许可证并分配配额，如发生故意或非故意鲱鱼死鱼倾倒的行为，渔业局有权削减配额或撤回捕捞许可证（Government of Norway 1981b）。这并非渔获物丢弃的禁令，只是防止渔民捕捞鲱鱼超出配额的行政手段，但是可以视为在旧法案的基础上发展现代条例的尝试。

当时，为了对捕捞死亡率进行更好的监管并促使渔民遵守渔获配额制度，新法律框架正在酝酿中。1983 年新《海水渔业法》出台，旨在通过渔获配额制度控制捕捞死亡率，这也是渔业资源管理制度的基石。新《海水渔业法》赋予了渔业部更多权力，在两项新渔业管理制度的基础上对海洋生物资源的利用进行管理：通过配额和兼捕渔获物管理控制捕捞数量，通过渔获组成管理措施防止渔民捕捞低于捕捞标准的小鱼。新《海水渔业法》沿用了《渔业从业法案》中渔船配额、销售组织的责任等相关法律条款，实现了结构政策和资源管理政策的明确分工。

《海水渔业法》第 11 条规定非法捕捞的活鱼要立即放回大海，并授权渔业部对渔获丢弃和水产品下脚料的处理进行监管，标志着非法渔获丢弃政策的改变。然而，死鱼和濒死鱼丢弃的禁令仍然没有得到有效执行。尤其在中上层渔业，渔获在收网前往往已经死于围网。虽然渔业部禁止所有死鱼和濒死鱼的丢弃，但是这项条款只限于非法渔获的管理。由此产生一个法律漏洞：原则上只要在配额以内，中上层渔业中择优弃劣是合法的。1988 年的法案修正了这个问题，其中第 11 条明确规定禁止所有死鱼和濒死鱼的丢弃（Government of Norway 1988a，d）。

随后，禁止渔获物丢弃的基本原理得到逐步发展，在 20 世纪 70 年代中期首次出现在政府有关食物资源浪费的议事日程中。在 1983 年新《海水渔业法》出台前，政府白皮书中提到了资源浪费的问题，并首次提到为了避免"海洋资源破坏"禁止渔获物丢弃的必要性（Government of Norway 1982b：23）。到1988年，禁止渔获物丢弃的基本理论已粗具现代基础。在1988年《海水渔业法》修正案第11条通过前，白皮书中首次提到捕捞死亡率数据的收集对防止死鱼和濒死鱼丢弃有重要意义（Government of Norway 1988a：24）。

为了有效实施渔获丢弃禁令，1983年新《海水渔业法》继续延伸了非法渔获非刑事没收的法律条款。这项非刑事没收法案不仅适用于超过渔船配额部分，而且适用于所有非法捕捞的渔获物。1988年该法案的修正案补充了三项非法渔获没收条款，除了一项是刑事规定，其他两项为非刑事条款，其中第7条授权渔民销售组织对超过渔船配额部分的非法渔获进行没收。而第11条授权渔业局对其他非法渔获进行没收，实际上，无论没收依据是第7条还是第11条，非法渔获仍然通过正常渠道销售，但渔民销售组织，没收销售所得。根据第7条或第11条没收非法渔获是行政管理措施，目的在于消除渔民非法捕捞的动机，而并非法律意义上的处罚。

非刑事没收意味着渔民可以将非法渔获正常上岸，而不必担心受到处罚，从而消除了通过渔获物丢弃隐瞒非法渔获的动机。为了进一步消除这种动机，新《海水渔业法》还授权渔业部通过渔民销售组织，对没收了非故意兼捕渔获的渔民进行一定的经济补偿。

第7条和第11条认为兼捕是渔业中不可避免的一部分，因此应积极采用合理注意原则（Principle of due care）以区分需惩罚和无需惩罚的违规行为。承认兼捕的不可避免性，采用合理注意原则对确保渔业执法的合法性具有重要意义。但是，没收的非刑事性质还有另一个重要作用：这意味着渔民知道渔政人员无须对违规行为进行举证就可以没收非法渔获，从而极大地避免了举证困难造成渔民从事非法捕捞的可能性。

在个别极端案例中，非法捕捞的行为触犯法律，渔政人员在行政没收后会交由警察处理。根据第7条和第11条，没收属于非刑事处罚，有异议的渔民上诉至渔业局而不是法院（Government of Norway 2006a：37，183）。无论渔民是否受到刑事惩罚，根据第7条和第11条，没收非法渔获是常规做法。然而，如果证明非法捕捞是出于犯罪过失或犯罪故意，渔民将受到起诉并定罪，定罪后没收非法渔获也可以作为相应的处罚措施。根据第54条规定，还可以对渔获、渔船和渔具进行刑事没收。因此，根据第7条和第11条，渔政人员可以没收渔获的非法部分；根据第54条，当合法和非法渔获混杂时，渔政人员有权没收所有渔获（Government of Norway 1983b，1988a）。

兼捕是渔业中不可避免的现象，也是渔业管理面临的主要问题，新《海水渔业法》的出台使丢弃非法渔获的主要原因不复存在。《海水渔业法》认为非法渔获不属于刑事责任，非法渔获的上岸亦无须惩罚，因此渔民通过丢弃非法渔获进行隐瞒的动机亦不复存在。渔民销售组织为兼捕渔获物的行政处理提供了极大的帮助，包括处理捕捞数据、监管渔船配额、管理第一手渔获贸易的钱款流向等。在处理非法渔获上岸的行政程序正式通过后，渔获丢弃的禁令得以顺利实施。

1983 年的《海水渔业法》首次意识到为了促进 TAC 制度的实施，有必要对渔民进行法律知识普及，并制定配套的执法措施。法案第 9 条授权渔业部制定相应条例，要求渔民上报作业时间、地点、渔获量、渔具及渔获价值。新《海水渔业法》为新型管理制度的实施掀开了新篇章，将渔业局和海岸警卫队的执法责任进行了区分。渔业局负责检查渔船和渔获上岸点，海岸警卫队承担起警察和海上检查的职责。1990 年的修正案使渔民销售组织成为第三个执法机构。表 3.1 对《海水渔业法》和《原鱼法案》进行了比较，这两项法案是监管和控制捕捞死亡率的法律基石。《海水渔业法》是绝大部分重要法规的基础，《原鱼法案》根据销售组织的管理体系对第一手渔业贸易进行集中管理，也为法律的实施构建了重要的组织结构。

64

表 3.1　监管和控制捕捞死亡率的法律基石

法律框架	受管制的活动	监管对象	法规	资源管理中的作用
《海水渔业法》	捕捞作业	渔民 渔获买家	配额 渔获报告 死鱼和濒死鱼丢弃禁令 非法渔获没收 控制 技术性条例	提供捕捞死亡率限制和监管措施
《原鱼法案》	渔获上岸/第一手贸易	渔民 渔获买家	第一手渔产品交易组织 渔获和上岸报告	提供政策实施的组织基础

3.3.4　捕捞死亡率与捕捞限制相结合 —— 制度生效

1983 年的《海水渔业法》概述了配额制度实施的基本原则，但这些原则只在一些授权条款中提及，因此收效甚微。之后几年，渔业行政管理人员在达成目标捕捞死亡率的过程中不断面临挑战，并学到一系列经验。

20 世纪 80 年代基于配额的渔业管理早期实践经验表明，管理体系严重缺乏相应的管理措施。配额制度尤其是渔船配额制度下的渔民，为了获得更多的渔获物采取各种规避的方式，削弱了制度实施的效力，导致大量非法渔获的上岸。这个问题从 1980 年代开始就广受关注。

65

在意识到这个问题后，政府最终决定在 1986 年成立一个工作小组，这个小组由 3 位来自渔业局的代表和 3 位来自挪威渔民协会的代表组成，负责对不同的渔业违规行为进行定义，并提供相应的解决方案。这个工作小组人员的构成说明社团主义对挪威渔业管理的影响程度已经远远超过了政策制定的范畴，延伸到实施的各个细节。利益相关者对渔业管理的密切参与也反映了挪威一贯将行业视为管理伙伴的总方针。

工作小组在 1987 年提交的报告中列出了基于配额的渔业管理制度存在的一些典型违法问题。一些渔获买家，尤其是中上层鱼类的渔获买家，在交易时要求渔民免费赠送部分渔获。也就是说，实际上渔获买家得到的渔获高于官方统计或相应扣除配额的数量，这种做法导致大量未登记的渔获上岸。一项调查渔民守法行为的研究证实，在 1980 年代中上层渔业中赠送渔获是普遍的做法（Gezelius 2003, 2006）。因为渔获买家在交易中处于有利地位，而未登记的渔获并不记入配额，甚至有时会提高合法渔获的市场价格，因此渔民也普遍接受部分渔获免费赠送的做法。在挪威渔民中，这种做法被称为"走大头"（storhundra）。1986 年成立的工作小组指出，有时渔民在禁渔期作业，所得渔获由买家暂时记录在案，等到开渔季节再进行正式登记；还有一种做法是伪造渔获物捕捞地点以规避区域渔获配额，或者为一些禁捕鱼种伪造上岸地点。比如，当某一鱼种的配额用完后，渔民仍会继续捕捞该鱼种，但在上岸时登记为其他鱼种，如登记为鲭鱼，实际却是鲱鱼。

1980 年代实施体系的主要问题是法规无法起到有效监管的作用。捕捞超出配额属于违法行为，渔获买家出售非法渔获同样也是违法行为，但是伪造渔获上岸报告隐瞒了这些行为，而且伪造上岸报告并不会受到处罚。现有的渔获报告制度是基于销售单据的报告体系，由渔民和买家在渔获上岸和交易时填写鱼种和数量等相关数据。但是，销售单据报告体系由渔民销售组织制定的章程管理，不受国家法规的制约（Government of Norway 1989a）。因此，伪造或漏报销售单据信息不会受到法律起诉，国家对待此类行为唯一的做法是通过渔业局以邮件的方式对渔获买家予以警告（Government of Norway 1988c）。只要伪造售货单不属于犯罪，配

66

额制度就得不到有效的实施。

渔获配额制度无法有效实施还涉及渔获物丢弃的问题。虽然 1983 年的《海水渔业法》颁布了相关的禁令，但是尚未在行政层面实施。1980 年代，一些渔业仍要求强制丢弃死鱼和濒死鱼。1986 年的工作小组指出了渔业中"择优弃劣"的问题，即丢弃经济价值较低的渔获，以便在给定的渔船配额中实现利益最大化。1982 年的一般技术性措施禁止捕捞以及留存低于最小捕捞标准的鱼类。同样，历

年的鳕鱼条例也禁止非法渔获的上岸，所有这些条例都在法律意义上要求丢弃非法渔获。我们发现，从 1981 年开始，挪威开始采取行政手段防止大西洋-斯堪的安鲱鱼的过度捕捞。1985 年巴伦支海的毛鳞鱼渔业中首次采用了新《海水渔业法》中禁止渔获丢弃的条款。同年在鲱鱼渔业的行政管理措施中也增加了禁止丢弃的规定，并从 1986 年开始全面禁止死鱼和濒死鱼的丢弃（包括从围网中释放）[31]（Government of Norway 1984a，b，c，1985）。然而，与其相反的原则——禁止非法渔获上岸的规定——直到 1987 年东北北极鳕鱼的拖网渔业中仍然有效。虽然当时曾有人建议在东北鳕鱼渔业法规中增加禁止渔获物丢弃的条款，使其与挪威其他渔业的法规一致，但是并没有通过。在 1986 年新一般技术性限制法规中取消禁止船上留存幼鱼的规定。1987 年有关鳕鱼捕捞的条例中取消了禁止非法渔获上岸的条款。1987 年 4 月，东北极地的拖网渔业和丹麦围网渔业禁止丢弃鳕鱼和黑线鳕的规定相继出台（Government of Norway 1982c，1986a，b，1987a）。从 1988 年开始，毛鳞鱼渔业禁止死鱼、濒死鱼以及鱼品下脚料的丢弃（Government of Norway 1987b，c）。

但是在这期间，"渔获限制"并没有给出明确的定义。在强制丢弃的情况下，渔获限制指的是对渔获上岸的限制。在禁止将渔获丢回大海的情况下，渔获意味着捕捞上船的鱼类；而在禁止丢弃死鱼和濒死鱼的情况下，它们指死鱼或无法存活的鱼类。当时政府已经意识到这个问题，并在 1988 年的白皮书中对渔获物丢弃中"渔获"的概念进行了讨论。白皮书中认为，鱼类从现有种群脱离意味着成为渔获（Government of Norway 1988a：24）。实际上，挪威的渔业制度要求渔民释放非法捕捞的活鱼，保留死鱼和濒死鱼，这也在一定程度上防止了渔获脱离鱼群后死亡。

1988 年 8 月出台了一般技术性管理条例修正案，这也向捕捞死亡率的有效监管迈出了一大步。修正案禁止在挪威专属经济区海域内丢弃死鱼和濒死鱼，所有渔船，无论其捕捞区域或捕捞工具，都必须遵守这项规定。这项禁令最初在鳕鱼、黑线鳕、绿青鳕、红鲑鱼、鲭鱼和鲱鱼渔业中采用，随后推广到毛鳞鱼、牙鳕、蓝鳕、格陵兰大比目鱼、鮟鱇鱼、虾和雪蟹等渔业（Government of Norway 1988b，1989b，2004c）。原则上，这些法规将渔获配额制度和捕捞死亡率管理相结合，TAC 制度在理论上成为资源管理的手段。

虽然有禁止死鱼和濒死鱼丢弃的条例出台，但是在实际执行中尚未有行政措

67

---

[31] 这个例子说明渔获物丢弃相关法规的发展并授权法案的发展超前。值得注意的是，当时的《海水渔业法》禁止将任何渔获扔回大海，但就释放死鱼和濒死鱼而言，围网渔业中，这项条款只限于非法渔获。但是，1986 年的鲱鱼管理条例实际上禁止释放任何死鱼或濒死鱼。

施确保渔获配额的实施能有效控制捕捞死亡率，比如，非法渔获没收后，在 TAC 中进行相应扣除。但是由于缺乏相应的行政手段，渔业在未达到 TAC 时就已经关闭。这个问题目前在一定程度上仍然存在，笔者稍后将继续讨论，另一个问题是如何实施这个制度。

　　1986 年的工作小组指出了几种常见的违法行为，在此基础上 1988 年成立了第二个工作小组，对现有的执法体系进行改进。该工作小组由渔业局、渔业部和两大渔民销售组织的代表组成。如前所述，过去几年销售组织在监管渔船配额，没收非法渔获方面承担了重要的责任，其在资源养护政策实施中的作用也越来越重要。因此，在 1988 年工作小组中销售组织不仅为行业提供建议，而且也是 TAC 制度实施过程中重要的国家/行业伙伴。挪威中上层渔业销售组织，作为成员之一参与了 1988 年工作小组的会议。该组织建议将伪造销售单据列为违法行为，要求所有上岸的渔获都提供相应的收据，以打击伪造单据的行为（Government of Norway 1988c）。这些建议随后得到采用，并成为挪威配额实施制度中重要的基石。

　　配额实施的法律框架由此得到极大改进，并成为目前渔获监管体系的基础。1989 年秋，议会对《海水渔业法》和《原鱼法案》的部分条款进行了修正，明确授权渔业部负责渔获上报工作。渔业部要求渔获买家提供详细的渔获报告以及渔船的渔获处理报告（Government of Norway 1989a，c）。渔船的渔获处理条例（Government of Norway 1989d，e）内容也因此延伸到渔获的海上转运（Government of Norway 1996b，c）。现今的法规要求渔船提交详细的报告才能在船上进行渔获转载（Government of Norway 2005b）。

　　1989 年《海水渔业法》修正案要求渔业部负责解释渔民销售组织在资源管理方面的责任。渔业部因此在 1991 年出台了相关法规（Government of Norway 1991），要求销售组织制定《海水渔业法》具体的执行程序，并向渔业局汇报非法兼捕渔获的数量。自此，捕捞行业参与国家执法受到法律认可。此外，根据 1989 年的修正案，渔业局有权调查渔业公司的账户，控制短期库存设施，以及要求从事海外作业的渔船和渔业公司提供相关捕捞数据（Government of Norway 1988a，d，1993a）。渔业局的管理权限在 2001 年《海水渔业法》修正案中得到进一步扩大，从单纯的捕捞作业管理延伸到捕捞相关的一切行为。在必要的情况下，渔业局有权对商业渔业销售、运输和储存相关的机构、文件、设施等进行彻底调查（Government of Norway 2001a，b，2007e：113）。

　　1989 年《海水渔业法》修正案使渔业行政部门填补了实施体系的漏洞。随后几年，资源管理条例不断完善，除了《海水渔业法》和《原鱼法案》，渔业部开始就配额管理制定相应的条例。1990 年的销售单据条例是解决黑市渔获问题的里程碑。这项条例要求渔获买家在渔获过秤后根据销售组织的要求如实填写销售单据。买家和渔民都需在销售单据上签字并对单据的真实性承担共同责任。[32] 这些条款说明伪造单据已经成为违法行为，将受到法律起诉。出于管理的目的，渔民必须存有销售单据的复印件。销售单据条例同时要求买家保留渔获的购买记录以便查证，如将销售数据和购买数据进行比对等。这些渔获监管制度的基本原则从 1990 年起一直保持不变。所有渔获在配送前都需要进行称重和签字，相应的销售单据提交给销售组织，并附有详细的重量、数量、种类、捕捞时间和捕捞地点等信息。销售组织将信息录入数据库，渔业局有权随时查看。这些基本原则随后发展为具体的规定。在中上层渔业中，买家一度有免费渔获赠送，操纵计量秤以及挪用渔获的习惯。从 1990 年代中期开始引入称量管理条例，买家不得篡改计量秤的数值，渔民可以明确了解渔获上岸的数量（Government of Norway 1995b，1996a）。渔民反映这些条例大大减轻了渔获挪用的问题（Gezelius 2003，2006）。如今，这些条例在挪威所有渔业中采用：买家需要持有官方配置的计重秤才能在码头收购渔获，并将渔获重量出示给渔民。此外，现有的法规还要求对上岸的渔获进行标记，以便进行渔获追踪，对买家的仓库和账户进行更好的控制（Government of Norway 2003b）。

　　20 世纪 80 年代末期和 90 年代早期可以称为现代渔业管理制度的建设期，不仅因为这期间基于 TAC 的渔业管理制度的基本实施体系得到确立，而且挪威的渔业开始真正受到渔获配额制度的限制。之前的渔获配额制度只对近海渔船进行限制：东北北极鳕鱼和其他重要中上层鱼类的资源状况不容乐观，导致鳕鱼拖网渔船和围网渔船成为了第一批受到严格限制的船队。在 1980 年代早期，这些船队就受到渔船配额的限制。然而，大多数在沿岸捕捞的渔民并未受到配额制度的影响。1981 年以前，与俄罗斯经过谈判签订的鳕鱼配额协议只针对围网渔船。在采用国家配额制度后，挪威与俄罗斯签署的配额协议对使用被动性渔具（刺网、手钓渔具等）的渔船仍然有效。俄罗斯和挪威当局都对安排中挪威捕捞能力的增长表示担忧。因此，1983 年挪威针对近岸渔船出台了禁渔季、渔具限制和渔船最大渔获配额等措施，对配额进行明确的界定（Government of Norway 1983a）。然而，直到 1988 年被动性渔具仍然给挪威渔业带来过度捕捞的问题（Government of Norway 1992）。整个 80 年代，东北北极鳕鱼种群的储量一直不容乐观，1989 年达到了史

69

[32]　在海外卸鱼时，渔民对销售单据的真实性负有全责。

上最低。在那之前，渔获配额主要针对近海渔船，但此后挪威渔民不再享有使用被动性渔具进行配额外捕捞的权利（Sagdahl 1992：50），同时引进了渔船配额制度。因此，大部分挪威渔民开始受到新资源管理制度的影响。

3.3.5　资源管理组织

随着 TAC 制度相关实施条例的出台，从 1988 年开始渔业局的质量控制部门重点关注资源管理问题（Government of Norway 1989a：20）。从 1990 年开始，执法条例开始逐渐完善，并将近岸渔船纳入渔船配额体系，由此资源管理成为渔业局管理服务中最重要的工作任务。

1990 年《海水渔业法》修正案出台后，资源管理分别由三个部门负责：渔业局、渔民销售组织和海岸警卫队，这些机构通过日常合作协调执法活动，解读法律法规。

码头检查是渔业局在现代渔业管理体系下实施配额制度的重要手段之一。督察员随机抽取销售单据和渔获日志，并与实际上岸量进行核对。为确保称重条例和销售单据条例的有效执行，从 1990 年代中期开始，渔业局对渔获买家的账户进行随机抽检。为了核对库存变化与买家的购买销售记录是否相符，督察员还会对仓库进行检查，账户和仓储设备的检查要求督察员具备比码头检查更高的专业素质。因此，渔业局从近几年开始加强检查人员的培训和教育（Government of Norway 2006a：195-7）。

从 1999 年起，超过 24 米的渔船要求安装卫星追踪设备，以便向渔业局及时发回渔船动向。同时，要求在国际水域作业的挪威渔船对捕捞活动进行报告，包括渔获数量报告和渔获组成报告等（Government of Norway 1999a，b）。1998 年《海水渔业法》修正案引入观察员制度，主要负责监督渔获物丢弃（Government of Norway 1998a，b）。渔业局在巴伦支海作业的一些渔船上放置了观察员[33]，但是只有三位有效地执行了任务，提高观察员覆盖率对日常资源管理来说尚未起到重要作用（Government of Norway 2005c：187）。

渔业局在多个区域设立了办事处，负责资源管理。外部行政管理的两个分支——管理服务和咨询服务，在 1998 年进行了合并。随着 2004 年挪威食品安全局的成立，渔业行政部门不再负责质量控制，工作重心转移到资源管理。现今，渔

---

[33]　这项监测服务从 1984 年开始，主要为了观察巴伦支海各个渔场小鱼的密度，并就这些渔场是否需要关闭向渔业局提供咨询意见（Hallenstvedt 1993）。

业局有 7 个区域办事处,负责资源管理并提供咨询服务。每一个区域办事处在市级层面设有数个地方办事处,渔业督察员每次检查后向区域办事处提交检查报告,一旦发现有渔业违法行为,由区域办事处向警方报告。如果违法案件成立,渔业局负责举证,并在诉讼中作为顾问出庭。此外,区域办事处也可以根据《海水渔业法》第 11 条没收非法渔获,在案件情节严重的情况下,行政没收程序需要写入警方报告。图 3.1 介绍了渔获配额制度在实施过程中的各个基本环节,小框中列出了 5 个主要的参与者,虚线箭头代表已经实施的措施,实线箭头代表物料和信息的流向。

渔民销售组织负责监管配额制度的实施并没收超过渔船配额部分的渔获。另外,对渔业相关的违法行为进行日常报告(Government of Norway 2004a)。比如,挪威中上层渔业销售组织通过电子渔船和捕捞监控系统监督各项新条例的实施情况,对配额、捕捞参与权和渔获上岸情况进行如实追踪。销售组织主要通过文件检查对渔业进行管理,但在一些码头也安排了督察员对渔获上岸、销售单据的记录及称重程序进行检查。此外,销售组织还为渔业局督察员提供渔获买家的活动信息,以便后者进行监管。[34] 海岸警卫队行使警察的权力,负责海上监管和执法,在必要的情况下可以登临渔船并扣留可疑船只。日常任务包括登临检查、渔获组成控制、渔具监管,渔捞日志和销售单据比对等。此外,海岸警卫队还对渔获物丢弃进行监管,将违法行为报告给警方,并在庭审中作为证人出庭。

72

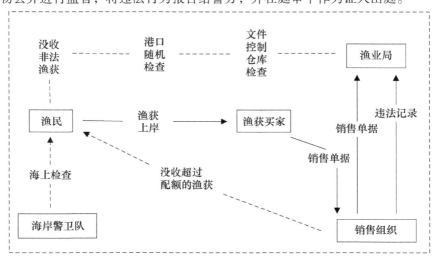

图 3.1　配额制度的实施体系

---

[34]　非标准参考文献 Pers. Comm,挪威中上层渔业销售组织。

　　表 3.2 总结了渔获配额制度实施中存在的主要问题及挪威目前的解决方案。根据渔民的报告，在称量条例和销售单据条例出台后，非法上岸的渔获大大减少。一项合规研究表明，挪威渔业中黑市渔获交易规模缩小。非法上岸、伪造销售单据一度是普遍做法，但现在已经得到很好的改善（Gezelius 2003，2006）。

表 3.2　配额制度实施中的问题及解决方案

配额制度实施中的问题	监管对策	执法实践	措施的有效性	非官方合规因素
防止黑市交易	售货单据条例/称重条例；渔捞日志规定	码头检查；仓库检查；文件控制	成熟的制度问题大大减少	渔民对合规态度的转变
防止死鱼和濒死鱼的丢弃	禁止死鱼和濒死鱼的丢弃对底层渔业的非法兼捕渔获上岸进行补偿	海上检查非法兼捕渔获上岸免责禁渔区和减少幼鱼误捕的警示水域	成熟的法规由于对"濒死鱼"的定义不清，以及检测和法律举证问题导致执法不到位——极少诉讼案件	渔民一致同意禁止渔获丢弃；中上层渔业中盈余渔获的互换互惠

　　1980 年代中期一些渔业开始要求填写渔捞日志，但是这项规定直到 20 世纪 90 年代早期销售单据条例通过后才得以大范围实施。超过 13 米的渔船要求填写渔捞日志，包括渔获中各个鱼种的名称和数量、捕捞地点和时间等。渔捞日志必须及时填写，并在渔船进港前完成，渔民必须在船上保留近两年的渔捞日志以备随时检查（Government of Norway 1986c，1995b，c）。填写渔捞日志主要为了防止销售单据的伪造，渔民如果想伪造销售单据，同时还需要伪造渔捞日志。而伪造或篡改渔捞日志极容易在码头的随机抽检中查获，无论是有意还是非故意违反渔捞日志的填写规定都将受到法律起诉。因此，渔民必须严格遵守审慎原则，否则将承担严重的刑事责任（Dahl 2002）。

　　虽然渔获上岸报告制度已经达到较成熟的阶段，但禁止死鱼和濒死鱼丢弃的法规在实施上仍存在一些困难。现有制度的主要优势是有效减少了合规成本。除非是出于明显故意，否则渔民不必为渔获的上岸承担任何刑事风险。虽然会没收渔获的非法部分，但是 1999 年引入了补偿制度（Government of Norway 1999c）。根据该制度，渔民通常得到捕捞价值的 20% 作为补偿，没收部分的渔获也不占用渔民的渔获配额。虽然很难从法律意义上对"非故意"进行定义，但是海岸警卫队为了减少此类问题，采用了"警示渔区"的做法。通过划定警示区域告诉渔民该水域有大量低于捕捞标准的小鱼，或者有兼捕到非法渔获物的风险，因此不建议在这些水域从事捕捞作业。这些警示水域并非完全关闭，但是在该区域作业的渔船有可能捕捞到非法渔获并受到起诉（Pers. comm. Coast Guard 2005）。从 1984 年起，渔业局开始季节性关闭巴伦支海一些幼鱼密集的渔区（Hallenstvedt 1993），以上这些措施都有助于减少非法渔获，也避免渔民抓到幼鱼占用渔获配额。因此，这些措施都可以减少渔获物的丢弃。

监管智慧——防止渔获物丢弃的体系——已经相当成熟，既减少了非法兼捕渔获物的丢弃动机，也不至于刺激渔民有意捕捞非法渔获。然而，该项禁令的实施仍是个大问题。虽然该制度有效降低了渔民的合规成本，但是违规的渔民得不到相应的处罚。政策实施未见成效主要有三个原因：一是概念的漏洞，"濒死鱼"一词没有清晰的法律定义。尤其是在中上层渔业，渔获在捕捞上船的时候经常遭到丢弃。中上层渔业年度法规因此强调，一般情况下，丢弃濒死鱼属于违法行为，并对捕捞作业的渔获处理时限做出明确限制。2004 年，渔业部对渔获处理时限发布了一项声明。根据这项声明，在任何情况下，一旦将渔获从围网卸到船上，就不能再次丢弃。由于对"濒死鱼"定义不明，只有声明中的最后时限得到了执行。渔民因此认为，在围网拉上船前将渔获物丢弃属于合法行为。在 2004 年鲭鱼渔业中废除了这项规定。海岸警卫队召开会议，向渔民解释了执法中"濒死鱼"的定义：在收拢围网的过程中，鱼群开始集中跳跃的时候，鱼类就处于"濒死"的状态，海岸警卫队将以此为判定时限。这意味着条款的执行开始变得严格。因为一般来说，在起网机开始作用前，鱼群便开始在网中跳跃。二是对审慎原则的定义不清，因此围网或网囊破裂造成的无意丢弃应采取何种处理方式没有严格的规定。因此，在这些情况下审慎原则的执行方式尚值得商榷。三是很难查明或证实渔获丢弃的主要责任人，因为指证渔获物丢弃需要直接的目击证人。这个问题在中上层渔业中尤为突出。渔获经常在起网前就直接丢弃，因此很难找到直接目击证人。多脂肪鱼种，如鲱鱼，死的时候会浮上来，这也加大了被发现的风险。然而，捕捞常常在傍晚鱼群集中时进行，渔获物丢弃很难在夜间被发现，而且鲭鱼等鱼类在丢弃后马上会下沉。因此，除非船上有观察员，否则渔获物丢弃的行为很难发觉。可以说，只有发展捕捞技术，使渔民在鱼类存活的时候有机会对渔获大小和质量进行判断和选择，才能减少死鱼和濒死鱼丢弃的动机，从而真正解决这个问题（Gezelius 2006）。由于举证困难，很多年来，中上层渔业中渔获物丢弃的行为极少受到刑事惩罚。为了弥补执法的不足，在过去数年海岸警卫队已经报告了多

74

起中上层渔业中渔获丢弃的行为（Gezelius 2006；Government of Norway 2004b）。[35]

挪威在渔业资源管理中一直遵循温和执法的原则。执法人员不佩带武器，暴力冲突少之又少。海岸警卫队虽然身着军装，但是也要求遵循礼貌和气的原则。在 2003 年和 2004 年的近海渔船实地调查中，作者见证了海岸警卫队温和有礼的沟通和执法方式，以及渔民积极合作的态度。在近海和远洋渔业中，海岸警卫队还为渔民提供相应的服务，如普及其他国家的法律法规，提供医疗服务，并在紧急的情况下提供潜水员救援等。因此，海岸警卫队不仅是执法者，也是渔船的支持者，这也是渔民对海岸警卫队执法工作配合的原因之一。[36]

违反渔业法规一般指未遵守《海水渔业法》条款。根据该法律，违法行为有三种处罚方式：罚款，没收渔获、渔船和渔具，以及监禁。以前，监禁只适用于多次违法或严重案例，时间不超过 6 个月。但是由于媒体对渔业犯罪的关注，从 2001 年起《海水渔业法》加重了有关监禁的条款。目前，除了监禁 6 个月的常规条款，情节加重的话最高处以 2 年监禁。渔业违法典型的惩罚方式包括罚款和没收渔业公司的贵重物品。实际上，没收也经常以罚款方式进行。《海水渔业法》中有关没收的条款以货币价值计算而非实物。

违法情节轻微的，尤其是过失行为，一般不会报告警方，而在庭外解决。渔业局或海岸警卫队普遍的做法是给予警告。当渔船不再符合捕捞许可，当局也可以根据《从业者法案》没收捕捞许可证。但是，在 20 世纪 80 年代后期，渔业执法正式提上日程，由于法律保护问题，渔业行政部门一般不采取没收捕捞许可证这种制裁方式（Government of Norway 1989a：24）。近几年来，这项政策有所改变，行政制裁在渔业执法中开始起到一定作用。1999 年的新《从业者法案》为行政制裁提供了法律支持。该法案规定，在渔船违法的情况下，行政机构可以暂时或永久吊销该渔船的许可证。现今，渔业局把暂时吊销捕捞许可证作为法院诉讼的替代处罚方式（Government of Norway 1999d，2003c；Pers. Comm. Directorate of fisher-

---

[35] 2007 年 12 月，政府公布了一项新法案草案——《野生海洋生物资源管理法案》（*Havressursloven*），以取代 1983 年的《海水渔业法》。该草案建议对渔获物丢弃采取更严厉的措施。渔业和海洋事务部建议，渔民要依法将所有渔获带到岸上，不论其存活状况，以简化执法程序，无须对渔获物存货状况进行另外判断。然而，作为这项一般性法规的例外，围网捕捞中需要将起网时存活的非法渔获放回大海（Government of Norway 2007e）。因此，有关渔获物丢弃的新法规在更为严格的情况下能在多大程度上解决中上层渔业执法中的问题仍然不得而知。

[36] 感谢 Jesper Raakjær 提供的意见，在渔业执法的同时提供其他服务有可能产生不良影响。从事非法捕捞的船只可能不愿意寻求帮助。

ies and the coast Guard）。

3.3.6　信息的流通

挪威的渔业管理模式基于渔获限制与捕捞死亡率控制并行的理念。达成这个目标需要高效的行政管理。因此，不仅要确保捕捞中所有死亡的鱼类都要上岸和上报，同时要确保渔获信息能及时传递到管理部门，以便对上岸的数量和挪威渔业的总配额进行核对。信息的延后可能导致实际捕捞数量超过总可捕量上限。

现有制度中，渔获买家向渔民销售组织提交销售单据，后者将电子版销售单据的数据每周一次或每周二次提交给渔业局，后者以此为基础对其渔获数据库进行更新，最新的配额信息则每天由渔业局发给渔民销售组织（Government of Norway 2006a）。

配额制度在实施中的一个重要的问题与《原鱼法案》中的一项条款有关，该条款允许渔民自行处理渔获。但是，并非所有上岸的渔获都能及时出售，这也就意味着销售单据要在渔获售空后才能提交，从而造成时间上的延后。这个问题从1996年起就一直存在，直到2003年制定了新的渔获报告制度。该制度规定，在渔获没有及时售空的情况下，渔民需要向销售组织提交渔获上岸单据。至今，销售组织仍然要求渔民及时上交电子版的上岸单据（Government of Norway 1951a，2003b，2006a：31-34）。

另一个相似的问题与没收的渔获有关。为了减少丢弃动机，没收部分的渔获并不记入渔民的渔获配额。但是，渔获配额制度和捕捞死亡率控制制度并行意味着没收部分的渔获需要在挪威总可捕量配额中有所体现。目前，挪威并没有配套的监管体系保证渔获上岸的数据，包括没收部分渔获的数据，可以和挪威的总配额进行及时比对。这在中上层渔业中不是大问题，因为近海渔业的个体配额总体上略少于挪威的总配额，使非法渔获和没收渔获数据的缺失不至于导致上岸总量超过总渔获配额。所有的渔获通过集中竞价出售，保证了渔获上岸数据的有效传递。挪威鲱鱼和鲭鱼的捕捞量近几年都没有超过总配额（Government of Norway 2006a：190-91）。然而，在底层渔业中，由于缺乏有效传递渔获上岸数据的方式，这项制度收效甚微。计算机化工具的缺乏导致实际捕捞数据和总可捕配额无法进行实时比对，因此管理部门无法及时得知渔获的最新信息（Government of Norway 2006a；Pers. Comm. Directorate of fisheries）。

近海鳕鱼渔业配额制度的实施加剧了挪威的过度捕捞问题。近几年来，近海渔民的配额可以捕捞鳕鱼、绿青鳕和黑线鳕等不同鱼种。这虽然增加了制度的灵活性，减少了兼捕问题，但是极易造成个别物种的过度捕捞。2007 年的法规取消了这种制度，个体渔船配额禁止同时捕捞三种物种（Government of Norway 2007d）。

3.4 2000 年至今：实施效力的全球化

挪威渔船的主要目标鱼种是跨界或高度洄游鱼类种群，但这些鱼类资源往往需要与其他国家共享。因此，单个有效的国内实施体制无法有效确保资源的可持续管理。养护目标的实现需要所有相关渔业国实施有效的捕捞限制措施。这涉及众多潜在的法律和行政问题，其中一个问题尤为突出：个别国家可能在其他国家进行资源养护的基础上进行大肆捕捞。理论上，实施效力的不对称将导致资源管理出现囚徒困境。一方面国家和企业承担资源养护的成本，另一方面搭便车者颠覆国家和企业的期望。

挪威在一些有关东北北极鳕鱼非法和未登记捕捞的公开讨论中多次谈及这种实施效力不对称带来的风险。近几年来，东北北极鳕鱼由挪威和俄罗斯共同管理。在挪威，人们普遍认为该鱼种的捕捞管理颇有成效，挪威渔船中非法捕捞现象并不严重。然而，近几年一些外国渔船，尤其是俄罗斯渔船的非法和未登记捕捞行为引起了大家的关注。据 ICES（2007）估计，2006 年未上报的渔获量接近官方渔获数据的 25%。渔获从巴伦支海转载到货轮，运到欧洲码头售卖，是这些渔业逃避配额管理的普遍做法。东北北极鳕鱼的非法捕捞导致挪威渔业一度低迷，行业组织甚至认为挪威应该退出与俄罗斯签订的管理协议（Fiskaren 2006b；NRK 2006）。渔业公共资源受到剥夺，在囚徒困境中处于不利地位等内容经常在挪威渔业报告中出现，如下面这则来自挪威最大渔业企业报纸的头条新闻：

> 挪威渔业正因遵守法律而受到掠夺……俄罗斯渔民跟欧盟渔民多年来的做法一样，以官方配额的名义进行捕捞却以非法形式上岸。唯一处于增长期的种群是绿青鳕。海洋环境为该种群提供了优越的生存条件，但是，显而易见，绿青鳕种群数量的增长是我国自己管理的成果（2006 年 6 月 7 日《渔业报》头条文章，笔者译文）。

东北大西洋沿海国要求外国渔船在进入和离开本国 EEZ 时提供渔获报告，以便对本国 EEZ 种群资源的变动进行追踪。挪威从 1977 年开始要求外国渔船提供渔获报告。从 1994 年起，要求外国渔船在捕捞作业后的一些管理节点提交报告以便接受检查。东北大西洋沿海国家签订了卫星追踪协议，也促进了这些制度的有效实施（Government of Norway 2007a；ICES 2007）。然而，这些措施并不能解决国际水域或邻国水域的非法、未管制、未报告（IUU）捕捞问题。出于对外国渔船 IUU 行为的关注，挪威致力于通过外交途径建立一个有效的管理控制体制，包括签署多个双边协议，并积极参与东北大西洋渔业委员会（NEAFC）的活动。

如第二章所述，从 1977 年开始，沿海国通过建立 200 海里 EEZ 对近海资源享有专属管辖权，NEAFC 不再承担资源管理的职责。然而，1995 年联合国《跨界鱼类种群和高度洄游鱼类种群管理协议》的签署为国际资源管理提供了管理和执法的法律依据，使国际渔业委员会再次受到重视（UN 1995）。由于近几年来对外国渔船 IUU 捕捞问题的担忧，NEAFC 再次进入公众视野。2005 年，NEAFC 列出了禁止在其管辖水域作业的渔船"黑名单"。2007 年，这项禁令延伸到 NEAFC 成员国的 EEZ 水域。除了不得捕捞作业，上黑名单的渔船亦不得进入 NEAFC 成员国的港口。西北大西洋渔业组织（NAFO）也建立了相似的制度（Government of Norway 1993d，2007a，b）。2006 年，挪威通过法规正式禁止黑名单上的渔船进入挪威港口、上岸或转载。除了这些多边协议，挪威从 1998 年开始单方面将在挪威管辖水域外从事捕捞作业，破坏国家资源养护的渔船列入黑名单。列入黑名单的渔船永久剥夺在挪威水域捕捞作业的权利（Government of Norway 1966，1998c，2006b，2007e）。

NEAFC 在建立了渔船黑名单制度后，于 2006 年出台了控制与执法制度协定，并在次年生效（Government of Norway 2007a；NEAFC 2007）。这项协定的签署意味着国际配额管理迈出了重要的一步，建立了国际水域的捕捞活动和渔获转载监管措施。更重要的是，这项协定建立了港口国防止非法渔获上岸的管理制度。根据这项制度，所有在 NEAFC 港口上岸冷冻渔获的外国渔船都需要事先通知港口国并上报捕捞数据。港口国有责任联系船旗国，以核实渔获的合法性。如果不能核实渔获的合法性，港口国有权拒绝该船只靠岸。同时，港口国有权对在其码头卸货或转载的渔获的 15% 进行检查，包括比对上报数据和实际上岸数据。有关配额和上岸的信息输入 NEAFC 在线数据库以保证信息的透明（Government of Norway 2007a，c；NEAFC 2007）。

挪威积极推广港口国控制制度，并与 FAO 合作，在全球范围内建立了一个类似的制度（Government of Norway 2007a）。此外，挪威还一直致力于建立多边和双边执法管理合作，与东北大西洋的大部分主要渔业国都签订了控制协定，并及时在协定中增加了第三国渔获上岸信息交换的条款（Government of Norway 2007a）。

3.5　合法化战略

EEZ 建立后，沿海国承担起资源管理的主要责任，挪威渔民协会成为捕捞业主要的组织机构和政府主要的行业伙伴。挪威渔民协会在立法和行政体制改革中，如 1930 年代渔民销售组织的成立，1946 年渔业部的成立，以及渔业局咨询部门的发展等重要发展阶段都发挥了先锋作用。根据 1964 年的基本协定，挪威渔民协会成为唯一指定可以与政府就渔业补贴进行每年协商谈判的组织（Hallenstvedt & Dynna 1976：272-283）。国家/渔业行业之间的工作人员的流通使渔业组织与政府行政部门的关系更为密切。数任渔业部长都曾在挪威渔民协会担任重要的职务，包括主席和总干事等。比如，挪威渔业管理历史上最具影响力的公务员之一，Klaus Sunnana，在 1948 年至 1973 年期间担任渔业部长，曾担任挪威渔民协会的秘书长（Government of Norway 1975a；挪威渔民协会提供的信息）。

80　　　由于管理重点从行业发展转移到资源管理，行业内的利益冲突在政治上凸显出来。挪威渔民协会作为渔业部的顾问，其重要的地位使其在渔业政策合法化进程中成为关键的角色，渔业部和挪威渔民协会因此成为互惠互利的政治伙伴。渔业部确保挪威渔民协会在管理决策上享有独有的影响力；作为回报，挪威渔民协会承担了将利益冲突转化为行业意见的政治风险。因此，它为管理政策的合法化提供行业支持，减轻渔业部作为政治领导面临的仲裁压力（Gezelius 2002a）。

挪威渔民协会在渔业政策的所有层面都颇具影响力。首先是 TACs 相关的决策，几个主要行业组织在国际配额谈判中为挪威代表团提供咨询。挪威渔民协会和其他两个行业组织（一个代表近海船员，一个代表加工业）还是挪威国际配额谈判中积极的代表团成员（Government of Norway 2005a）。一般来说，其他国家的行业组织在渔业谈判中仅作为观察员出席，挪威行业组织的地位却比较特殊。

一旦核定 TAC 额度，渔船年度管理条例的制定也提上日程。渔业局起草条例修改意见，并在监管会议上进行讨论。监管会议在 2006 年取代了监管理事会。监管理事会作为行业组织的一部分，为渔业部就《海水渔业法》相关的条款提供咨询和建议。它在 1983 年《海水渔业法》通过后成立，承担之前监管委员会的职责。监管理事会由渔业部长负责，共有 13 名会员。渔业部长和地方代表各占一席，其余 11 名是各大主要行业组织的代表。挪威渔民协会作为主要会员在理事会有 5 个代表名额（Government of Norway 1997，2005b）。理事会的建议直接交由渔业部做最后的决定，渔业部一般都会采纳监管理事会的建议，避免在决策中遇到过多的政治压力。一旦建议交由国家仲裁决定，理事会几乎没有控制权，因此，一般理事会成员都以协商一致通过建议。在无法达成一致的情况下，理事会将不同意见提交给渔业部，并附上投票结果。渔业部对争议性决策采取多数通过原则。然而，根据法律要求，咨询委员会中女性代表至少要占 40%。由于女性代表人数不足，2006 年临时废除了监管理事会，由监管会议代替。监管理事会作为一个闭门听证会，仅限于一些活跃的会员和部分观察员的参与。而监管会议是公开听证，不仅以前监管理事会的会员受邀参加，其他任何在截止日期前注册的组织都可以参与讨论，所有参与者都有发言的权力，且不用投票，由渔业局负责会议的组织工作。会议纪要呈送到渔业和海岸事务部，渔业局的建议另行呈送。听证会的讨论形式无疑将渔业决策权从渔业行业协会转移到渔业局和渔业部，监管理事会组织严密的讨论及其产生的后续影响是监管会议无法达到的，这种权利的潜在转移使渔业局决策的政治成本更高。虽然有一些行业组织希望重建之前的监管理事会，但是未来的发展形势目前尚不明确。[37]

行业提供意见一致的建议是社团主义制度的一大重要特征。挪威渔民协会的组织结构与政党结构类似，以投票的方式解决争议，其中包括如何在船队之间分配配额。监管理事会一般根据挪威渔民协会的指导性意见进行配额分配，渔业部则在行业意见一致的基础上进行分配操作，极少产生偏差。只要挪威渔民协会继续负责配额的分配事宜，它在渔业和海岸事务部的分配决策问题上就会继续产生决定性影响。在法律法规不断完善的过程中，渔业行政部门和挪威渔民协会在正式和非正式层面一直就这些事宜进行对话。在这种渔业管理政治成本最小化的社团主义管理模式中，行业建议的统一和政府对建议的采纳是降低政治成本的关键因素。这种合法化策略意味着国家牺牲一部分政治自主权来谋求政治和平。

因此，虽然国家与行业之间的冲突减少，但是行业内部产生了巨大冲突，甚至威胁到挪威渔民协会的内部统一。行业组织主动承担了一部分政治成本，有时甚至造成内部产生紧张的局势。作为回报，它对政府决策产生了切实甚至通常关键性的影响。另外，这种影响力也促使各种利益群体继续支持各自的组织。

渔业管理的社团主义模式不仅适用于自下而上的咨询过程，政策实施中也同样适用。法律赋予渔民销售组织执法的义务，使其具有半政府的性质。挪威渔民

81

82

---

[37] 资料来源：非标准参考文献 pers. comm，渔业局 2008 年 1 月 2 日。

协会则在非正式层面承担了一部分执法的任务。作为渔民获取渔业法规相关信息的主要渠道，渔民协会与渔业行政部门一直保持密切的联系，也能及时知晓法律法规最新的变化，尤其是在近海渔业中，这已经成为普遍接受的做法。渔业局将最新的管理条例发放到渔民所在协会，后者通过传真的方式下发到各个渔业企业。[38] 新法规同样在挪威中上层渔业销售组织的网站主页及时更新。

因此，如图 3.2 所示，行业组织作为国家和行业之间双向沟通的漏斗，将不同的意见和利益权衡后形成统一的行业意见向上层反馈，并将上层的决策和信息向下传递，架起国家和行业之间的桥梁。这种社团主义模型缓和了国家/行业由于性质不同产生的对立和两极分化的局面（Gezelius 2003），对政策的实施有重要的影响。笔者曾说，国家和社会建立共同认识，摒除了国家/社会对抗的传统模式，有助于促进挪威渔民的遵纪守法（Gezelius 2002b，2003，2006）。渔业管理的社团主义结构，行业与行政部门之间人员的流通，为政策的实施提供了极大的便利。渔民对国家的认同有助于他们在道德和行为规范上树立守法的意识。

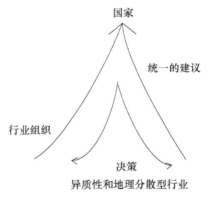

图 3.2　作为沟通漏斗的行业组织

如果我们考虑一下，从 1970 年代早期 TAC 制度建立初期到 25 年后合理有效的实施制度通过期间渔业行业所担任的角色，很明显可以看到，渔业行业并非是 TAC 实施制度确立后添加的马后炮，而是在一开始就作为制度构建过程中重要的一环。在 TAC 制度实施早期的 1970 年代中期，销售组织就承担了政策实施的任务；而在制度构建的初级阶段，即 20 世纪 80 年代和 90 年代，挪威渔民协会和销售组织都担任了重要的角色。可以说，挪威 TAC 制度的实施促进了国家与行业的

---

[38]　私人通信。渔业局和挪威渔船船东协会。

互相认同、共同承担责任。挪威国民也同样认可本国在渔业上的成就，并充满自
豪感。1990 年代中期挪威的一位渔业部部长甚至在一次发言中称挪威是"世界渔
业管理的领导者"（Hersoug 2005：4）。挪威现任渔业和海岸事务部部长也在近期
表示："我们有全世界最好的渔业管理制度。"[39]

渔业行政部门这种促进国家/行业之间的互相认同的长期政策确实是相对成功
的。这种相对的成功不仅仅是渔业行政管理部门的功劳，也得益于市民对政府的
信任和支持。这种信任和支持的政治文化在整个欧洲都屈指可数（Aardal 1999；
Aardal et al. 1999；Miller & Listhaug 1998）。这种政治文化的建构主要受到立法机构
的影响和促进，包括宪法、宪法日和议会等，使其在 19 世纪成为与国旗并肩的最
显著的国家标志（Seip 1997；Sorensen 1998a，b）。国家/行业合作的政治文化有助
于消除渔业行业中国家/行业对立的状态，促进行业对法律和社会规范的遵守。

84

表 3.3　管理体系的发展历史

	1900—1950 年	1950—1960 年	1960—1970 年	1970—1980 年	1980—1990 年	1990 年至今
资源管理发展	资源管理处于次要地位	意识到过度捕捞问题注重技术性措施	管理制度改革的讨论：TAC 与捕捞努力量限制	关于渔业准入，管理权和配额分配的国际谈判	实施成为紧迫问题；配额制度的基本实施框架的发展	实施体系的持续发展
资源管理形式		技术性措施	技术性措施	渔获配额；技术规范；结构政策	渔获配额和技术性措施	渔获配额和技术性措施
政府主要任务	行业发展	行业发展	行业发展	行业发展/资源管理	资源管理	资源管理
配额的实施条件	销售组织，渔民协会的建立；国家/行业间的紧密联系；中央和地区渔业行政部门的建立	渔业行政部门的扩大	船队合并；基本协定中正式确定了与国家的合作关系	沿海国对大陆架的控制；地方管理机构重组；海岸警卫队的建立	现代化的法律架构；行业组织成为正式的资源管理的咨询者和实施者	执法机制的发展；销售组织承担关键任务

---

[39]　Helga Pedersen 在 NRK Dagsrevyen（全国电视新闻）的讲话，2008 年 3 月 13 日（笔者翻译）。

85 ## 3.6　结论分析：挪威渔业管理延续的原因

3.6.1　延续性

挪威管理制度的发展经过了几个不同的时期，每个时期都历时 10 年左右，如表 3.3 所示。1960 年代在大西洋渔业委员会的框架下，挪威的渔业管理经历了重要的选择过程，并最终将 TAC 制度作为渔业管理的主要工具。1970 年代 TAC 额度的设定和分配原则经历了多轮双边和多边谈判。同时，在这个时期，TAC 首次在东北大西洋沿海国进行分配。1980 年代是各国制度实施和学习的过程。如何将捕捞死亡率限制和渔获配额管理相结合是 TAC 实施过程中面临的基本问题。因此，对捕捞死亡率的有效监管和限制是这 10 年的主要工作，并最终建立了实施渔获配额的基本法律和行政框架。1990 年代主要在弥补实施中的政策漏洞，而 21 世纪的前 10 年则是制度的实施全球化时期。

挪威渔业管理制度的实施模式一直处于不断变化中，这种变化与其说是改革性的，不如说是循序渐进的。延续性是挪威渔业管理的一大特征，这种延续性不仅与通过渔获限制实现资源的养护这种基本管理方法有关，也与措施实施制度的结构密不可分。过去几年，北大西洋许多国家的渔业管理经历了信任危机和根本性改革，但挪威却在这种情况下保持了相对稳定。基于 TAC 的管理模式得到普遍认可，除了一些学术讨论，其他替代性渔业管理制度鲜有人提及。挪威管理体系的完善来自实施体系的不断改进，而不是管理原则的根本性变革。[40] 从渔业资源
86 养护的角度来讲，基于 TAC 的渔业管理制度并未出现过严重的信任危机。总体而言，该制度基本上满足需求，即使实施中面临一些失败，也通过各种方式进行了弥补。本章概述了这种持续性的动力所在，然而这种独特的延续性产生的原因仍然值得讨论。

3.6.2　延续的原因之一：鱼类种群现状

后 EEZ 时期挪威渔业不再长期受到资源危机的困扰，这使人们对制度继续保持信任。1960 年代末期，鲱鱼渔业崩溃后，种群在养护政策的作用下逐渐恢复，

---

〔40〕 最新出台的《海洋野生生物资源管理法案》替代了原有的《海水渔业法》便是最好的佐证。新法案仍然沿用原有的执行体系，但是对原有体系中出现的问题进行了修补。比如，该法案建议给予销售组织更多的管理权利，建议渔业和沿海事务局要求所有参与渔获上岸的个人或机构都进行注册（不仅限渔获买家），以及要求渔获的可追溯性等（Government of Norway 2007e）。

中上层渔业也未面临严重的衰退，包括毛鳞鱼在内的渔业资源的周期性波动，并没有损害人们对制度的基本信任。鳕鱼渔业虽然在 1989—1990 年有过资源危机，但迅速得到恢复。20 世纪 90 年代，北大西洋大多数鳕鱼渔业面临困境，挪威却未受太大影响，成为渔业管理中特殊的成功案例。因此，挪威渔业管理是相对成功的。至于这种渔业上的活力，到底是由于有效的管理、种群的弹性、纯粹的运气，还是三者兼有，尚且不得而知。但是毫无疑问，渔业管理制度的延续性在政治上得益于渔业资源本身的健康状况。

3.6.3　延续的其他原因：路径依赖与功能性实施

历史的幸运一击

除了生物学和海洋学上的不可控因素，基于 TAC 的管理制度的成功实施还有两个因素：渔获配额的核定基于可靠的科学建议；在实施中确保捕捞死亡率不超过 TAC 额度。在挪威的公开讨论中，人们普遍关注科学建议是否可靠及其与 TAC 之间的联系，并不认为将捕捞死亡率和 TAC 挂钩会使政策的实施产生难以处理的问题。人们普遍觉得挪威在这点上比大多数国家走得更远。虽然对本国管理制度的优越感带有一定的民族偏见，但挪威的历史条件确实使其在 TAC 制度的实施上拥有一个良好的开端。当基于 TAC 的资源管理制度在 1970 年代初具雏形的时候，挪威已经具备基本的制度实施基础。渔业局的外部行政机构虽是为促进行业发展和质量控制而设，但也具备资源控制的能力。因此，在 1980 年代末期资源状况出现问题的时候，该机构立即承担起这项新的任务。此外，1930 年代末期建立了第一手渔获集中交易组织，为渔获量登记和配额监管提供了便利，也为 TAC 管理制度实施中的最难解决的问题之一——非法兼捕渔获的上岸管理提供了解决方案。由于渔民销售组织体系为这个问题提供了解决方案，国家禁止丢弃死鱼和濒死鱼的禁令也相对容易实施。市场组织也为捕捞死亡率的监管提供了便利。

由于渔民销售组织与政府之间有着紧密的联系，政府才能将执法和其他政策实施的工作交由这些组织来完成，消除了资源管理上国家/行业间的两极分化。与此类似，渔民协会统一的组织架构及其和政府间密切的互动促使其形成统一的行业建议，与国家在资源管理建立了伙伴关系，并在国家的政治决策中发挥重要影响，从而促进了非正式的服从性规范。

总而言之，在 20 世纪建立的市场、行业和行政结构解决了基于 TAC 管理制度中的主要问题，这与历史先见无关，是资源管理以外的其他问题促进了 TAC 制度

70 多年的渐进式发展。如图 3.3 所示，当资源管理成为主要的挑战，现有政治成本较低的管理机构和管理传统证明十分有效。

再看一下养护政策的实施体系。在 Lindblom（1959）看来，挪威的渔业管理的发展是通过不断尝试和失败逐渐适应新挑战的过程。在 David（1985）看来，这是一个发展路径依赖的案例，也就是说，未来问题的解决方法隐含于现有的结构体系。这种路径依赖的逐渐发展在资源养护政策的实施中并不少见，可以说是挪威渔业管理的一个普遍特征。比如，Hersoug（2005）曾用相同的理论来解释挪威渔业权分配制度的发展。

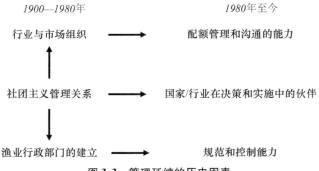

图 3.3　管理延续的历史因素

路径依赖的合理性与构建新体系的高成本有关，新的管理体系可能比旧体系更为有效，但是构建新体系的成本通常高出收益。从短期来看，挪威实施体系的发展中采用现有的组织架构是最为经济的做法。因此，从 1900 年代早期开始陆续成立的行政机构和行业组织对渔获配额实施体系的构建具有决定性影响。然而，这种制度的可行性不能仅仅用路径依赖来解释。现有市场、行业和行政管理组织三者的相互配合对制度的延续性有重要影响。国家在法规性框架的制定和发展上投入了大量资源，便于这些组织实施管理政策。因此，路径依赖也适用于渔业法。现代渔业立法是在制约组织和日常行为的法律规范的基础上制定的一套复杂的法律法规，在不断的试验和失败中得以改进和发展。因此要改变现今的基本制度并非易事。制度功能的经验，相对于渔业行业和鱼类资源来说，目前并未有太大改革的必要。

养护目标的可行性

我们可以看到，挪威政府负责渔业行业发展和资源养护。资源养护工作意味着在渔业权分配上可能面临重大挑战（Christensen and Hallenstvedt 2005；Hersoug

2005；Sagdahl 1992）。在政治层面，特别是涉及 TAC 的时候，对渔业行业短期生存状况的担忧以及配额的分配问题都对资源养护带来了挑战（Gezelius 2002a；Jentoft 1991：11-16；Sagdahl 1992）。然而，前人关于国家/行业在政策实施方面的关系调查（Christensen et al. 2007；Gezelius 2003），以及其他与此有关的研究，都没有证据显示养护目标在实施阶段有任何改变或受到任何挑战。[41] 从这方面来讲，第七章提到的丹麦和欧盟在政策实施中的政治与挪威形成了鲜明对比。因此，我们有理由认为，养护目标在实施过程中明显的稳健性是人们对挪威的资源管理体系充满信心的原因之一，也是其得到延续的原因之一。我将就挪威渔业管理中这种明显的权利结构产生的稳健性进行讨论。

从 1970 年代起，TAC 制度开始作为资源管理的一种方式。其实施体系的构建在很大程度上是通过四个主要机构的协调产生的：渔业局、渔业部、挪威渔民协会和销售组织。挪威实施制度的发展在很大程度上是一种自下而上，由国家行政部门和行业组织推动的过程。新法规的制定大多是为了弥补政策在实施过程中的不足，实施体系的构建过程与其说是以意识形态为导向，不如说是以实践为导向。然而，构建过程中这种自下而上的特质根植于挪威两大传统的管理理念中。第一个是社团主义传统，强调行业组织和国家的协商和合作；第二个是通过授权法案将决策权交由国家行政部门。挪威的法案一般都简短笼统，由国家行政部门负责制定具体的条例规范，实施体系在很大程度上也是在各种条例的基础上建立的。一般性法律文件对行政监管机构的权责进行界定。这种社团主义管理和   90
授权立法相结合的做法使养护政策有关的决策和实施过程都由挪威较低的行政机构负责。

在这种制度下，原则上 TAC 的实施会受不同渔业部长任期的影响，使养护目标遭到损害。但是，一些重要的因素阻止了实施阶段养护目标的更改。授权立法将制定和实施 TAC 的任务交由渔业部，这对保持实施阶段养护目标的稳健性有关键作用。挪威的 TAC 基本上是渔业部和挪威主要行业组织在协商后一致通过的，而在其他国家却由代表团决定。养护决策协商一致的做法以及渔业部和行业组织在决策中担任核心角色意味着政策实施的主要参与者也对养护政策负责，极大降

---

〔41〕 这项发现与实施体系的构建有关。虽然在渔业管理的微观层面并没有有关实施架构影响行政决策的正式研究。但是，社会规范和价值在何种程度影响了挪威渔业督查人员，使其决定报告或忽略一些违法情况，尚不得而知。

低了实施阶段再次进行政策讨论的可能性。[42] 另外，基于 TAC 的管理制度的长期性和常规性使决策得以在较低的行政机构做出。虽然行政领导不断更替，TAC 制度在相当长时间内得以延续和发展。即使政府不断变化，该制度的实施体系也一直朝着更有效的方向发展。基于 TAC 的管理制度本身的常规化、长期化、复杂化以及技术化的本质，使该制度的实施在很大程度上被认为是政府的责任。因此，这种实施体系的发展是一种自下而上的发展过程，相对不受政治领导更替的影响。[43] 研究表明，挪威行政管理部门在政策的实施过程中基本忠于原有的政治目标（Christensen et al. 2007：120-133），研究数据也证明了这一点。数据表明，行政上实施体系的改善在很大程度上促进了政策的有效实施。

91 两大传统——授权立法和社团主义管理——反映出渔业参与者和政府人员愿意对公共资源负责的能力和自信。虽然这些传统的管理方式缺乏一定的透明度，公众亦失去了渔业的管理权，但是就养护政策的实施来说仍有很大的优势。如果将挪威渔业政策的实施过程和欧盟比较，会发现 TAC 在挪威的实施过程是既定政治目标如何实现的问题，而不是政治目标和实施过程的政治角力。人们甚至惊讶地发现，挪威的渔业行业组织在养护政策的实施过程中将资源养护作为主要的目标。政府和公众一直把挪威渔民协会和销售组织看作资源养护的主要参与者，而渔民协会对养护目标的忠实执行也从未受到政府和公众的质疑。第七章特别就实施机制进行讨论，有些国家的实施机制会受到政治因素的影响，从而使养护政策失去原有的意义。但是，挪威在养护政策的实施过程中似乎没有受到这方面的影响。

  可以说，主要参与者在政策实施中产生的责任感使行业组织不易对政治目标产生质疑。然而，为了对实施阶段的养护目标做更详细的解释，有必要进一步从实施"话语"考虑，实施制度化作为一项行政事务意味着什么。"话语"的概念最早由福柯（1977，1999）提出，指一个特定领域人际交往中隐含的规范界限。这些规范界限定义了特定讨论中合法的参与者，以及合法的因素、合法的观点和合法的价值观等所有应用于讨论的内容。可以认为，授权立法和挪威团体主义管

---

[42] 双边/多边协议的部分条款并未得到如实的执行。挪威和欧盟每年就北海和斯卡格拉克海峡的鲱鱼签订协议，并就斯卡格拉克海峡的鳕鱼设立单独的配额。挪威一直致力于免除有关该海峡的单独鳕鱼配额，但由于欧盟的反对，该配额作为双边协议的一部分一直存在。因此，挪威通过不执行该部分条款单方面免除了斯卡格拉克海峡的鳕鱼配额，并且不执行北海/斯卡格拉克海峡部分条款的做法在鳕鱼渔业中相当普遍（Gezelius 2007：418）。

[43] 虽然渔业中政治独立是普遍做法，但是也有例外。比如，在 2001—2005 年期间任渔业部部长的 Svein Ludvigsen 关闭了渔业举报热线，理由是该热线助长了"告密"的风气（Norw. angiveri）。

理相结合的形式塑造了特定的实施话语，并将政治目标的讨论排除在外。将实施
定义为行政事务的传统促使其作为一种行政话语，与政治话语相区分。福柯的观
点意味着，一旦被界定为行政话语，政策的实施将由行政人员作为行政事务进行
讨论。因此，实施中产生的问题也在行政部门考虑的范围之内。这大大减少了实
施体系在设计过程中审议不同政治目标的余地。与之相左的参与者和观点，如一
些利益相关者改变实施目标的建议，要么进行了改变，要么直接从话语中排除。 92
因此，养护政策的实施得以将重点放在养护目标上。

　　社团主义传统可能对实施过程中的一些政治方法造成干扰。然而，虽然行业
与国家的互动是挪威渔业管理的主要特征，就权力来说两者并不平等。国家行政
部门具有决策权，而行业组织主要负责提供咨询。社团主义管理制度因此也是不
对称的。这种不对称意味着行业组织产生的影响取决于它们的隶属关系以及国家
的重视程度。因此，挪威渔业的社团主义管理制度不仅仅是行业影响的载体，也
是国家用来规范行业组织的"人质"：为了保持自己的影响力，行业组织必须完全
遵照国家行政的话语架构。因此，这种国家行政部门与行业组织之间不对称的关
系会限制并影响国家/行业之间的对话，并促使政策在实施过程中严格按照既定的
政治目标进行运作。

　　简而言之，授权立法反映并保证国家层面政策的实施是一种纯粹的行政话语，
不对称的社团主义性质也使行业组织不得不适应这种话语的框架。因此，就养护
政策的实施和养护目标的维护而言，渔业行业仍是国家相对忠诚的伙伴。国家机
构在协商后签署的双边和多边协定直接转化为养护目标，并成为挪威实施的话语。
与此不同，第五章和第六章讨论在国际养护目标的实施成为各国的政治事务时，
替代性议程对养护目标的颠覆能力。

参考文献

Aardal, B. (1999). Velgere i 90-årene. Oslo：NKS-Forlaget.

Aardal, B., Valen, H., & Opheim, I. (1999). *Valgundersøkelsen* 1997：*Dokumentasjonsrapport.* Oslo：Statistics Norway.

Apostle, R., Barret, G., Holm, P., Jentoft, S., Mazany, L., McCay, B., & Mikalsen, K. (1998). *Community, State, and Market on the North Atlantic Rim：Challenges to Modernity in the Fisheries.* Toronto：University of Toronto Press.

Christensen, P., &Hallenstvedt, A. (1990). *På første hånd：Norges Råfisklag gjennom 50 år.* Tromsø：Norges Råfisklag.

Christensen, P., &Hallenstvedt, A. (2005). I kamp om havets verdier: Norges Fiskarlags historie. Trondheim: Norwegian Fishermen's Association.

Christensen, T., Egeberg, M., Larsen, H. O., Lægreid, P., & Roness, P. G. (2007). Forvaltning og politikk. Oslo: Universitetsforlaget.

93   Dahl, I. (2002). Uaktsom overtredelse av saltvannsfiskeloven § 53. Lov og Rett nr. 9/10, 606-619. David, P. A. (1985). Clyo and the Economics of qwerty. *American Economic Review*, 75 (2), 332-337.

Fiskaren (2006a). Leading article. June 7 2006.

Fiskaren (2006b).-Mildt sagt uenig med Fiskebåt. www. fiskaren. no. Accessed 19 January 2006. Foucault, M., (1977). *Discipline & Punish: The Birth of the Prison.* New York: Vintage Books. Foucault, M. (1999). Diskursens orden. Oslo: Spartacus.

Gezelius, S. S. (2002a). Environmental Sustainability and Political Survival: A Comparative Analysis of the Cod Fisheries of Norway and Canada. *Environmental Politics*, 11(4), 63-82.

Gezelius, S. S. (2002b). Do Norms Count? State Regulation and Compliance in a Norwegian Fishing Community. *ActaSociologica*, 45(4), 305-314.

Gezelius, S. S. (2003). *Regulation and Compliance in the Atlantic Fisheries: State/Society Relations in the Management of Natural Resources.* Dordrecht: Kluwer Academic publishers. Gezelius, S. S. (2006). Monitoring Fishing Mortality: Compliance in Norwegian Offshore Fisheries. Marine Policy, 30(5), 462-469.

Gezelius, S. S. (2007). Three Paths from Law Enforcement to Compliance: Cases from the Fisheries. *Human Organization*, 66(4), 414-425.

Government of Norway (1917). Lov av 5. desember 1917 nr. 1 om registrering og merking avfiskefartøyer (Act on Tagging and Registration of Fishing Vessels). Oslo: Stortinget.

Government of Norway (1937a). Innstilling fra komiteen til revisjon av lovene om sildefiskeriet. Oslo: Stortinget.

Government of Norway (1937b). Lov av 25. juni 1937 om sild-og brislingfiskeriene (Herringand Sprat Fisheries Act). Oslo: Stortinget.

Government of Norway (1938). Ot. prp. nr. 16. (1938). Om lov om fredning av saltvannsfisk(Act on Preservation of Salt Water Fish). Oslo: Ministry of trade.

Government of Norway (1951a). Lov av 14. desember 1951 nr. 3 om omsetning av råfisk (RawFish Act). Oslo: Stortinget.

Government of Norway (1951b). Lov av 20. april 1951 om fiske med trål (Act on Trawl Fisheries). Oslo: Stortinget.

Government of Norway (1954). *Innstilling fra komiteen til samling og revisjon av fiskerilovene.* Stortingsforhandlingene. Oslo:Stortinget.

Government of Norway (1955). Lov av 17. juni 1955 om saltvannsfiskeriene (Salt Water Fishing Act). Oslo:Stortinget.

Government of Norway (1956). Mellombels lov av 29. juni 1956 nr. 8 om eigedomsretten til fiske-ogfangstfarkostar. Oslo: Stortinget.

Government of Norway (1957a). *Innstilling fra Torskefiskeutvalget.* Oslo: Ministry of Fisheries. Government of Norway (1957b). Lov om endringer i lov av 25. juni 1937 om sild-og brisling-fiskeriene. Innstilling og vedtak. Oslo：Stortinget.

Government of Norway（1966）. Lov 17. juni 1966 nr. 19 om forbud mot at utlendinger driver fiske m. v. iNorges territorialfarvann. Oslo：Stortinget.

Government of Norway（1970）. Forskrifter om forbud mot fangst av makrell. 23. april. Oslo：Ministry of Fisheries.

Government of Norway（1971a）. Ot. prp. nr. 22. Om lov om regulering av deltakelsen i fisket（Participation Act）. Oslo：Ministry of fisheries.

Government of Norway（1971b）. Forskrifter om fangstbegrensning av atlanto-skandisk sild. 8. jan. Oslo：Ministry of Fisheries.

Government of Norway（1971c）. Lov av 11. juni1971 om rettledningstjenesten i fiskerinæringen. Oslo：Stortinget.

Government of Norway（1972a）. Lov av 16. juni 1972 nr 57 om regulering av deltakelsen i fisket. Oslo：Stortinget.

Government of Norway（1972b）. Forskrifter om regulering av fiske etter lodde i 1972. 29.   94
feb. Oslo：Ministry of Fisheries.

Government of Norway（1975a）. Fiskeridirektoratet 75 år. Bergen：Directorate of Fisheries.

Government of Norway（1975b）. NOU 1975：50. Oppsynet med fiskeri-og petroleumsvirksomheten. Oslo：Universitetsforlaget.

Government of Norway（1975c）. NOU 1975：31. Kodifikasjon av fiskerilovgivningen. Oslo：Universitetsforlaget.

Government of Norway（1976a）. Ot. prp. nr. 4（1976-77）. Om lov om Norges økonomiske sone. Oslo：Minister of ocean law and fisheries jurisdiction.

Government of Norway（1976b）. Lov om Norges økonomiske sone. Oslo：Stortinget. Government of Norway（1976c）. Ot. prp. nr. 39（1975-76）. Lov om endring i lov av 16. juni 1972 nr. 57 omregulering av deltagelsen i fisket. Oslo：Ministry of fisheries.

Government of Norway. （1976d）. Vedtak til lov om endring i lov av 16. juni 1972 nr. 57 om regulering av deltagelsen i fisket. Oslo：Stortinget.

Government of Norway（1977a）. St. meld. nr. 18（1977-78）. Omlangtidsplan for norsk fiskerinæring. Oslo：Ministry of fisheries.

Government of Norway（1977b）. Forskrifter om regulering av fiske etter torsk nord for 62° n. br. i 1977. Oslo：Ministry of fisheries.

Government of Norway（1978a）. *Rettledningstjenesten ifiskerinæringen*. NOU 1978：44. Oslo：Universitetsforlaget.

Government of Norway（1978b）. St. meld. nr. 107（1977-78）. Om Fiskeridirektoratetskontrollverks organisering og oppgaver. Oslo：Ministry of Fisheries.

Government of Norway（1978c）. Forskrifter om regulering av fiske etter makrell og lodde i 1978. Oslo：Ministry of Fisheries.

Government of Norway（1980）. St. meld. nr. 43（1979-80）. Om rettledningstjenesten ifiskerinæringen. Oslo：Ministry of Fisheries.

Government of Norway（1981a）. NOU 1981：3. Konsesjonsordninger i fiske. Oslo：Universitetsforlaget.

Government of Norway（1981b）. Forskrifter om regulering av fisket etter norsk vårgytende sild i 1981. Oslo：Ministry of Fisheries.

Government of Norway（1982a）. Lov om rettledningstjenesten i fiskerinæringen og om endringer ivisse andre lover. Oslo：Stortinget.

Government of Norway（1982b）. Ot. prp. nr. 85（1981-82）. Om lov om saltvannsfiske. Oslo：Ministry of fisheries.

Government of Norway（1982c）. Forskrift om maskevidde, bifangst og minstemål m. m. i saltvannsfiske. Oslo：Ministry of Fisheries.

Government of Norway（1983a）. St. meld. nr. 93. Omretningslinjer for fiskeripolitikken. Oslo：Ministry of fisheries.

Government of Norway（1983b）. Lov om saltvannsfiske. Oslo：Stortinget.

Government of Norway（1984a）. Forskrift om regulering av vinterloddefisket i Barentshavet i 1985. Oslo：Ministry of Fisheries.

Government of Norway（1984b）. Forskrift om regulering av fisket etter norsk vårgytende sild i 1985. Oslo：Ministry of Fisheries.

Government of Norway（1984c）. Forskrift om regulering av trålfisket etter torsk nord for 62o n. br. i 1985. Oslo：Ministry of Fisheries.

Government of Norway（1985）. Forskrift om regulering av fisket etter norsk vårgytende sild i 1986. Oslo：Ministry of Fisheries.

Government of Norway（1986a）. Forskrift om maskevidde, bifangst og minstemål m. m. i saltvannsfiske. Oslo：Ministry of Fisheries.

Government of Norway（1986b）. Forskrift om trålfiske etter torsk nord for 62o n. br. i 1987. Oslo：Ministry of Fisheries.

Government of Norway（1986c）. Forskrift om oppgaveplikt for fiske og fangstfartøy. Oslo：Ministry of fisheries.

Government of Norway（1987a）. Forskrift om forbud mot utkast av torsk og hyse i Norges økonomiske sone utenfor det norske fastland. Oslo：Ministry of Fisheries.

Government of Norway（1987b）. Forskrift om regulering av fisket etter makrell i Norges økono-miske sone sør for 62° n. br. , i EF-sonen i Nordsjpøen og i Skagerak i 1988. Oslo Ministry of Fisheries.

Government of Norway（1987c）. Forskrift om regulering av fisket etter makrell i Norges økonomiske sone nord for 62° n. br. , i internasjonalt farvann og i færøysk sone i 1988. Oslo Ministry of Fisheries.

Government of Norway（1988a）. Ot. prp. nr. 77（1987-88）. Om lov om endringer i lov 3. juni 1983 nr. 40 om lov om saltvannsfiske m. v. og i visse andre lover. Oslo：Ministry of fisheries.

Government of Norway.（1988b）. Forskrift om endring av forskrift om maskevidde, bifangst og minstemål m. m. i saltvannsfiske. Oslo：Ministry of Fisheries.

Government of Norway（1988c）. Kontroll av reguleringsbestemmelser. Forslag fra arbeidsgruppen til tiltak og revisjon av lover og forskrifter. Notat. Bergen：Directorate of fisheries.

Government of Norway（1988d）. Besl. O. nr. 36. Vedtak til lov om endringer i lov 3. juni 1983 nr. 40 om lov om saltvannsfiske m. v. og i visse andre lover. Oslo: Stortinget.

Government of Norway (1989a). Ot. prp. nr. 81 (1988-89) Om lov om endringer i lov av 3. juni 1983 nr. 40 om saltvannsfiske m. v. og i lov 14. desember 1951 nr. 3 om omsetning av råfisk. Oslo: Ministry of fisheries.

Government of Norway (1989b). Forskrift om maskevidde, bifangst, fredningstid og minstemål m. v. ved fangst av fisk og sild. Oslo: Ministry of Fisheries.

Government of Norway (1989c). Besl. O. nr. 2. Vedtak til lov om endringer i lov av 3. juni 1983 nr. 40 om saltvannsfiske m. v. og i lov av 14. desember 1951 nr. 3 om omsetning av råfisk. Oslo: Stortinget.

Government of Norway (1989d). Forskrift om fangstrapportering m. m. for fartøyer som tilvirker egen fangst av sild og makrell, 19. sept. Nr. 944. Oslo: Ministry of fisheries.

Government of Norway (1989e). Forskrift om fangstrapportering m. m. for torsketrålere. 16. jan. Nr. 16. Oslo: Ministry of fisheries.

Government of Norway (1991). Salgsorganisasjoneneskontrollplikt. Instruks 20. feb. Oslo: Ministry of fisheries.

Government of Norway (1992). St. meld. nr. 58 Om struktur-ogreguleringspolitikk overfor fiskeflåten. Oslo: Ministry of fisheries.

Government of Norway (1993a). Ot. prp. Nr. 90 (1992-93). Om lov om prisregulering ved import av fiskevarer m. v. Oslo: Ministry of fisheries.

Government of Norway (1993b). Forskrift om oppgaveplikt for fiskeog fangstfartøy. Oslo: Ministry of Fisheries.

Government of Norway (1993c). Instruks for føring av fangstdagbok. Bergen: Directorate of Fisheries.

Government of Norway (1993d). Forskrift om forbud mot landing av fisk andre særskilte tiltak mot ulovlig, rapporter og uregulert fiske. Oslo: Ministry of Fisheries.

Government of Norway (1995a). St. meld. nr. 49 (1994-95). Om dei årlege fiskeriavtalene Noreg inngår med andre land. Oslo: Ministry of fisheries.

Government of Norway (1995b). Forskrift om endring av forskrift om sluttseddel/bryggeseddel og mottaksjournal, 13. mars Nr. 249. Oslo: Ministry of fisheries.

Government of Norway (1996a). Forskrift om endring av forskrift om sluttseddel/bryggeseddel og mottaksjournal, 17. okt. Nr. 988. Oslo: Ministry of fisheries.

Government of Norway (1996b). Forskrift om endring i forskrift om fangstrapportering m. m. for torsketrålere som kan tilvirke fangst om bord. 7. nov. Nr. 1019. Oslo: Ministry of fisheries.

Government of Norway (1996c). Forskrift om endring i forskrift om fangstrapportering m. m. for fartøysom kan tilvirke fangst av sild og makrell. 7. nov. Nr. 1020. Oslo: Ministry of fisheries.

Government of Norway (1997). Instruks for Reguleringsrådet. Oslo: Ministry of fisheries.

Government of Norway (1998a). Ot. prp. nr 58 (1997-98) Om lov om endring i lov 3 juni 1983 nr. 40 om saltvannsfiske m. v. Oslo: Ministry of fisheries.

Government of Norway (1998b). Lov om endringar i lov 3 juni 1983 nr. 40 om saltvannsfiske m. v., 17 juli Lov nr. 57. Oslo: Ministry of fisheries.

96

Government of Norway (1998c). Norwegian Black List. Bergen: Directorate of Fisheries. www. fiskeridir. no.

Government of Norway (1999a). Forskrift om satelittbasert overvåking av fiske-og fangstfartøys aktivitet, 7. april Nr. 387. Oslo: Ministry of Fisheries.

Government of Norway (1999b). Forskrift om registrering og rapportering ved fiske i farvann utenfor noen stats fiskerijurisdiksjon, 30. juni Nr. 1499. Bergen: Directorate of fisheries.

Government of Norway (1999c). Forskrift om endring i forskrift om inndragning av fangst og anvendelse av inndratte midler, 17. mars Nr. 362. Oslo: Ministry of fisheries.

Government of Norway (1999d). Lov om retten til å delta i fiske og fangst (deltakerloven), 26. mars nr. 15. Oslo: Stortinget.

Government of Norway (2001a). Ot. prp. nr. 92 (2000-2001) Om lov om endringer i lov 3. juni 1983 nr. 40 om saltvannsfiske m. v. og lov 14 desember 1951 nr. 3 om omsetning av råfisk (kontrolltiltak). Oslo: Ministry of fisheries.

Government of Norway (2001b). Lov om endringer i lov 3. juni 1983 nr. 40 om saltvannsfiske m. v. og lov 14 desember 1951 nr. 3 om omsetning av råfisk (kontrolltiltak). Oslo: Stortinget.

Government of Norway (2003a). St. meld. nr. 43 (2002-2003). Om deifiskeriavtalene Noreg har inngått med andre land for 2003 og fisket etter avtalene i 2001 og 2002. Oslo: Ministry of fisheries.

Government of Norway (2003b). Forskrift om opplysningsplikt ved landing og omsetning av fisk. Bergen: Directorate of fisheries.

Government of Norway (2003c). Report on the Norwegian system of sanctions. In Working group of control experts on methods and procedures for weighing pelagic fish, *Weighing and inspection of landings of pelagic* fish-including the pilot project. Bergen: Directorate of Fisheries.

Government of Norway (2003d). Ot. prp. nr 35 (2002-2003) Om lov om norges territorialfarvann og tilstøtende sone. Oslo: Ministry of foreign affairs.

Government of Norway (2004a). Salgsorganisasjonenes kontrollplikt J-117-2004. Bergen; Directorate of Fisheries.

Government of Norway (2004b). Kommisjonen for tiltak mot utkast av fisk-Rapport med anbefalinger. Bergen: Directorate of Fisheries.

Government of Norway (2004c). Forskrift om utøvelse av fisket i sjøen, 2004-12-22 nr 1878. Oslo: Ministry of fisheries.

Government of Norway (2005a). St. meld. nr. 39 (2004-2005). Om deifiskeriavtalene Noreg har inngått med andre land for 2005 og fisket etter avtalene i 2003 og 2004. Oslo: Ministry of fisheries.

Government of Norway (2005b). Forskrift om rapportering av fangst for norske fartøy. 16. feb nr. 151. Oslo: Ministry of fisheries and coastal affairs.

Government of Norway (2005c). Lov om forvaltning av viltlevende ressurser : Havressursloven. NOU 2005: 10. Oslo: Statens forvaltningstjeneste.

Government of Norway (2006a). Prosjekt salgslag/Fiskeridirektorat: En kartlegging av salgslagenes og Fiskeridirektoratets virke på de områder en har felles ansvar for ressurskontrollen. Delrapport A. Bergen: Directorate of Fisheries.

Government of Norway (2006b). Ot. prp. nr. 98 (2005-2006) Om lov om endringer i lov 17. juni

1966 nr. 19 om forbud mot at utlendinger driver fiske m. m. i Norges territorialfarvann og i lov 3. juni 1983 nr. 40 om saltvannsfiske m. v. Oslo: Ministry of Fisheries.

Government of Norway (2007a). St. meld. nr. 32 (2006-2007). Om deifiskeriavtalene Noreg har inngått med andre land for 2007 og fisket etter avtalene i 2005 og 2006. Oslo: Ministry of fisheries.

Government of Norway (2007b). IUU-liste på fiskeridir. no. Press release 30 April 2007. Bergen: 97 Directorate of Fisheries. www. fiskeridir. no.

Government of Norway (2007c). Informasjon om gjennomføringen av havnestatskontroll i Norge. Bergen: Directorate of Fisheries.

Government of Norway (2007d). Forskrift om endring av forskrift om regulering av fisket etter torsk, hyse og sei nord for 62°N i 2007. Bergen: Directorate of fisheries.

Government of Norway (2007e). Ot. prp. nr. 20 (2007-2008) Om lov om forvaltning avviltlevende marine ressurser (Havressurslova (Act on the Management of Wild Marine Living Resources)). Oslo: Ministry of Fisheries and Coastal Affairs.

Hallenstvedt, A. (1995). Organisational Structure Norwegian Fisheries. Notat nr. 5. Bodø: NORUT.

Hallenstvedt, A., & Dynna, B. (1976). *Fra Skårunge Til Høvedsmann: Med Norges Fiskarlag gjennom 50 år.* Trondheim: Norwegian Fishermen's Association.

Hallenstvedt, A. (1993). Ressurskontroll i norsk fiskeriforvaltning. *In Ressursforvaltning og kontroll-kontrollpolitikk og virkemidler i de nordiske land og i EF*, edited by Abraham Hallenstvedt. Nordiske Seminar-og Arbeidsrapporter 1993:583 (pp. 119-146). Copenhagen: Nordic Council of Ministers.

Holm, P. (1996). Kantorsken temmes? Moderniseringsprosesser i fiskerinæringa 1935-1995. in *Det nye Nord-Norge: Avhengighet og modernisering i nord*, edited by Erik Oddvar Eriksen. (pp. 109-142) Bergen: Fagbokforlaget.

Hersoug, B. (2005). Closing the Commons: Norwegian Fisheries Management from Open Access to Private Property. The Hague: Eburon.

Hoel, A. H. , Jentoft, S. , & Mikalsen, K. H. (1991). Problems of User-Group Participation in Norwegian Fisheries Management. Occasional Papers no A 56, Tromsø: Institute of Social Sciences, U-niversity of Tromsø.

ICES (International Council for the Exploration of the Sea) (2007). ICES Advice 2003, Book 3. Copenhagen: ICES.

Jentoft, S. (1991). Hengende snøre: Fiskerikrisen og framtiden på kysten. Oslo: Ad Notam forlag.

Johannesen, A. , & Misje, M. (2002). "Rott jer sammen"-Norges Sildesalgslag 1927-2002. Bergen: The Norwegian Sales Organization for Pelagic Fish.

Lindblom, C. (1959). The science of muddling through. Public Administration Review, 19(2), 79-88.

Miller, A. M. , &Listhaug, O. (1998). "Policy Preferences and Political Distrust: A Comparison of Norway, Sweden and the United States." *Scandinavian Political Studies* 21, 161-187.

NEAFC (North East Atlantic Fisheries Commission) (1971). *Report of the ninth meeting.* London: NEAFC.

NEAFC (North East Atlantic Fisheries Commission) (1974). Report of the Special Meetings. London: NEAFC.

NEAFC (North East Atlantic Fisheries Commission) (2007). Scheme of Control and Enforcement. London: NEAFC.

Nordstrand, L. (2000). *Fiskeridirektøren melder: Fiskeridirektoratet* 1900-1975. Bergen: Directorate of fisheries.

NRK (2006). Overfiske ødelegger torskebestanden. 14 November 2006. www. nrk. no.

Rozwadowski, H. M. (2002). *The Sea Knows No Boundaries: A Century of Marine Science under ICES.* Copenhagen: ICES.

Sagdahl, B. K. (1992). *Ressursforvaltning og legitimitetsproblemer: En studie av styringsproblemer ved forvalt-ning av norsk-arktisk torsk.* Bodø: Nordland Research Institute.

Seip, J. A. (1997). Utsikt over Norges historie. Oslo: Gyldendal.

Sen, S. (1997). The evolution of high-seas fisheries management in the north-eastAtlantic. Ocean & Coastal Management, 35(2-3), 85-100.

Sunnanå, K. (1964). Kyststatens problemer i forbindelse med internasjonale fiskerireguleringer. In Foredrag under den 9. nordiske fiskerikonferansen, Reykjavik 22. -26. 6 1964 (pp. 22-34).

Sørensen, Ø. (1998a). *Når ble nordmenn norske? In*Ø. Sørensen (ed.), *Jakten på det norske-Perspektiver på utviklingen av en norsk nasjonal identitet på 1800-tallet* (pp. 11-16). Oslo: Ad Notam Gyldendal.

Sørensen, Ø. (1998b). Hegemonikamp om det norske-Elitenes nasjonsbyggingsprosjekter 1770-1945. In Ø. Sørensen (ed.), *Jakten på det norske-Perspektiver på utviklingen av en norsk nasjonal identitet på 1800-tallet* (pp. 17-50). Oslo: Ad Notam Gyldendal.

UN (United Nations) (1995). Agreement for the implementationof the provisions of the United Nations Convention on the Law of the Sea of 10 December 1982 relating to the conservation and man-agement of straddling fish sticks and highly migratory fish stocks. New York: United Nations.

第四章 从渔获配额到捕捞努力量管理：
法罗群岛的渔业政治和政策实施

耶塞柳斯

【摘要】本章主要概述法罗群岛渔业管理的历史，着重介绍了 20 世纪 90 年代中期两次伟大的管理改革。这两次改革使法罗群岛成为东北大西洋渔业管理方面的先锋。该章节介绍了基于渔获配额的管理制度在实施中面临的典型问题——误捕、渔获物丢弃、渔获数据的误报等。这些问题促使法罗群岛政府在鳕鱼渔业的管理中用捕捞努力量管理制度代替了总可捕量（TAC）制度。本章随后还讨论了捕捞努力量管理制度在实施过程中的挑战以及解决方案。最后，本章阐释了法罗群岛渔业管理特有的发展情况。

4.1 法罗群岛的渔业治理

法罗群岛位于大西洋东北部，总人口约 4.8 万。虽然法罗群岛是丹麦王国的一部分，但作为自治领土已有 60 年的历史。第二次世界大战期间德国占领了丹麦，英国占领了法罗群岛，这在一定程度上阻断了法罗群岛和丹麦的联系。最终，丹麦在 1948 年出台了《自治政府法案》，赋予法罗群岛极大的自治权（Toftum 1994）。该法案第一部分规定："法罗群岛是丹麦领域内自治领土"，并划出了法罗群岛的自治范围，把决策权交给法罗群岛政府。该政府由法罗议会组成，既是立法机关，又是行政机关。目前，法罗议会由 32 名民选议员组成，执行政府包括 6 名部长和 1 名首相，政府的架构基本与丹麦相似。

《自治政府法案》中划出了实施法罗群岛"特殊事务政策"的区域。无论划定这些区域的是丹麦政府还是自治政府，法罗群岛自治政府负责为这些区域内提供决策和资金支持。自 1948 年起，自治政府开始负责法罗群岛水域的渔业管理。

在 1997 年设立 200 海里专属经济区后，法罗群岛的渔业管辖区域随之延长到 200
海里（Toftum 1993）。现在，法罗群岛对其 200 海里专属经济区内的海洋生物资
源、贸易、财政政策和科学研究等都享有自主管理权。由于法罗群岛经济完全依
赖渔业，因此渔业是实现法罗群岛自治的关键要素。法罗群岛 95% 的出口和接近
一半国内生产总值均来自渔业和水产养殖。

不适用法罗群岛政府"特殊事务政策"的内容归为"国家公共事务"，由丹
麦政府与法罗群岛政府协商后作出决策。根据与丹麦政府的协定，法罗群岛政府
对此类决策承担相应的责任。一位高级专员代表丹麦政府在法罗群岛进行相关事
务的处理。

《自治政府法案》允许法罗群岛政府在征求丹麦外交部意见后直接与其他国家
就群岛利益相关事件进行协商。因此，法罗群岛得以与欧盟和其他东北大西洋国
家直接进行谈判并签订渔业协定。有时还可以代表自身作为实体参加国际渔业委
员会。法罗群岛不属于欧盟成员，由此在 200 海里专属经济区内对渔业资源享有
控制权和自治权。在渔业管理上，法罗群岛得以像独立国家一样运作
（Government of the Faeroe islands1948，1994a，2004a；www. tinganes. fo 2006）。

法罗群岛自治政府包括一个渔业和海洋事务部，负责执行议会的决定。该部
门由渔业和海洋事务部领导的 24 名员工组成。此外，还有法罗群岛渔业监察部，
作为渔业和海洋事务部下属的独立分支，共有 14 名员工，负责捕捞许可证、捕捞
天数、渔获配额和渔捞日志、最小捕捞规格限制、渔获贸易和捕捞规格的日常监
管，以及对捕捞渔船进行卫星追踪等。

4.2　渔业管理面临的挑战

从 20 世纪晚期到 1977 年 200 海里专属经济区设立，法罗群岛海域主要由一些
远洋渔业国从事捕捞作业。1901 年，丹麦和英国政府达成协议，允许英国的拖网
渔船在法罗群岛 3 海里以外从事捕捞活动，其他远洋捕捞国在 1959 年之前也享
有类似的权利，法罗群岛在本国水域捕捞相对较少。19 世纪晚期，法罗群岛开始
发展一支由大型拖网渔船和围网船组成的远洋捕捞船队，在法罗群岛海域以外作
业。法罗群岛本国渔区在 1964 年向外扩展到 12 海里，但法罗渔船仍以远洋捕捞为
主。这种情形一直持续到 20 世纪 70 年代晚期，北大西洋各沿海国开始设立 200 海
里专属经济区，新的专属经济区制度对法罗群岛产生很大的影响。随着 1977 年法
罗群岛 200 海里专属经济区的设立，由 20 多艘大型拖网渔船和几艘围网船组成的

法罗船队失去了传统的作业渔场，但同时在群岛水域得到了新的作业机会。

捕捞船队进入国内水域对法罗这个渔业为主的小型社会是个不小的挑战。在20世纪70年代中期，政府决定为捕捞业提供补贴，出台了金融刺激政策，鼓励渔民对远洋拖网渔船进行改造，以适应群岛水域作业。价格补贴通过1975年成立的"原鱼基金"进行发放。该基金旨在促进鱼品价格的稳定，也是一种重要的市场管控手段。价格补贴吸引法罗群岛渔船在本岛港口卸货，并促使船队进行重组，便于提供更多的冰鲜鱼类，以适应法罗群岛鱼片加工产业的扩张。法罗群岛渔船由此将捕捞重点放在群岛水域，鱼品加工厂的数量也从1979年的15家增加到1989年的23家。

政府补贴早期的发放是为了帮助渔民度过20世纪70年代中期的适应性危机，但随后成为永久性补贴，并成为法罗群岛捕捞船队生产能力过剩的导火索。原鱼基金最初只是一个自筹基金，对繁荣和衰退时期的经济收益进行协调和分配，但很快成为一个常规性政府补贴。政府通过该基金提供的经费占法罗群岛财政部年收入的5%—10%（Toftum 1994：55）。除了社会方面的考虑，捕捞船队的存活对法罗群岛两个银行也至关重要，它们为捕捞船队提供了很大一部分资金（Cruz et al. 2006；Government of the Faeroe Islands 1993；ICES 2006；Toftum 1994；pers. comm. ，6）。

4.3　早期的资源管理制度

在现代渔业管理上，法罗群岛是后来者。1977年以前，资源管理很少出现在法罗的政治议程上，在200海里EEZ成立后实施的管控措施也大多是传统的技术性措施，与西北大西洋渔业委员会（ICNAF）以及东北大西洋渔业委员（NEAFC）在20世纪60年代和70年代早期措施相似。这些措施不限制渔获量或捕捞努力量，而是通过网目尺寸限制、最小规格限制、禁渔区和阶段性捕捞限制等措施对渔获组成进行管理（Toftum 1993：90）。

102

1978年3月29号出台的《渔业属地捕捞法案》对法罗群岛200海里专属经济区内的捕捞作业进行了管控。同年出台了两个独立法案对法罗的远洋渔船以及在法罗群岛海域作业的外国渔船的捕捞活动进行管理和规范（Government of the Faeroe Islands 1978a，b，c；Toftum 1994）。《渔业属地捕捞法案》授权执行政府与法罗群岛议会协商后制定最小可捕标准、禁渔区和禁渔期、渔具、渔获配额和捕捞努力量等管控措施。但是，和东北大西洋其他国家不同，法罗群岛政府在设立200

海里 EEZ 后并没有采用基于渔获配额的管理模式，而是继续沿用技术性措施对渔业进行管理。因此，渔获量和捕捞努力量并未得到限制。而影响渔获物组成的措施，如禁渔区、禁渔期、网目尺寸限制等仅仅减少了一部分幼鱼的捕捞量，并没有限制捕捞能力的快速增长。直到 1987 年，法罗政府实施了捕捞许可证制度，这种情况才得以改善。而在此之前，政府当局没有采取任何措施控制捕捞死亡率。

在某种程度上，价格补贴曾被作为一种资源管理的工具。原鱼基金的发放减少了高价值鱼种（鳕鱼和黑线鳕）和低价值鱼种（绿青鳕和红鲑鱼）之间的价格差别，从而达到捕捞努力量的可持续配置。原鱼基金的资源管理的功能在 1983 年的法律中得到正式认可（Toftum 1994）。但是，在 1994 年法罗群岛遭遇重大经济危机前，政府并没有做出实质性努力对捕捞死亡率进行直接管理。

4.4　现代渔业管理的危机和要求

法罗群岛渔民在法罗群岛海域内实施多鱼种捕捞，主要包括鳕鱼、黑线鳕和绿青鳕等。这些鱼种由法罗群岛管理，主要渔民都来自法罗群岛。关于渔业管理的讨论首先围绕这些鱼类展开（Cruz et al. 2006）。1977—1985 年，法罗群岛鳕鱼年均捕捞量在 3 万吨左右，黑线鳕捕捞量稍有波动，在 1.4 万吨左右徘徊，而绿青鳕的捕捞量稳步增长到 20 世纪 80 年代的 5 万吨左右。但在 80 年代早期，鳕鱼和黑线鳕幼鱼的繁殖量骤降，导致 80 年代后期捕获量也开始下降。

到了 20 世纪 90 年代初期，法罗群岛的经济已经出现明显不稳定。捕捞船队长期产能过剩，最终导致捕捞过度，法罗群岛政府最后不得不减少渔业补贴。价格补贴自 1978 年开始稳步增长，在 1989 年达到峰值（约 4.6 亿丹麦克朗），但在 1989—1992 年间减少了一半。为了逐步调整捕捞能力，与种群数量相适应，并最终使捕捞业盈利，原鱼基金在 1990 年得以废除，大体上取消了直接价格补贴（Toftum 1994）。由于基于 TAC 的管理制度在实施中普遍存在渔获物丢弃、非法上岸等问题，法罗群岛自治政府希望在不依靠渔获配额的前提下维持渔业的可持续性和盈利性（Pers. Comm. 7）。但是，鳕鱼市场价格的大幅下跌加剧了渔业补贴削减带来的消极影响。与此同时，法罗群岛的鳕鱼渔业出现了 20 世纪前所未有的衰退。鳕鱼渔获量在 1992 年和 1993 年间下降到 6000 吨左右，黑线鳕也出现了相似的状况（见图 4.1）。国际海洋考察理事会下属的渔业管理咨询委员会（Advisory Committee for Fisheries Management，ACFM）认为这些种群资源状况堪忧，因此建议在 1993 年完全关闭这些渔业。此外，ACFM 还对绿青鳕种群繁殖状况表示担忧。

绿青鳕的渔获量从 1990 年开始一直处于下降趋势（Government of the Faeroe Islands 1993a；ICES 2006；ICES 渔获统计数据库；Toftum 1994）。以上种种使法罗政府的渔业改革计划一直不能顺利进行。

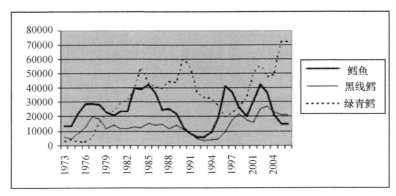

图 4.1　法罗群岛底层渔业渔获量[44]　**ICES 次区域 Vb1 + 2**

　　法罗群岛国内资本密集型渔业的发展也伴随着加工厂和大型渔船的垂直整合。大约三分之二的拖网渔船和班轮与水产加工厂属于共同的公司旗下。当渔业资源减少价格下滑时，这些公司同渔民的沿海捕捞船队都面临着严重的财政困难。水产加工厂由 1989 年的 23 家减少到 1993 年的 14 家。深海拖网渔船的数量从 1989 年的 74 艘减少到 1993 年的 5 艘。虽然鲑鱼和加工类水产品出口的增长抵消了外贸的严重衰退，但这场危机已经蔓延至法罗群岛经济的各个领域。法罗群岛的两家银行曾试图斥巨资挽救捕捞业，但是并未成功，并因此受到破产威胁（Government of the Faeroe Islands 1993a；Jacobsen 1997；Toftum 1994；Pers. Comm. 6）。

　　此时丹麦不得不出面拯救法罗群岛的经济。丹麦政府提供了大约 17 亿丹麦克朗的贷款使银行免于破产，并对银行进行了合并。丹麦政府的贷款由 1992 年的融资基金（Financieringsfonden）筹集。它由法罗群岛政府拥有，但丹麦在董事会占多数议席（Government of the faeroe Islands 1992；Pers. Comm. 7）。丹麦政府的拯救行动伴随着相关的政治要求，对法罗群岛的渔业管理带来了显著的影响。法罗群岛捕捞业所面临的危机在很大程度上是由渔业补贴造成的，导致了捕捞船队的产能过剩，以及资源养护措施的失效（Toftum 1994；Pers. Comm. 6）。在丹麦的要求下，1992 年秋，丹麦和法罗群岛政府达成一项协议，并在 1993 年冬天增加了一项

104

补充协议，敦促法罗群岛政府成立一个结构委员会，致力于"在市场经济条件下，基于法罗群岛水域最佳生物捕捞水平，推动产能净减少，实现捕捞业自给自足"（Government of the Faeroe Islands 1993f，作者翻译）。结构委员会将在 1993 年 7 月向政府提交建议，法罗群岛政府则表达了根据这些建议对法律进行修订的意愿（Government of the Faeroe Islands 1993f）。

根据这项协议，法罗群岛政府于 1993 年 2 月正式成立了结构委员会，旨在从可持续捕捞和种群最佳利用两方面评估法罗渔船的船队结构。委员会由 7 名成员组成，包括法罗政府指定的 5 位政府代表和渔业代表、1 位经济学家，以及 1 位由融资基金任命的丹麦渔业经济学家。委员会决定在 1993 年 7 月前公开结构改革建议（Government of the Faeroe Islands 1993a：3）。

虽然法罗群岛政府已经着手解决产能过剩问题，但是丹麦方面给法罗群岛政府的时间非常紧迫。时间成为决定资源管理形式至关重要的因素。结构委员会负责人意识到委员会本身只有两个选择：要么政府出台政策限制各类渔船的数量，要么采用个体可转让配额（ITQ）制度由市场解决结构化过程[45]。由于缺乏听审时间，委员会放弃了前者。此时冰岛已经实施了 ITQ 制度，早期的报告显示也很乐观，因此，结构委员会在内部没什么重大异议的情况下决定采用 ITQ 制度。就资源管理而言，这意味着用基于 TAC 的管理模式对现有的技术性措施进行补充。委员会认识到 ICES 完全关闭鳕鱼和黑线鳕渔业的建议在经济上不具备可行性，因而建议为了恢复种群进行谨慎的捕捞（Government of the Faeroe Islands 1993a；Toftum 1994；Pers. Comm. 7）。

这项建议在 1994 年法罗群岛政府通过《商业渔业法案》后终止。此法案代替了 1978 年的渔业管理法案，对基线内捕捞做出了新的规定（Government of the Faeroe Islands 1990a），为法罗群岛的渔业管理提供了首个统一的法律框架。在此基础上，法罗群岛开始采用基于 TAC 和 ITQ 的渔业管理制度，并于 1994 年生效。

在整个北大西洋对渔获配额管理模式产生动摇时，法罗群岛在鳕鱼、黑线鳕和红鲑鱼渔业中仍然沿用这种模式。北大西洋大多数底栖鱼渔业中采用 TAC 管理制度十多年，但效果不尽如人意。由俄罗斯和挪威管理的东北大西洋鳕鱼渔业在 1989 年遭遇危机，加拿大东岸附近北方鳕鱼种群数量也在 1992 年出现急剧下降，冰岛的鳕鱼渔业在同一时期也出现了一些严重的问题。法罗群岛渔民也

[45]　ITQs 意味着个体可渔获配额可以在捕捞许可证持有者之间互相转让，这样部分渔民和渔船可以转产专业。

目睹了北海鳕鱼渔业持续数年管理不善的局面。20世纪90年代早期可以说是TAC渔业管理模式出现危机的第一阶段。因此，较迟采用TAC管理制度的法罗群岛已经意识到该管理模式的缺陷。法罗群岛的渔民也目睹了在欧盟普遍的渔获物丢弃行为，并对TAC管理模式下渔获物的丢弃行为感到担忧。在机构委员会的建议下，法罗群岛采用了和欧盟不同的做法，在1994年的《商业渔业法案》中增加了一项禁止丢弃兼捕渔获物的条款，其中第42条甚至特别为非法丢弃设置了严苛的渔获物没收程序（Government of the Faeroe Islands 1993a；1994b；ICES 2006；Pers. Comm. 3，4，6）。

尽管许多人已经意识到兼捕渔获物可能存在的问题，以及基于TAC的渔业管理中存在的渔获物非法丢弃和非法上岸等现象，但是由于当时渔获捕捞量较低，渔获配额对渔业的影响很小，因此该管理制度的采用并没有受到渔业产业的大范围抵触。

各个种群每年的总可捕量配额由法罗群岛议会核定，随后根据固定相对份额 106
体系（system of fixed relative shares）分配给五个船队，近海渔船的个体配额根据每个船队的固定比例进行分配，而沿海渔船的渔获量记入船队份额。ITQ制度的实施也有一定的限制。个体配额可以出售或出租给法罗群岛其他捕捞许可证持有者，有效期一年，且个体所持配额不得超过法罗群岛总配额的10%。同时，政府出台了相关法规对个体配额的转让进行监管，例如，需要出示销售票据，捕捞日志等，并在陆地和海上开展监查。

法罗群岛很快出现TAC管理中的典型问题。首先是基于可靠的种群数量评估核定总可捕量的问题。法罗群岛的鳕鱼资源从1994年开始突然快速增长。鳕鱼渔获量的增加使渔民以为法罗群岛水域的鳕鱼资源变得越来越丰富。随后在1995年配额协商会议上对总可捕量的设定和种群数量的科学评估意见出现明显分歧。捕捞业代表建议把总可捕量定在1.9万吨，几乎是ICES建议的数字的两倍（Jacobsen 1997）。议会最终将TAC定为1.85万吨，事后证明这个配额对鳕鱼渔业来说是可持续的。

关于鳕鱼渔业为何能迅速重振的原因意见不一。渔民认为鳕鱼危机是由种群迁徙而并非种群数量减少导致的，而法罗群岛渔业生物学家认为种群能恢复的主要原因是1992—1994年的鳕鱼具有年龄组优势，并且成熟迅速（Jacobsen 1997；Cruz et al. 2006）。

快速增长的鳕鱼捕捞量和相对较少的渔获配额给法罗群岛TAC管理制度带来第二个主要问题：实施。法罗群岛渔业主要的目标渔获物是鳕鱼、黑线鳕和绿青鳕。随着鳕鱼资源的增加，兼捕问题变得更为严重。捕捞其他鱼种都有可能导致鳕鱼的捕捞量超出配额。因此，唯一合法的做法是停止捕捞，但这会对当地的捕捞产业带来另外的威胁。

由于许多社区完全依赖当地的加工厂和捕捞船队维持生计，民众对于配额制度有很强的抵触心理。在这种情况下，基于渔获配额的管理制度中常见的实施问题变得更为紧迫。为了隐瞒兼捕渔获物过量的问题，有人将鳕鱼非法丢弃，有人伪造销售票据，这引起了当局的关注。据行业估计，在 1995 年误报的数量占鳕鱼总捕获量的 18%（ICES 2006：32）。由于法罗群岛渔业监察部推行新制度不力，引发了一场关于现行制度基本原则的大讨论。事实上人们一开始便对现行制度持怀疑态度，捕捞行业要求政府对现有制度做出改变。1995 年 11 月，法罗群岛政府同意成立一个由政府、渔业和科学界代表组成的规划委员会（*Skipanarnevndini*），为法罗渔业管理制度改革提出建议。委员会报告提交的最后期限体现了改革的紧迫性——1996 年 2 月 1 日，而新制度生效的时间是 1996 年 6 月 1 日。这几乎是不可能实现的速度（Cruz et al. 2006；Government of the Faeroe Islands 1996；Jacobsen 1997；Pers. Comm. 3，4，6）。

规划委员会的报告最终在截止日期前完成。该报告总结了配额制度中主要的批评意见，其中最主要的一条与实施中存在的问题有关：渔民伪造捕捞数据和丢弃渔获物等行为背后的经济刺激，这些行为破坏了捕捞死亡率数据的可靠性。报告还提到了兼捕渔获物产生的配额使用问题。此外，委员会还强调了在基于渔获配额的管理制度下提供可靠科学建议的可行性。

捕捞行业的工作人员在寻找替代性管理制度时，咨询了渔业管理部门的意见，了解到捕捞努力量监控与配额制度相比存在的实施优势。规划委员会因此提议废弃基于 TAC 的管理制度，采用捕捞努力量管控体系。委员会建议通过捕捞天数控制对渔获量进行管理，并强调这个制度可以解决渔获物丢弃问题和未登记渔获物上岸量的问题。另外还建议用传统的禁渔区措施作为捕捞天数限制措施的补充。委员会认为作业天数限制和禁渔区相结合的管理制度比基于渔获配额的管理更容易监管和实施（Government of the Faeroe Islands 1996）。经济危机导致了捕捞能力的显著下降，因此委员会决定冻结一部分捕捞许可证的发放，保持现有水平。同时，为了在市场条件下继续进行管理，允许许可证持有者对已有的作业天数进行交易。丹麦政府认为新的管理制度符合 1992/1993 年签订的协议，因此接受了这项改革。法罗群岛由此在 3 年内第 2 次对渔业管理制度做出大幅改变。

4.5　捕捞努力量限制制度

4.5.1　基本特征

根据 1995 年顾问委员会的建议，法罗群岛政府对原有《商业渔业法案》进行了补充，建立了一个新的渔业管理制度，并从 1996 年 6 月开始实施。与挪威和之前法罗群岛的管理体系相似，法罗群岛的新制度采用渔获限制和渔获组成限制相结合的做法，但是对渔获限制措施的具体实施作出了根本性改变。同 TAC 管理模式相反，新制度并没有对捕捞产出进行直接管控，而是通过控制捕捞投入确保渔业长期可持续发展。1996 年的这项渔业改革为法罗群岛的资源管理体系打下基础，并且至今仍在法罗群岛采用。该制度主要基于两个观点：

1. 通过限制捕捞努力量而非渔获配额实现对捕捞压力的管理。捕捞努力量限制主要包括两部分：

    a. 通过限制捕捞许可证的发放控制渔业从业者的数量。根据 1994 年《商业渔业法案》，从事商业捕捞需持有两张许可证。一是渔获许可证。持有这张永久许可证的渔船具有从事商业捕捞的资格；二是捕捞许可证，允许持有渔获许可证的船只从事某一鱼种的捕捞作业。捕捞许可证需每年申请；持有捕捞许可证的渔船将分配到渔获配额和作业天数。从 1997 年起不再发放新的渔获许可证（Cruz et al. 2006；Government of the Faeroe Islands 1994b）。

    b. 通过限制作业时间限制捕捞许可证的使用。许可证持有者不再获得渔获配额，而是以具体的作业天数取代。每年的捕捞许可证对作业天数有明确规定。1a 和 1b 措施相结合确保了法罗群岛捕捞努力量得到较大程度的控制。作业天数限制措施主要在法罗群岛水域的鳕鱼、黑线鳕和绿青鳕渔业及以捕捞这些鱼种的渔船中应用（Cruz et al. 2006）。法罗渔业中高度洄游鱼种，如鲱鱼、鲭鱼、蓝鳕等与其他国家共同管理的鱼种仍然采用 TAC 管理模式，作为法罗远洋渔业与其他国家交换捕捞许可的一种方式。捕捞天数和渔获配额可以在许可证持有者之间进行交易，可以永久出让，也可以一年交易一次（Government of the Faeroe Islands 1994b）。

2. 渔获物组成通过技术限制措施进行管理，旨在保护幼鱼。主要措施包括永久或暂时性关闭产卵区和幼鱼生长区，最小网目尺寸限制，渔获物中幼鱼和小鱼比例限制，同时还保留了法罗群岛水域内禁止丢弃渔获物的规定[46]（Cruz et al. 2006；Government of the Faeroe Islands 1993b；1994b；Niclasen 2006；Pers. Comm. 3，4，5）。

109   ### 4.5.2 捕捞权的分配

尽管法罗群岛底层渔业已经摒弃了渔获配额制度，捕捞天数和渔场的分配问题仍然存在。因此，如何将捕捞船队合理分类是法罗群岛渔业管理中重要的一环。法罗群岛《商业渔业法》把船队分成 6 类：

第一类：400 马力以上的单拖网渔船（2006 年共发放 12 张渔获许可证）；

第二类：400 马力以上的双拖网渔船（2006 年共发放 29 张渔获许可证）；

第三类：总吨位超过 110 吨的延绳钓渔船（2006 年共发放 25 张渔获许可证）；

第四类：总吨位超过 15 吨的沿海渔船（2006 年共发放 65 张渔获许可证）；

第五类：总吨位小于 15 吨的沿海渔船（2006 年共发放 593 张渔获许可证）；

第六类：其他（2006 年共发放 8 张渔获许可证）（Cruz et al. 2006；Government of the Faeroe Islands 1994b）。

为了给渔船分类构建合法的指导方针，并遵从计划委员会的建议，法罗群岛将各个船队过去 10 年（1985—1994）的捕捞数据进行比较，作为配额分配的参考基数。随后在《商业渔业法》中规定了船队间对主要捕捞鱼种的目标分配准则，见表 4.1。同时，根据参考年份（1985—1994）各个船队的具体捕捞天数，将渔获量配额指标换算成捕捞天数分配指标。但是，在实际操作过程中，人们发现很难通过捕捞天数分配实现渔获量的合理分配，因此这个管理目标迄今尚未实现（Cruz et al. 2006）。

第二类到第五类船队通过捕捞天数制度进行管理。第一类船队，即单拖网渔船，主要在大陆架边缘从事捕捞作业，目标渔获物包括红鲑鱼、绿青鳕、蓝鲟鳕和其他深海鱼种。1996 年前后捕捞开展得相当顺利，因此这一类船队认为没必要采用捕捞天数限制制度，仅通过禁渔区和渔获配额措施对鳕鱼、黑线鳕等进行管理。第六类船队主要使用深海刺网捕捞大陆架附近的格陵兰岛大比目鱼和鮟鱇鱼，或者用围网和拖网从事远洋渔业。然而该船队在底层渔业捕捞上收获平平，

---

[46] 法罗群岛水域内禁止丢弃渔获物指禁止将上船的渔获丢弃。实际操作中，几乎不会把上船的渔获物丢弃。

因此也没有采用捕捞天数限制制度。第二类船队使用双拖网渔船捕捞绿青鳕，同时伴有大量兼捕渔获物，如鳕鱼和黑线鳕等，该船队采用了捕捞天数管理制度。第三类船队使用大型延绳钓渔船，在冬季捕捞鳕鱼和黑线鳕，夏季捕捞舒鳕和长牙鱼，该船队同样采用了捕捞天数管理制度。第四类船队由小型拖网渔船和近海延绳钓渔船组成，主要捕捞鳕鱼和黑线鳕，该船队亦采用了捕捞天数管理制度。第五类船队的渔船主要用钩线（hook and line gear）在大陆架捕捞鳕鱼和黑线鳕，同样采用了捕捞天数管理制度。在第二、三、四、五类船队中，捕捞天数分配给每个捕捞许可证持有者，而兼职渔民（5B 组）共同享有同一个捕捞天数配额。个体配额可以交易。除五类船队外，许可证持有者之间捕捞天数可以进行买卖。捕捞天数的价格由市场决定，随渔业收益的变化而变化。

110

表 4.1　《商业渔业法》规定的目标鱼种的渔获量分配

	鳕鱼	黑线鳕	绿青鳕	红鲑鱼
第一类	4%	1.75%	13%	90.5%
第二类	21%	10.25%	69%	8.5%
第三类	23%	28%	—	—
第四类	31%	34.5%	11.55%	0.5%
第五类	20%	23.5%	6%	—
第六类	1%	2%	0.5%	0.5%

为了达到生物学种群养护的目的，捕捞天数制度的实施有一定的空间限制。一个基本的要素是区分捕捞天数制度实施的"内部"和"外部"界限，后者指深海生物物种生存的较深水域。为了鼓励法罗群岛渔船捕捞深海鱼种，养护传统的底层鱼类种群，在法罗群岛内部水域一个捕捞日可以换得在外部水域三个捕捞日。

除了捕捞天数上内部水域和外部水域的区分，一些特殊区域临时性或永久性对一些船队关闭。大于 400 马力的拖网渔船（第一类船队）不得在 12 海里内从事捕捞作业，不得在禁止拖网的水域捕捞作业。小型拖网渔船也不得在 12 海里内从事捕捞作业，仅有少量渔船在遵守鳕鱼和红鲑鱼兼捕渔获物限制条款的情况下允许从事季节性捕捞。同时，拖网渔船禁止在法罗群岛沿岸深度小于 200 米的水域从事捕捞作业。只有小于 90 吨的渔船可以在 6 海里以内捕捞作业（Cruz et al. 2006；Government of the Faeroe Islands 1993a；1994b；2005a；Løkkegaard et al. 2004；Niclasen 2006；www. fishin. fo 2006；Pers. Comm. 6）。虽然禁渔区措施主要针对捕捞技术先进的大型渔船，但小型渔船同样受到诸如季节性关闭产卵区域等措施的限制。

捕捞天数限制和捕捞区域限制作为补充措施，与禁止拖网和丹麦围网作业、网目尺寸限制等渔具限制措施一起，对相关渔船船队进行管理。但是所有船队都受幼鱼捕捞限制和最小捕捞规格限制措施的制约（Government of the Faeroe Islands 1993b，c；1994b；2004b；2005b；2006）。

4.5.3　捕捞天数限制作为资源管理工具

放弃渔获配额制度并不意味着放弃基于科学种群评估建立的目标鱼种捕捞死亡率原则。捕捞努力量限制仅仅是另一个实现这些目标更为方便和经济的手段，而且对渔船来说更具有灵活性。计划委员会认为，对于一个健康的种群来说，每年捕捞该种群数量的 1/3 可以保证种群的可持续发展。根据这条建议，法罗群岛鳕鱼、红鲑鱼和绿青鳕的目标捕捞死亡率均设定在 F0.45，其年捕捞量相当于种群数量的 33%。过往 10 年的捕捞量和捕捞天数等数据作为计算各个船队每条渔船每个捕捞天数的平均捕捞死亡率（渔船的渔获率）的参考依据。随后，目标渔获物的捕捞死亡率换算成捕捞天数进行分配。

与基于 TAC 的渔业管理模式不同，法罗群岛的渔业管理模式中，目标渔获物的捕捞死亡率被设定为一个延续数年的长期平均值。这意味着在不破坏管理目标的前提下，一些特定年份的捕捞死亡率可能会与目标值 F0.45 发生剧烈偏差。长期目标的优势是捕捞死亡率受每年种群评估的随机错误的影响不大（Cruz et al. 2006；ICES 2006；Pers. Comm. 5）。但是，在主要底层鱼类中，捕捞死亡率有很大的差别。受某些因素影响，鳕鱼的平均捕捞死亡率远高于 F0.45。虽然对渔船的吨位有一定的限制，但技术进步和渔民捕捞经验的增加使捕捞能力远胜于从前。甚至有研究人员认为，将 10 年的平均渔获率作为捕捞能力的参考具有不确定性（Cruz et al. 2006；Pers. Comm. 5）。红鲑鱼的捕捞死亡率已经低于 F0.45，而自引进捕捞努力量限制措施后，绿青鳕的捕捞死亡率每年都有变动，从 2000 年来一直高于 F0.45 的限额。

捕捞活动的自我管理是努力量管控的重要一环。其目的在于让渔民根据捕捞天数而不是渔获物配额的前提下，根据市场价格和渔业资源的丰裕程度选择捕捞时间和目标鱼种。在多鱼种捕捞的渔业中，渔民根据鱼种丰度和价格决定捕捞何种鱼类，这将有助于促进渔业的可持续发展和经济效益的实现[47]。然而，目前人们对该项措施在法罗群岛实施的有效性产生了一定的质疑（Cruz et al. 2006）。

---

[47]　计划委员会的负责人指出，受渔船种类和渔具的限制，渔民不能随意改变捕捞鱼种。在制定捕捞天数计划的时候，法罗群岛政府已经意识到这个局限性（Pers. Comm. 7）。

采访数据显示,目标 F0. 45 的可持续性在设定时并未经过科学验证,但是一 112
直作为法罗群岛鳕鱼渔业目标捕捞死亡率的核定标准。科学家们对法罗群岛现行
的底层渔业的管理方式是否能保证渔业的可持续发展持有不同意见。法罗群岛科
学家参与其中的国际海洋考察理事会(ICES)西北工作小组认为,捕捞努力量限
制措施和预防性方法相一致,而且现行的目标鱼种的捕捞死亡率的设定也是可持
续的(ICES 2005a;2006)。然而,渔业管理咨询委员(ACFM)并没有接受这个
观点,认为 F0. 45 不符合预防性原则。科学家认为,现有的目标死亡率已经超出
经济最优水平(ICES 2005b;Pers. Comm. 5)。

《商业渔业法案》的修订案中为每个捕捞年(9月至次年8月)设定了具体的
捕捞天数。如图 4.2 所示,修订案在前期咨询阶段分别征询管理机构、渔业产业
和科学家的意见。每年7月法罗群岛渔业实验室向法罗渔业和海洋事务部提供科
学建议;同时,包括渔船代表在内的捕捞天数委员会向渔业和海洋事务部提供产
业上的意见。渔业和海洋事务部结合各方面建议,将《商业渔业法案》具体的修
改方案提交给议会。提案经议会的产业委员会讨论,并咨询不同利益集团的意见
后,由议会做最后决定,在8月份公布正式的修订方案。

科学家们建议在未来几年大幅削减捕捞天数,但遭到渔业产业的反对。由于
议会的决策在很大程度上迎合产业界的喜好,导致实际捕捞天数的削减远低于科
学建议的标准,并呈增量式减少。考虑到渔业产业拥有的巨大的社会影响力,这
种做法就不难理解,而海洋科学家在决策的时候只需考虑生物学意义,无须估计
对渔业社区带来的影响。因此,议会采取逐渐减少作业天数的做法,使渔民能逐
渐接受。采访数据表明,为了在政治上推动努力量限制措施改革的顺利进行,捕
捞天数计划在实施初期还保持相对较高的数值(Pers. Comm. 6)。尽管对捕捞天数
的数量还存在争议,在今天的法罗群岛,捕捞努力量限制制度已经赢得了产业和
海洋科学学界的广泛支持。

113

图 4. 2 捕捞天数的决定程序

同挪威渔业管理模式中渔获配额的设定和分配相比,法罗群岛的配额设定和

分配管理体系对政客和民众更为开放，这主要与两国渔业法律体系的差异有关。挪威的《海水渔业法》几乎完全是授权法，授权渔业部进行政策的具体制定和实施。法罗群岛《商业渔业法案》亦是如此，只是程度较低。捕捞天数和额度由法罗群岛议会决定，也就是说法罗群岛的政治决策程序相对开放。相反，挪威的TAC 管理模式[48]和配额分配制度是由渔业和海岸事务部与渔业产业经广泛磋商后制定的，这一方面说明资源养护和分配的决定权被排除在民主政治舞台之外，下放到企业管理层面。另一方面，法罗群岛决策者对政治压力和产业建议高度敏感，这也使捕捞业对决策产生很大的影响力。因此，虽然挪威和法罗群岛的决策结构有显著的不同，但是就产业在资源管理中的地位而言，两者没有本质的区别。在第二章，笔者强调产业参与的立法机制能够促进政策的有效实施——这也是挪威的渔业管理措施在实施中的一个重要因素。虽然目前尚未有法罗群岛相关数据进行证明，但是可以推测，法罗群岛也存在类似的立法机制。

4.6　渔业法规的实施

4.6.1　捕捞能力政策的实施

渔船捕捞能力的限制对捕捞努力量管理体系的有效实施至关重要。法罗群岛的捕捞能力政策有两个主要目标：阻止捕捞能力的增长和维持渔船结构的多样化。控制捕捞能力增长在捕捞天数管理制度下是一个重大挑战。因为捕捞天数的限制将促使渔业公司购买更多的渔船、提高捕捞技术以便充分利用现有的捕捞天数。1997 年，为了控制捕捞能力增长，法罗群岛政府冻结了捕捞许可证的发放。这是一项重要的举措，解决了渔业新成员大量进入带来的潜在问题。然而，仅仅通过许可证数量限制并不能完全控制捕捞努力量的增长，因为捕捞天数代表的捕捞努力量实际上是由渔船本身决定的。渔船越大，技术越先进，越容易对资源养护目标产生负面影响。因此，法罗群岛政府不得不对渔船的捕捞能力进行控制，包括限制渔船大小以及拖网渔船的发动机功率等。新渔船的捕捞能力不得超过原有渔船。对于重组的渔船来说，在捕捞天数减少的前提下，捕捞能力最高不超过原有渔船的115%。假如以捕捞天数的减少换取捕捞能力的增长，捕捞许可证可以合并使用，即一条渔船允许持有两张许可证。

---

[48]　除绿青鳕外，主要鱼类种群的 TAC 通过国际谈判进行核定。挪威的渔业行政机构和渔业组织代表挪威的利益出席国际谈判。

在实施这项管理措施的时候，政府强调要采用简单可行的管理方式，也就是说要采用简单直接的捕捞能力测量方式。最终，渔船的长度、宽度和深度三个指标作为衡量捕捞能力大小的参数。在更换拖网渔船的发动机时，为了避免捕捞能力增长，需要事先进行审批。以外，该管理制度并未把技术因素纳入考量范围。事实上，技术的进步以及渔民在设备使用过程中效率的提高同样会导致捕捞能力的暗增长。2005 年，有委员会指出，虽然不同的船队捕捞能力有较大差别，有的船队甚至出现捕捞能力负增长，但是总体捕捞能力仍然处于上升趋势。技术现代化和船队间捕捞天数交易带来的船队结构变化使捕捞能力也发生相应的改变，但是法罗群岛目前缺乏相应的程序对这种改变进行监控（Cruz et al. 2006：11；Government of the Faeroe Islands 2005c）。据法罗群岛科学家预测，法罗群岛渔船的捕捞能力每年增长 2%—5%（Pers. Comm. 5）。由于缺乏数据证明技术进步对捕捞能力的影响，捕捞努力量的大幅削减显得相当困难。然而，尽管困难重重，该制度自从实施以来，捕捞天数已经减少了 20% 以上（Pers. Comm. 7）。

ICES 西北工作小组认为，在当前条件下，法罗群岛捕捞努力量限制措施与预防性方法一致，但是，该工作小组同时也警告，渔船捕捞效率的提高可能导致捕捞死亡率的非故意增长。因此，该工作小组建议，该制度在实施过程中还需要加强对渔船捕捞效率的监管，以便在作业天数保持稳定的情况下保证渔业资源的可持续发展（ICES 2006）。

4.6.2　捕捞天数制度的实施

尽管推行了各种捕捞能力限制措施，如果捕捞行为得不到规范，法罗群岛的鱼类种群也无法维持可持续发展。因此，在限制捕捞能力增长的基础上，法罗群岛政府对渔船的使用进行了一定的限制。作业时间和作业区域限制是对渔船使用进行管理的主要手段。

首先是作业时间限制。捕捞天数制度的实施过程中两个因素至关重要：首先是控制不同马力的渔船之间捕捞天数的转让，以及确保措施的有效遵守。就捕捞天数的转让而言，面临的主要挑战是防止大型渔船购买小型渔船的作业天数导致实际捕捞能力的增长。法罗群岛出台了两条政策用以抵消捕捞权交易引起的捕捞努力量增长。第一条，性质差异过大的渔船之间禁止交易，如图 4.3 所示。自引进捕捞天数制度后，为了保证渔船结构的多样化，这些条款变得日益严格。根据这些条款，吨位大于 15 吨的渔船分成四类：吨位大于/小于 110 吨的拖网渔船，吨位大于/小于 110 吨的钩线齿轮渔船，同类渔船之间可以永久性或以年为单位出售捕捞天数，但是不同类渔船间不得就捕捞天数进行交易。为了充分利用捕捞天数，四类渔船在捕捞年的最后三个月可以破例将捕捞天数进行互相买卖。对吨位小于15吨的渔船（通常在40英尺以下），全职渔民拥有个体捕捞天数（5A组），兼职渔民（5B组）的捕捞天数需要共享，该类渔船的捕捞天数不得转让。渔获许可证在不同类渔船间不得转让交易。其次，当捕捞天数在不同类渔船间转让时，捕捞天数按一定比例增加或减少，以保持捕捞努力量的稳定。当小型渔船将一定数量的作业天数转让给大型渔船，后者没有这部分转让天数的所有使用权，而是按捕捞能力的比例进行相应的削减。所有作业天数的转让必须向法罗群岛渔监部门报告，由该部门对转让的合法性进行监管（Government of the Faeroe Islands 1994b；1995）。只有当作业天数使用不超过上年的60%时，渔民才允许出售剩余的作业天数（Government of the Faeroe Islands 1994b：Article 14）。

116

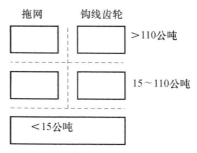

图 4.3　作业天数交易的界限

就法规的遵守而言，捕捞天数制度的有效实施要求对渔船的动向进行持续的监控。法罗群岛渔业管理机构对吨位大于15吨的渔船（例如，第一到第四类，以及第六类渔船）和吨位小于15吨的渔船（第五类）分别实施两套管理制度。大于15吨的渔船要求安装卫星追踪装置，并且得到渔监部门的认可。船长负责在捕捞期间，确保追踪装置运行正常功能完善。渔监部门授权对渔船的跟踪装置进行突击检查（Government of the Faeroe Islands 2004c）。吨位大于15吨的渔船在航次开始和结束时要通知渔监部门。实际操作中，渔船通过移动电话用数字代码的形式传输信息，告知航次开始时间和具体捕捞方式。作业天数从渔船驶离港口开始计算。渔船返港时发送一个新的代码，意味着捕捞作业的结束。渔监部门将渔船发来的代码信息和每天的卫星跟踪数据比较，确保100%掌握渔船的行踪。通知卫星追踪系统收集的数据了解渔船是否在从事捕捞作业，从而实现对渔船的管理。渔船的非作业航程，如渔具测试等，使用另外独立的代码。但是根据执法人员的报告，渔船很少使用这个代码。

除了卫星跟踪和通知系统外，吨位大于 15 吨的渔船还须配备捕捞日志。每个渔船必须对捕捞日志进行及时更新，并在每次航程结束后递交给渔监部门。渔监部门在卸货点检查时，对捕捞日志进行抽查（Government of the Faeroe Islands 1995；2004d；Pers. Comm. 3，4）。捕捞天数制度的实施在管理吨位大于 15 吨的渔船时简单有效。

15 吨以下的渔船不要求安装卫星跟踪系统，也无须在航次开始或结束时告知渔监部门。渔获买家在向渔业部门提交销售票据时，代表渔船提供行踪报告。吨位小于 15 吨的渔船一般当日返航。因此，一次卸货算一个捕捞天数，即每提交一张销售票据，渔船扣除一个捕捞天数。但是，渔船仍有数种方式规避捕捞天数制度。一是渔船在夜间进行冰捕作业，从而在单次航程中获得两日的渔获量；二是渔获买家将数日的渔获集中登记在一张销售票据上提交。和吨位大于 15 吨的渔船不同，吨位小于 15 吨的渔船无须提交捕捞日志，这意味着伪造捕捞天数很难查出。因此，捕捞天数限制对大于 15 吨的渔船相对有效，而在近海渔船的控制和管理上还需进一步改进（Pers. Comm. 3，4）。

捕捞天数制度的有效实施需要对捕捞能力进行监管，这是一项艰难的任务。原则上，每年在确定具体作业天数时，相关的科学建议都会考虑捕捞能力的增长，并通过作业天数的减少予以解决。法罗群岛科学家虽然通过渔捞日志中记录的作业时间、渔具的使用情况等信息对渔船的捕捞能力进行监控，但是这方面的材料并不完善，从而无法获得渔船确切的捕捞数据。其原因之一是第五类渔船不要求提供捕捞日志，这意味着科学家需要通过销售票据获得渔船相关信息（Government of the Faeroe Islands 2004d；Pers. Comm. 5）。因此，就捕捞能力管理而言，法罗群岛的渔业管理制度还不够成熟，无法有效实施捕捞天数计划。为了解决这个问题，《商业渔业法案》在 2006 年秋天进行了一次修订（Pers. Comm. 6）。

国家海洋考察理事会（ICES）西北工作组同时指出了一个由捕捞天数制度引起的资源管理问题。当天然食物稀缺时，法罗群岛鳕鱼更容易食用饵料，也就是说，当种群生长的自然条件变差，鳕鱼的捕捞变得更为容易。在需要保护渔业资源的时候，同等的作业天数会导致更高的捕捞死亡率（ICES 2006）。

4.6.3 幼鱼保护措施的实施

幼鱼保护措施包括禁渔区、小型鱼管理，辅以相关的渔具限制措施。禁渔区作为捕捞天数制度的补充，为产卵区和幼鱼提供保护，是法罗群岛渔业管理中重

117

118

要的一环。禁渔区制度的有效实施有三个关键因素：一是，卫星跟踪系统对 15 吨以上的渔船的行动进行监控；二是，由丹麦海岸警卫队和两艘法罗检查船进行海上执法；三是，对渔民进行非官方的社会管理。法罗群岛执法人员强调，渔业社区规模小、透明度高的特质是管理的一个重要因素（Pers. Comm. 3，4）。全球卫星定位系统，数字地图和雷达为这种社会管理提供了便利，确保渔船能互相监督彼此的行踪，也意味着在禁渔区进行捕捞很容易被发现并受到处罚。[49]

为了避免渔船配额制度带来的丢弃和误报，捕捞天数限制的基本思想是避免对渔获进行直接限制。但是，该措施在小鱼的管理上有所例外。实施捕捞天数制度的渔船在上岸卸货时，必须确保渔获中小鱼的数量不超过一定比例，这意味着法罗的捕捞天数制度在实施过程中仍不可避免遇到兼捕的问题（见第一章）。法罗群岛渔业法规对两种小型鱼类做了区分，分别叫做"幼鱼"和"尺寸未达捕捞标准"的小鱼。尺寸未达捕捞标准的小鱼是指小于一定尺寸的幼鱼，这类鱼的捕捞受到更严格的控制。例如，小于 50 厘米的鳕鱼称之为幼鱼，单次捕获中鳕鱼幼鱼的比例不得超过 30%，40 厘米以下的鳕鱼是尺寸未达捕捞标准的小鱼。在商业捕捞中，此类小鱼在单航次渔获中不得超过 5%，并且不得丢弃（Government of the Faeroe Islands 1993b；2005b）。该项规定导致幼鱼的误捕量上升，甚至超过法定的数量。渔民不可能完全避免幼鱼的兼捕，因此原则上可能产生刑事责任问题。然而，根据规定，渔民必须将幼鱼的兼捕数量上报给渔监部门，由幼鱼兼捕导致的刑事责任问题从而得到了解决。当渔民上报单网渔获中幼鱼的非法渔获数量时，渔监部门就此区域的渔业进行调查，以决定是否需要暂时性关闭该渔区。一旦决定关闭，渔监部门负责通知周边渔船，并通过广播告知法罗渔民（Government of the Faeroe Islands 1993d）。实际上，如果渔民将幼鱼兼捕的情况进行及时上报，将不会受到正式处罚。也就意味着，事实上，只有渔民故意隐瞒才会产生刑事责任，误捕幼鱼则不会。

与幼鱼的管理措施不同，法罗群岛并未具体规定单网中尺寸未达捕捞标准的小鱼的法定数量，而是对单航次中小鱼的比例进行了规定。渔民有责任遵守单航次小鱼比例不超过 5% 的限制（Government of the Faeroe Islands 2005b；Pers. Comm. 4，5）。也就是说，若是第一网中小鱼比例较高，那么在余下的航程中，渔民对小鱼的捕获需要格外注意，避免超出规定。单航次小鱼数量限制要求

---

[49] 笔者尚未找到确切的数字证明法罗群岛这种非官方社会管理模式的有效性，但是据挪威渔业的一项研究表明，对禁渔区制度的严格遵守主要依靠这种非官方机构对渔民的严格管理（Gezelius 2007）。

渔民在作业时适当注意。尺寸未达捕捞标准的小鱼数量超过规定将受到处罚。理论上，这将在小鱼数量超过航次限制时刺激渔民产生小鱼丢弃行为。法罗的政策一般尽量在管理实践中避免产生渔获丢弃动机，这项小鱼管理法规的实施是个例外。渔监部门并没有记录小鱼的丢弃情况，由此看来，这种潜在的渔获丢弃动机在实践中不是主要问题（Pers. Comm. 8）。

渔监部门通过风险分析对小鱼进行管理。一些渔场存在大量的幼鱼，因而需要频繁接受检查（Pers. Comm. 3，4）。渔监部门同时按照具体的技术程序检查网目大小。由于这些技术程序由公众熟知的法律制定，因此基本上可以得到很好的遵守（Government of the Faeroe Islands 1989）。

4.6.4　捕捞死亡率的监管流程和渔获配额的实施

与基于渔获配额的管理制度相比，捕捞努力量管理制度可以说在很大程度上解决了捕捞死亡率监控中产生的问题。因为捕捞努力量管理制度将导致兼捕渔获物丢弃和上岸量误报的诱因降到最低。但是，即使在捕捞努力量限制制度下，捕捞死亡率的管理仍然十分重要。

法罗群岛捕捞死亡率管理制度的建立是基于称重法规和销售票据信息，这一点与挪威相似。鉴于误报上岸量的诱因相对较少，对捕捞死亡率的监管程序相对比挪威简单。在捕捞努力量管理制度下，渔获丢弃和上岸量误报大大减少，因此在很大程度上，渔获物上岸的管理是信息管理的问题。例如，挪威的渔业管理中要求将误捕的渔获物行政充公，而在法罗群岛这种情况极少。

法罗群岛的鱼品一手交易市场在地理和组织上较为分散，20—30个渔获物买家分布在法罗群岛的3个岛上。每个买家都单独行动，从渔业管理机构申请并获得交易许可。与挪威不同，法罗群岛除了鱼品拍卖市场外，在水产行业没有其他的销售机构或中央组织对捕捞信息和渔获价值进行管理。原则上，任何人都有自由采购鱼品的权利，在向渔监部门申请登记并获得授权后成为渔获买家。渔获买家在采购时需持有渔监部门批准的秤，并遵守一定的称重方法和称重程序，在渔监部门提供的称重票据和销售票据上进行如实填写上报。自1990年起，渔民和买家可以在鱼品拍卖会上将渔获物进行竞价交易（Government of the Faeroe Islands 1990b；1993e）。拍卖市场和渔获物买家需要将渔获数量和种类告知渔监部门（Government of the Faeroe Islands 1999）。

和挪威不同，渔获买家是在销售票据上签字并提供正确销售信息的唯一责任人，而渔民无须为销售票据签字。渔获买家至少需要两个人填写正确的称重和销售票据，并签字以证明信息的真实可靠。买家在购买鱼品时需要确认与之交易的渔船在法罗群岛注册并持有合法的捕捞许可证（Government of the Faeroe Islands 1994c；Pers. Comm. 3，4）。买家通常以电子票据的形式直接向渔业管理部门提供销售票据。与配额管理下的渔业相反，捕捞天数管理制度下由买家负责填写销售数据显得既合理又有效。因为渔民没必要伪造上岸数据，而买家却可能通过伪造数据并把渔获在黑市出售。

不同于挪威，缺少集中性的市场组织使法罗群岛的渔业产业无须承担渔业制度相关的行政管理和控制的任务。渔监部门对渔获上岸点进行突击检查，并对渔获的称重程序进行监管，包括将仓库库存与销售票据及渔民的捕捞日志相比较。但渔监部门在当地没有办公室，完全在托尔斯港外执行，称重工具也按官方的技术标准进行设置。

为了加强对渔获物的监管，法罗群岛对渔获物的直接销售有严格的限制。一般而言，在没有特别许可的情况下，法罗群岛渔船不得将渔获物直接销售给加工厂或其他船只。法罗群岛水域内的外国渔船不得在海上进行渔获转运。转运必须在指定的法罗群岛港口进行，并接受检查。

121 　　法罗群岛同冰岛、挪威、丹麦和苏格兰签订了渔获数据互换协议，确保法罗渔船在这些国家上岸的渔获数据能够传回国内。根据规定，在东北大西洋沿海国 EEZ 作业的外国渔船需要向该沿海国提交捕捞活动和渔获数据相关报告。法罗群岛的远洋渔船还需要将这些报告同时提交给法罗群岛政府，以便对渔获数据进行及时更新（Pers. Comm. 3，4）。

挪威的 TAC 管理体系中，管理人员将渔捞日志与买家提供的销售票据进行核对，以防渔获数据的伪造。因为很难在海上准确估计渔获量的确切数据，所以如何认定刑事责任一直是挪威渔民和政府间一个重要的矛盾（Gezelius 2007）。与挪威类似，法罗群岛规定每艘渔船要在渔捞日志上如实记录出海捕捞的渔获量。而事实上，捕捞数字只是对近海中上层渔业进行管理的一种方式，主要针对国际管理中有配额限制的鱼类种群。和挪威不同，法罗群岛渔监部门并没有规定捕捞日志中渔获量数据的偏差范围。据法罗群岛的检查人员提供的报告，渔捞日志中中上层鱼类的渔获数据误差不大（Pers. Comm. 3，4）[50]。相反在法罗群岛底层渔业中数据误差较多，主要是由于渔民在捕捞天数管理制度中的非故意失误造成，因

---

[50] 据挪威近海中上层渔业的一项研究表明，海上对渔获物重量的估计误差相当普遍。这个误差通常在渔业执法部门允许的偏差范围之内，偶有超过限度（Gezelius 2006）。本章关于法罗群岛的研究尚未有数据证明有关法罗群岛的中上层渔业的渔捞日志存在问题。

此不会受到惩罚。

　　不同于挪威，法罗群岛没有为渔民免除非法捕捞刑事责任的机构。原则上，渔民对非法捕捞承担一切责任。同挪威的《海水渔业法》相反，法罗群岛的《商业渔业法案》并没有规定对非法捕捞进行行政充公（不同于刑罚充公）；非法渔获只以惩罚的形式没收。考虑到渔获物丢弃禁令，原则上，这在刑罚责任的认定上会产生一定的问题，但目前尚未有报道证明该项规定在法罗群岛上产生了严重问题，主要有两个原因：一是在捕捞天数管理制度下，除了之前提到的对小型鱼类的捕捞限制，渔船可以捕捞任意鱼种；二是受渔获配额制度管理的渔船可以向其他许可证持有者购买配额，从而解决非法误捕的问题。受 TAC 管理制度限制的主要是中上层渔业，而中上层渔业多是单鱼种渔业，也就意味着兼捕渔获物不是大问题。中上层渔业的误捕产生的最大问题是可能导致渔船非故意超过法定配额。原则上，超过配额的渔船要负刑事责任，但为了使这个规定更加灵活，渔业执法部门允许渔船购买转让配额对超出部分进行补偿。若渔船非故意超过配额，可以在三天内向其他许可证持有者购买渔获配额。如果它在截止日期前购买了必需的捕捞权，将不会被起诉。但是，在捕捞季节接近尾声的时候，由于渔船的配额已经所剩无几，配额的购买相对较难，买不到补偿配额的渔船也将受到起诉（Government of the Faeroe Islands 2004b；Pers. Comm. 3，4）。和挪威不同，法罗群岛的渔船即使没有犯罪意图，遵循适当注意原则，一旦渔获超过自身配额，就有面临起诉的风险。理论上，这会导致渔民丢弃兼捕渔获物。此外，还涉及责任认定的公平性问题。然而，在实际操作中，法罗群岛用配额转让的做法解决了这些问题。渔业执法人员的报告显示，TAC 管理制度下渔船分配到大量渔获配额，减轻了执法压力。由此可见，可观的渔船配额有助于减少渔获物丢弃，并在一定程度上避免不公正的现象。

4.6.5　执法

　　法罗群岛渔监部门负责《商业渔业法案》的实施，并在渔获上岸地点对捕捞日志、渔获物小鱼的比例、计量秤和仓库等进行突击检查。执法人员根据风险分析的原则选择突击检查的渔船和渔获地点，这意味着有犯罪记录的渔船受到检查的可能性更高。根据协议，海上执法检查由法罗群岛检查船和丹麦海岸警卫队联合执行。《商业渔业法案》还要求部分渔船配备观察员，主要包括西北大西洋（NAFO 区域）的远洋渔船和从事蓝鳕鱼捕捞的渔船（Government of the Faeroe Islands 1994b；Pers. Comm. 3，4）。

渔监部门有权登船检查并控制货物、渔具和文件资料，并把渔船带回港口进行全面检查。同时，渔监部门有权为了保护幼鱼而暂时关闭渔场；有权对渔获物存储、运输和加工的地方进行检查。渔获负责人有法律义务协助检查人员完成工作。

不同于挪威，购买渔获物的企业没有直接的执法责任，但《商业渔业法案》强烈鼓励这类企业在执法中发挥重要作用，并禁止这些企业存储、运输和加工非法渔获物。因此，禁止丢弃渔获物的条款在原则上可能产生问题。除了卸载所有渔获物，渔民没有其他的合法途径对兼捕渔获物进行处理。但是，渔获买家可以通过告知渔监部门非法渔获物和非法捕捞作业人员的信息免除自己的责任（Government of the Faeroe Islands 1994b）。在捕捞天数限制的渔业中，非法误捕渔获物通常是幼鱼和尺寸未达捕捞标准的小鱼。就幼鱼而言，渔民通常会主动向渔监部门报告幼鱼误捕情况，使自己免除责任。

在挪威的案例中，我们看到渔业法中惩罚性条款只针对故意捕捞或违反适当注意原则的非法捕捞。一般来说，只要渔民遵守规定，对上岸的兼捕渔获物进行如实上报，便可免于起诉。挪威的做法解决了非法兼捕渔获物丢弃和误报的问题。法罗群岛在这个问题上采取了不同的做法。与挪威不同，法罗群岛在非法捕捞问题上的渔业执法遵循严格的刑事责任制原则：所有的非法捕捞原则上都违反了适当注意原则（Government of the Faeroe Islands 1994b；Pers. Comm. 1）。这种做法的合法性来自捕捞努力量管理制度。因此，同挪威相似，只要渔民将信息如实上报，就可以合法卸载兼捕渔获物并免予起诉，幼鱼的处理情况与此类似。

法罗群岛的《商业渔业法案》规定了惩罚的三种形式：罚款、没收充公和没收许可证。同挪威的《海水渔业法》不同，法罗群岛的法案中没有监禁的单独规定。罚金可用于处罚各种违反主要资源保护法规的行为，包括作业天数、渔获配额、渔获报告流程、禁渔区、小鱼管理、渔具、捕捞能力和渔获物丢弃禁令等。

依照严格的刑事责任原则，充公只出现在惩罚条款中。法院可以根据渔具、渔获配额或者兼捕渔获物管理规定没收渔获物和渔具。在禁渔区丢弃渔获物和捕捞作业尤其严重，《商业渔业法案》对此有特殊的惩罚条款：一旦发现，所有渔获和渔具都要没收充公。由于这条规定无法处理一些特殊案例，修订案因此做出了补充（Government of the Faeroe Islands 1994b；Pers. Comm. 3，4）。被没收的财物在丹麦财政部和法罗群岛财政部间以1：1充公。

《商业渔业法案》对惩罚程序进行了简化：警方和检查渔船的负责人经违法者同意后有权处以罚金或没收。但是实际操作中，渔监部门一般在法院判决后才会对非法的财物进行处罚或没收。法罗群岛渔监部门对一些违法情况予以警告，但更常见的做法是把违法情况报告给警方。报告过程几乎和挪威一样：现场的渔业督查员将违法情况向托尔斯港中央部门报告，再由中央部门决定是否向警方报告。同挪威类似，海岸警卫队在海上进行执勤，因此船长可以根据警察的行动独立做出决定。渔监部门向警察局提供证据并向检方提供处理建议（Pers. Comm. 3，4）。

当许可证持有者违反了资源保护法规，《商业渔业法案》授权渔监部门暂时吊销其捕捞许可证，这种做法属于行政处罚，独立于法院体系，相当于挪威撤销许可证的行政做法。同挪威相似，法罗群岛也是直到最近才通过了这项规定。若许可证持有者没有如实上报非法捕捞的幼鱼数量，一旦发现，将吊销捕捞许可证两周；若有再犯，吊销许可证三周；在一周内，许可证持有者可以要求交由法庭受理。《商业渔业法案》同时规定，在法院判决的情况下，可以吊销船主的渔获许可证和捕捞许可证，但是这个法规还未实际采用，因为检察机关认为这种双重处罚存在问题（Pers. Comm. 1，3，4）。

4.7 法罗群岛渔业如何采用捕捞努力量制度

法罗群岛在20世纪90年代中期面临的选择同20世纪60年代大西洋渔业委员会的处境相似：技术性措施已经难以满足需要，渔业管理者考虑采取TAC制度或捕捞努力量制度对渔业进行管理。但法罗群岛的情况和大西洋渔业委员会在60年代的情形有两点显著的差异。首先，法罗群岛可以根据经验做出选择。在引进TAC管理制度前，法罗群岛政府和渔业企业看到了TAC管理制度在其他国家失败的经验，如挪威和欧盟在TAC制度实施初期遇到的问题等。因此在采用TAC管理制度的时候，采取了比大西洋渔业委员会更为谨慎的做法。对TAC制度在实施过程中遇到的非法丢弃渔获物，非法卸货等问题也有所预期和准备。其次，法罗群岛的渔业资源分配相对简单，因此放弃TAC制度也相对容易。正如前几章描述的一样，同捕捞努力量相比，渔获配额是一个相对清晰且容易接受的分配标准。渔业资源是国家专有的，所以捕捞权的分配最终由中央决策者法罗群岛政府决定。大西洋渔业委员会在决定选择TAC管理制度时，分配问题是一个重要的考虑因素，而在法罗群岛，配额的分配相对次要。

在东北大西洋区域，法罗群岛是首个放弃TAC管理模式，选择捕捞努力量制度作为主要资源管理手段的国家。法罗群岛面临TAC制度带来的问题时，其处理方式与本书中提及的其他国家和地区有所不同，主要在体制上有两个优势：渔业管理的政治自治权以及小型渔业的行政管理。

首先是政治自治。法罗群岛渔民经常捕捞的底层鱼种是法罗特有的鱼类种群。因此，法罗的渔业管理制度与其他国家有所不同。同时，这也缓解了法罗政府的压力，无须为资源分配寻找国际通用的政治可行性方案。国家对底层鱼类种群的专属管辖权也使法罗群岛不必像挪威和欧盟成员国那样受双边或多边机构的限制。政治自主权使法罗群岛在引入 TAC 制度后再放弃也较为容易。

在法罗的渔业管理改革中，政治自主权已是一个虽然模糊但决定性的因素。政治自主权的丢失对 1994 年改革产生极大的影响：法罗群岛在经济上对丹麦的依赖使后者有权要求法罗群岛快速解决产能过剩问题。毫无疑问，这个快速的解决方案是采用 ITQ 管理制度。虽然丹麦政府和法罗群岛地方政府的协议对 ITQ 制度的实施时间要求极为严格，但是就具体的管理措施而言，协议并没有给出具体的规定。因此，当法罗群岛想要改变现有捕捞死亡率限制模式，他们有权根据自身情况进行相应的变革。因此，尽管法罗群岛暂时失去经济独立，高度政治自主和较低的路径依赖是法罗群岛渔业管理与本书其他案例相比最为显著的特征。

在法罗群岛，TAC 管理模式下相对的路径独立不仅体现在独立签署国际协议上，而且体现在管理制度采用的时间上。法罗群岛在渔业管理上的政治自主权使得他们能推迟几年引进渔获配额制度。所以，当渔获配额制度在实施中出现明显问题时，该制度尚未扎根于国家管理结构内部。与挪威不同，法罗群岛在 20 世纪 90 年代中期并没有为渔获配额制度的实施搭建复杂的行政管理结构。这虽然使管理措施的实施变得困难，但同时对路径的依赖也相对较少。因此，可以以较低的成本对整个制度做出改变。

体制的路径独立使法罗群岛得以做出真正的选择。一是选择发展能有效实施 TAC 制度的行政结构；二是采用更容易实施的管理模式。法罗群岛从未考虑过前者，受欧盟成员国失败经验的影响，法罗群岛政府一直对 TAC 管理模式持悲观态度。然而这个理由可能不够充分，因为挪威成功地推行了 TAC 渔业管理制度。法罗群岛政府不采用该制度的第二个原因是由于机构的设置问题。法罗群岛渔业管理的发展较为独特，主要是对小规模渔业的管理。挪威渔业管理表明了 TAC 模式可以在合理的程度上得以实施。同时也表明该制度的实施对行政的要求很高。法罗群岛主要是针对小规模渔业的管理；因为鱼品一手交易集中机构缺乏，需要一个容易管理的体系。法罗群岛的相对自主权使其可以根据自身有限的管理能力选择相应的方案。

就应对 TAC 管理模式引发的危机而言，挪威与法罗群岛是两个相反的案例。1989 年挪威鳕鱼危机给挪威带来的实施方面的问题，包括非法卸货、渔获物丢弃和伪造销售票据等，法罗群岛在几年后同样遭遇。但不同于法罗群岛，鳕鱼危机并没有使挪威在国内引发关于 TAC 管理模式可行性的辩论，而是采取了一些措施来弥补制度实施中的缺陷。这种延续性在一定程度上是由于挪威的一些主要的鱼类种群，除绿青鳕外，都是挪威和其他国家共同管理的，这与法罗群岛有很大的不同。双边和多边协议中对管理原则有明确的条款，并且在政治决策和科学建议中有具体的体现。TAC 管理制度作为国家间分配捕捞权的工具，具有政治上的可行性，但同时也加强了这些机构的惰性。当渔业危机爆发时，TAC 管理制度在挪威鳕鱼渔业中已经实施了十余年，已经完全制度化，被管理人员普遍接受。因此，TAC 管理模式在挪威难以完全改变。考虑到挪威在实施渔获配额制度中体现的显著的执行能力，也可以理解挪威和法罗群岛在应对 TAC 管理模式危机的不同反应。

参考文献

Cruz, L. R., í Jákupsstovu, S. H., Kristiansen, A., Maguire, J. J., Reinert, J., & Toftum, J. H. (2006). Effort regulation of the demersal fisheries at the Faeroe Islands: A ten years appraisal. Paper presented at ICES Symposium on Management Strategies, Galway, Ireland, June 27-30 2006. Draft version.

Food and Agricultural Organization of the United Nations (FAO) (2005). Fishery Country Profile: The Faeroe Islands. www. fao. org/fi/fcp/en/FRO/profile. Accessed autumn 2006.

Gezelius, S. S. (2007). Three paths from law enforcement to compliance: Cases from the fisheries. Human Organization, 66(4), 414-425.

Government of the Faeroe Islands (1948). Act no 11 of 31st March 1948 on the Home Government of the Faeroese. Torshavn: Lagtinget.

Government of the Faeroe Islands (1978a). Lagtingslov nr. 8 af 29. mars 1978 om fiskeri på fiskeriterritoriet (Act Relating to Fisheries in the Fishery Territory). 29 March 1978. Torshavn: Lagtinget.

Government of the Faeroe Islands (1978b). Lagtingslov nr. 9 af 29 mars 1978 om fiskeriaftaler med fremmede lande (Act on Fisheries Agreements with Foreign States). Torshavn: Lagtinget.

Government of the Faeroe Islands (1978c). Lagtingslov nr. 55 af 22. september 1978 om regulering af færøsk fiskeri udenfor fiskeriterritoriet (Act on Regulation of Faeroese Fisheries outside the Fisheries Territory). Torshavn: Lagtinget.

Government of the Faeroe Islands (1989). Bekendtgørelse nr. 24 af 13. april 1989 om Fiskeriinspektionen på fisketerritoriet, vedr. maskemåling. Torshavn: Ministry of Fisheries and Marine Affairs.

Government of the Faeroe Islands (1990a). Lagtingslov nr. 77 12. juni 1990 om fiskeri på det indre fisketerritorium og i ferske vande (Act on Fisheries on the inner Fisheries Territory and in Inland Waters). Torshavn: Lagtinget.

Government of the Faeroe Islands (1990b). Lagtingslov nr. 106 af 3. august 1990 om forsøgsauktion for fisk. Torshavn: Lagtinget.

Government of the Faeroe Islands (1992). Aftale mellem den danske regering og det færøske landsstyre. 6. oktober 1992. Torshavn: Landsstyret.

Government of the Faeroe Islands (1993a). Redegjørelse fra Strukturudvalget i henhold til aftale mellem Det færøske Landsstyre og Den danske Regering af 1. februar 1993 (Report from the Structure Committee). Torshavn: Landsstyret.

Government of the Faeroe Islands (1993b). Bekendtgørelse nr. 55 af 26. marts 1993 om betegnelsen ungfisk af bestemte fiskearter samt maksimum blanding af ungfisk. Torshavn: Ministry of Fisheries and Marine Affairs.

Government of the Faeroe Islands (1993c). Bekendtgørelse nr. 56 af 26. marsts 1993 om særlige foranstaltninger til beskyttelse af ungfisk. Torshavn: Ministry of Fisheries and Marine Affairs.

Government of the Faeroe Islands (1993d). Bekendtgørelse nr. 56 af 26. marts 1993 om særlige foranstaltninger til beskyttelse af ungfisk. Torshavn: Ministry of Fisheries and Marine Affairs.

Government of the Faeroe Islands (1993e). Lagtingslov nr. 29 af 23. februar 1993 om offentlig auktion for fisk. Torshavn: Lagtinget.

Government of the Faeroe Islands (1993f). Erklæring fra Færøernes Landsstyre. 1. februar 1993. Torshavn: Landsstyret.

Government of the Faeroe Islands (1994a). Act No 103 of 26th July 1994 on the Governance System of the Faeroe Islands. Torshavn: Lagtinget.

Government of the Faeroe Islands (1994b). Lagtingslov nr. 28 af 10 MAR 1994 om erhvervsmæssigt fiskeri (Ervervsfiskeloven) (Commercial Fisheries Act). Unofficial Danish translation. Torshavn: Lagtinget.

Government of the Faeroe Islands (1994c). Government order no. 48 dated 14 April 1994. Regulation announced regarding catch statistics andauthorisation of weighing methods. Torshavn: Ministry of Fisheries and Marine Affairs.

Government of the Faeroe Islands. (1995). Bekendtgørelse nr. 125 af 17. august 1995 om Fiskerikontrollen. Torshavn: Ministry of Fisheries and Marine Affairs.

Government of the Faeroe Islands (1996). Frágreiðing frá Skipanarnevndini: sett niður av Føroya Landsstyri 9. november (1995). (Report from the Planning Committee). Tórshavn 8. februar 1996.

Government of the Faeroe Islands (1999). Bekendtgørelse nr. 85 af 18. oktober 1999 om pålagt salg ved auktion. Torshavn: Ministry of Fisheries and Marine Affairs.

Government of the Faeroe Islands (2004a). "Færøernes Lagting". Lagtinget 2004, www. tinganes. fo. Accessed autumn 2006.

Government of the Faeroe Islands (2004b). Bekendtgørelse nr. 32 af 27. maj 2004 om trawlfangst indenfor 12 sømil. Torshavn: Ministry of Fisheries and Marine Affairs.

Government of the Faeroe Islands (2004c). Bekendtgørelse nr. 45 af 06. juli 2004 om overvågning af

128

fiskefartøjer via satellit. Torshavn：Ministry of Fisheries and Marine Affairs.

Government of the Faeroe Islands（2004d）. Bekendtgørelse nr. 54 af 31. august 2004 om fangstdagbøker for færøske fiskefartøjer. Torshavn：Ministry of Fisheries and Marine Affairs. Government of the Faeroe Islands（2005a）. Bekendtgørelse nr. 103 af 14. september 2005 om bifangstregler for fiskefartøjer, som ikke er under fiskdagsordningen. Torshavn：Ministry of Fisheries and Marine Affairs.

Government of the Faeroe Islands（2005b）. Bekendtgørelse nr 117 af 14. november 2005 om fiskeri på fiskeriterritoriet med fiskefartøjer registreret på Færøerne. Torshavn：Ministry of Fisheries and Marine Affairs.

Government of the Faeroe Islands（2005c）. Frágreiðing frá arbeiðsbólkinum, sum varð settur at kanna fiskiorkuna á føroyska landgrunninum og á Føroya banka. Handað Bjørn Kalsø, landsstyrismanni, 4. apríl 2005. Torshavn：Ministry of Fisheries and Marine Affairs.

Government of the Faeroe Islands（2006）. Bekendtgørelse nr. 4 af 9. februar 2006 om tidsbegrænset fiskeforbud på gydeområder. Torshavn：Ministry of Fisheries and Maritime Affairs.

International Council for the Exploration of the Sea（ICES）（2005a）. Report of the North-Western Working Group. ICES CM 2005/ACFM：21. Copenhagen：ICES.

International Council for the Exploration of the Sea（ICES）（2005b）. Report of the ICESAdvisory Committee on Fishery Management, Advisory Committee on the Marine Environment and Advisory Committee on Ecosystems, 2005. ICES Advice. Copenhagen：ICES.

International Council for the Exploration of the Sea（ICES）（2006）. North-Western Working Group Report 2006. ICES CM 2006/ACFM：26. Copenhagen：ICES.

Jacobsen, Øli 1997. Fish and Fishery. pp. 47-59 inLise Lyck（ed.）The Faroese Economy in a Strategic Perspective. NordRefo 1997：6. Stockholm：NordRegio.

Løkkegaard, J., Andersen, J., Bøje, J., Frost, H., & Hovgård, H.（2004）. Rapport om den færøske regulering af fiskeriet. Rapport nr. 166. København：Fødevareøkonomisk Institut.

Niclasen, Jørgen（Minister of Fisheries）（2006）. Faeroese fisheries：Effort system. Powerpoint presentation September 11 2006.

Toftum, J. H.（1993）. Ressursforvaltning og kontroll i Færøyske Fiskerier. In A. Hallenstvedt（ed.）, *Ressursforvaltning og kontroll-kontroll politikk og virkemidler i fiskeriene i de nordiske land og i EF*（pp. 85-118）. Nordiske Seminar-og Arbejdsrapporter 1993：583. Copenhagen：Nordic Council of Minsters.

Toftum, J. H.（1994）. Institusjoner i fiskeomsetningen på Færøyene：Stabilitet og endring. Arbeidsrapport. Tromsø：Norges Fiskerihøgskole.

私人通信

1. Marjun Magnussen, head of Law Department, Ministry of Fisheries and Marine Affairs.（October 2006）.

2. JensHelgi Toftum, adviser, Ministry of Fisheries and Marine Affairs.（October 2006）.

3. Elmar Højgaard, head of Fisheries Inspection.（October 2006）.

4. Jóhan Simonsen, adviser, Fisheries Inspection. (October 2006).

5. Jakup Reinert, head of Fisheries Division, Faeroese Fisheries Laboratory. (October 2006).

6. Henrik Old, fishing skipper and Chairman of the Committee for trade and industry, Faeroese

Parliament. (October 2006).

7. Kjartan Hoydal, former Director of Fisheries, head of the Structure Committee of 1993 and the

Planning Committee of 1995. (November 2007).

8. MartinKruse. Faeroe Islands Fisheries Inspection. (November 2007).

第五章　振兴计划、捕捞能力和捕捞资源的平衡：
共同渔业政策的路径依赖

海格兰和拉凯尔

【摘要】长期以来，欧盟的共同渔业政策（Common Fisheries Policy，CFP）因为无法保证渔业的可持续发展，有时甚至成为可持续发展的阻碍而颇受指责。其中最突出的问题是，CFP 无法在现有资源和捕捞能力之间达成可持续平衡。本章通过回顾结构性政策和资源养护政策的历史发展和实施现状，了解欧盟长期以来未能对渔业政策做出改变的原因。其中一个关键因素是由于体制的路径依赖，这在很大程度上导致了改革的失败。在分析成员国的政治分歧以及 CFP 在 2002 年改革成果的基础上，本章介绍了欧盟如何将现有的资源危机化为改革的机遇，制订了一系列复兴计划，至于这些复兴计划能否为 CFP 带来光明的前途，仍需要时间证明。

5.1　简介

为了促进渔业的可持续发展，欧盟最近对多个鱼类种群都推行了多年期复兴计划（EU；Union）[51]，并成为共同渔业政策的有机组成部分。本章回顾了 CFP 的行政程序、实施情况及其导致的一些不可预见的问题，以及最终推行复兴计划的原因。

我们认为，历史事件在很大程度上决定了 CFP 发展的方向，这个过程通常称之为路径依赖。这种政治进程通常是依赖于某种路径—新（历史）制度主义的社

---

〔51〕　虽然从历史和法律的角度来看，欧洲共同体的称呼在一些案例中可能更为合适，但是我们按普遍做法，称之为欧盟。

会理论中一个主要的概念——意味着前一阶段的选择往往会对后一阶段的方案产
132 生决定性影响。换句话说，"一旦参与者冒险选择了一条特定的道路，将来要彻底
改变方向是很困难的……这条'未选择的路'或者这种一度可行的政治机会将成
为不可挽回的损失"（Skocpol and Pearson 2002，p. 665）。

本章介绍了 CFP 早期的决策和发展如何对后续的决策和发展产生影响。但是，
将 CFP 实施方案进行孤立的考虑未免过于狭隘，这些决策需要放到一个更大的政
治背景下进行考量。因此，本章考察了提议和决定采用现有的振兴计划背后不同
的政治立场。

欧盟在 1983 年 1 月 25 日引进了一项渔业养护政策，作为对现有结构政策、市
场性政策和外部政策的补充，标志着 CFP 正式通过，同时意味着历时 15 年的一揽
子综合渔业政策法规正式形成，CFP 自 1983 年以来经历了两次改革。可以说，
1983 年以前是主要政治决策的制定时期，而 1983 年后是现有政策的实施和调整
期。尽管 CFP 基本的法律条款在 1992 年和 2002 年经过两次修订，但其基本原则
和 1983 年初期的 CFP 基本保持一致。

为了进一步分析，我们首先对 CFP 相关的主要角色和与决策过程作简单介绍，
随后回顾 1983 年养护政策的制定和实施。我们调查了 1983—2002 年间 CFP 在实施
和行政上遇到的问题。正是这些问题的存在促使欧盟决定将复兴计划进行整合。
因此，我们也将简述复兴计划的内容和创新部分。最后，讨论欧盟渔业管理政策
未来的发展和可能的影响。总体而言，本章为各国如何在欧盟多层治理体系下在
国家层面实施 CFP（第六章的丹麦）提供必要的背景知识。

5.2 共同渔业政策

CFP 是欧盟政策框架下由四个主要部分组成的政策法案：养护政策、结构政
策、市场政策和外部事务。这章集中对养护政策（包括管理和执行）和结构政策
133 进行讨论[52]，这两块政策直接影响了北大西洋捕捞死亡率的管理。目标渔获物捕
捞死亡率是养护政策关注的焦点问题，实际上结构政策对资源养护也有直接影响。
尤其是当养护政策下总可捕量（TAC）制度在实施过程中有很多问题，使 CFP 极
易受渔船产能过剩问题的影响。欧盟在 TAC 实施中遇到的最大问题包括 TAC 的核
定高于科学建议的标准、惯性的渔获物丢弃，以及措施的管理和实施不力等。

---

〔52〕 如对 CFP 的内容感兴趣，建议阅读 Lequesne（2000）。

养护政策旨在确保种群资源维持在健康水平，主要的管理措施包括为大多数重要鱼种设立 TAC，以及技术性养护措施。各国的 TAC 配额遵循相对稳定原则，虽然每年的 TAC 额度不同，但成员国获得的比例相对稳定。如何在 CFP 的框架下将总可捕量合理分配是成员国政治谈判中最敏感的问题。一旦国家配额确定，国内的分配由各国政府自行决定。

TAC 制度的实施同时得到一些技术性措施的支持，主要是防止幼鱼和非目标鱼种的捕捞（兼捕）。与养护政策配套的控制和执行政策可以确保 CFP 的有效实施。当然，无论采取怎样的养护政策，高效的控制/实施体系是保障 CFP 有效实施和管理的前提。

结构政策主要是为了确保产业有能力应对国际竞争、提高生产效率，为生计捕捞的渔民提供生活保障；通过适应和管理捕捞产业的结构发展以及渔获的处理和销售，保障渔产品市场的有序供应，为消费者提供价格合理的产品。实现这些目标需要采取一系列结构政策措施。[53] 对于船队结构的管理而言，最主要的是多年期指导项目（Multi-Annual Guidance Programme，MAGP），通过渔业指导融资基金（Financial Instrument for Fisheries Guidance，FIFG）获得财政支持。

CFP 的决策机制有两个重要的机构：（1）欧盟理事会（理事会），作为渔业领域的主要立法者，由欧盟成员国的相关部长组成；（2）欧洲共同体委员会（欧委会）/渔业和海洋事务总署（渔业总署），作为欧盟日常管理的政府机构。欧委会比传统的国家政府机构具有更大的权利和政治话语权。例如，它是唯一一个有权发起、起草并提出 CFP 有关立法法案的机构。尽管没有投票的权利，欧委会仍旧在理事会谈判中发挥了积极的作用，这同时也证明在 CFP 事务上，政治体制和管理/行政机构没有明确的界限。机构间责任和权力的划分难以界定，这意味着理事会和欧委会发生争论是很常见的事。

在大多数情况下，CFP 有关的立法需要由渔业总署起草提案，并在提案中涵

[53] 有必要意识到实际上结构性政策也是资源保护的一种工具。譬如，在结构性政策下，为了解决捕捞死亡率过高的问题制定了捕捞能力削减目标（Gulland 1990；Lassen 1995）。这表明承认结构政策作为 TACs 制度的补充，并作为弥补 TACs 制度在实施中的缺陷的一种方式，尤其是在应对兼捕、渔获物丢弃和非法卸货等相关问题上。在 CFP 下，原则上渔船只要能合法卸货就可以进行持续捕捞，尽管这可能导致非目标鱼种的大量丢弃。实际上，对渔获物丢弃的行为缺乏明确的禁令间接导致了渔民择优弃劣的行为，使 CPF 下的 TAC 制度在实施过程中极易造成产能过剩。但值得一提的是，在丹麦，丢弃能够合法卸货的渔获物是非法的，这意味着择优弃劣的行为也是禁止的（见第 6 章）。但是，这项条款的具体实施相当困难。

盖来自科学家或其他利益团体的不同建议[54]。欧委会的提议随后提交至欧洲议会
（EP），议会有权对 CFP 的多数法案进行听审。根据欧洲议会的意见，欧委会可以
（但没有义务）在理事会内部协商前对议案进行修改，作为立法程序的最后一步。
在理事会内，成员国对欧委会的提案进行讨论并投票，即使该议案与成员国没有
直接利益关系，同样享有投票权。CFP 相关的立法法案由多数表决通过，意味着
没有一个成员国可以单独阻止提案。为了防止争端出现，欧洲法院负责 CFP 的立
法解读[55]。

5.3 走向共同渔业政策

为了了解 CFP 的演变和振兴计划方案的实施，有必要对引导 CFP 通过和实施
的基本原则进行研究。这些基本原则在 1970 年 CFP 首批相关法案颁布之前就已经
存在，为欧盟渔业政策和管理的制定指明了方向。在这方面，国际渔业委员会对
CFP 的发展也功不可没。

135　　　　耶塞柳斯（第二章）描述了在 20 世纪 60 年代后半期，东北大西洋渔业委员
会（North East Atlantic Fisheries Commission，NEAFC）和西北大西洋渔业委员会
（International Commission for the Northwest Atlantic Fisheries，ICNAF）为了解决过
度捕捞问题，决定通过渔获配额对渔获量进行限制而不再采用捕捞努力量限制
制度。

NEAFC 为东北大西洋沿海国家渔业资源养护提供了国际合作的框架。20 世纪
60 年代末，东北大西洋沿海国专属捕捞区域限制在离岸 12 海里，有限的国家水域
意味着渔业资源的养护在很大程度上属于国际问题的范畴。根据耶塞柳斯（第二
章）的说法，NEAFC 和 ICNAF "变成了现代资源管理发展的竞技场"。长远来看，
这两个委员会的存在显得意义重大。20 世纪 60 年代末，NEAFC 和 ICNAF 采用捕
捞量控制（产出限制）而不是投入限制对渔业活动进行管理。当时的资源养护工
具主要是网目尺寸限制等技术性措施。

渔业管理中渔获配额制度实施的主要目的是降低捕捞死亡率。由于捕捞死亡
率很难直接与捕捞努力量挂钩，而 TAC 是各国较为公认的衡量捕捞死亡率的标准。
此外，海洋科学的发展使预测 TAC 的工具和模型（例如，所谓的断代分析）有了

---

[54]　如何在决策中采用科学建议和其他知识反馈，见 Hegland（2006）。
[55]　有关欧盟决策过程的具体内容，参考资料来源众多，如 Hix（1999）。

很大的改进，通过渔获配额管理进行产出控制。于是，从20世纪60年代末期到70年代前半期，委员会成功地在北大西洋实施了基于TAC的渔业管理方法。如上所述，渔业法规的实施，无论通过何种方法，都需要确保法规的遵守和有效的执行。在这方面来讲，人们普遍认为两个委员会的工作尚未成功。

自20世纪60年代末开始，北大西洋渔业管理开始普遍采用TAC模式。这在北大西洋区域是一个前例，并对之后数十年的政策协商和决策产生了巨大影响，并促使欧盟在1983年CFP中引入了养护政策。但这之前，让我们先回顾一下1970年CFP早期措施产生的影响。

作为对《罗马条约》的回应，欧委会在1966年起草了渔业资源结构和市场共同法规的提案。但是，经过漫长又艰难的谈判，这两项法规直到1970年才得以通过，并且未直接涉及环境保护问题。但是，结构政策法规中"公平准入"条款对CFP养护政策的发展有重要意义。作为一般性原则，"公平准入"意味着成员国的船只可以在其他成员国的领海从事捕捞作业——原则上这意味着"捕捞到海滩"。根据Leigh（1983，p. 31）的说法，公平准入原则并非《罗马条约》的硬性规定，因此CFP采用该原则是"一个政治决策而非法定义务"。根据Leigh（1983）和Churchill（1977），与"公平准入"相似的还有"自由确立"原则，该原则为相关成员国对领海进行管理提供了理论依据，同时也为这些国家10年后的养护政策开辟了不同的道路。

不管怎样，经过与英国、挪威、丹麦和爱尔兰协商，欧盟六个原成员国最终就两项包含平等进入条款的CFP法规达成政治协议，并在1970年6月30日通过。但是，协议的生效时间却在1982年12月31日。因为六个原成员国清楚地认识到，在新成员国加入前签署协议最符合其自身利益。一旦协议成为欧盟既有法规[56]的一部分，其他申请加入欧盟的国家必须接受该协议。若六国坐等事态发展，等到新的成员国加入谈判，原成员国将无法达成相同的协议。

协议允许成员国在一定程度上背离公平准入原则，在本国6海里水域内限制其他国家渔船的进入。在严重依赖渔业的区域，该限制延伸至12海里（Leigh 1983）。[57]虽然公平准入条款仍是欧盟渔业管理的基本原则之一，但是伴随着共享鱼种和共有渔业的出现，这项原则成为欧盟渔业管理中囚徒困境[58]的本质原因。

136

---

[56] *Acquis communautaire.*

[57] 其他成员国在12海里内仍享有一些历史性权利。若要更多了解该12海里部分权利免除条款影响的具体地理区域以及相关讨论，见Wise（1984）。

[58] 见第一章对渔业中"囚徒困境"的介绍。

因为这项原则，成员国无法从资源的严格管理和长期养护中真正受益。这项 CFP 基本原则的通过是成员国在欧盟扩大前用来为本国争取有利地位策略的一部分，这说明欧盟作为国家的集合，而不是一个普通的统一国家的独特地位。

欧盟渔业管理相关的审议和决策由此都受制于一系列程序和不同的动机，因此并不适用于一个统一国家。可以说，欧盟成员国的国家自治权失于政策制定，收于国家执行（见第六章）。

而且，结构政策法规要求欧盟对领海的资源养护负责，这项条款在刚通过的时候并未得到成员国的认可，因为各国的渔业水域非常狭窄，而资源养护，如前文所述，从根本上来说是个国际问题。但是，这种状况在 20 世纪 70 年代发生了巨大的变化（Leigh 1983）。

六个原成员国的协议和扩大谈判在同一天进行，这不得不引起人们的关注。挪威、丹麦、英国和爱尔兰都是重要的渔业国，尤其是挪威和爱尔兰，在本国水域有许多资源丰富的渔场，对公平准入条款最为关注。英国的情况类似，但是其强势的远洋渔业影响了英国的谈判立场。远洋渔业企业认为，一旦将来沿海国捕捞区域扩大，这项条款将保护英国渔业在挪威近海的利益。渔业问题在爱尔兰受到关注不大，因此在全民公投后顺利加入欧盟。与此相反，渔业对挪威具有重要的意义，挪威大多数国民在公投中都反对入欧（Leigh 1983）。英国作为一个未经过公投加入欧盟的国家，由于六国协议，失去了进入挪威领海捕捞作业的权利，这也影响了英国在 CFP 日后谈判中的立场和妥协的意愿（Leigh 1983）。

20 世纪 70 年代中期，沿海国开始意识到过度捕捞的风险，主张拥有更大的专属捕捞区（EFZ）的权利，渔业管理的国际环境在短短数年内发生了巨变。冰岛是第一个扩大专属捕捞区的重要渔业国[59]。这时期，越来越多的国家开始扩大本国的专属捕捞区，并最终通过国际谈判促成了 200 海里专属经济区的确立。

由于国际环境的变化，欧盟成员国于 1976 年 10 月 30 日在海牙理事会中达成一致，决定将专属捕捞区扩展至 200 海里，并从 1977 年 1 月 1 日起实施。这意味

---

[59] 虽然冰岛最早在大陆架上实施专属捕捞权，但它并非第一个主张这项权利的国家。沿岸海域国家化是 1945 年美国《杜鲁门宣言》发起的，它声称自己有权在美国整个大陆架海底开采矿物资源。其他国家很快效仿，最著名的是南美洲的所有国家，在 1952 年《圣地亚哥宣言》中主张拥有 200 海里的领海，不仅享有《杜鲁门宣言中》提到的海底矿物资源所有权，而且对整个大陆架渔业享有所有权。冰岛因其在渔业上的主张声名狼藉。除了做出民族主义的声明外，它还在执行的过程中将英国所有的拖网渔船驱逐出冰岛水域，从 1958 年的离岸 12 海里，扩大到 1972 年的 50 海里，并在 1975 年延伸至 200 海里，从而导致了两国一系列的争端，成为"鳕鱼战争"。感谢 Hilary Palevsky 为我们指出这个路径依赖的极佳案例。

着欧盟及其成员国将一大片水域划为"国内"管辖水域，并承担起资源养护的责任。所谓的《海牙决议》，作为理事会的会议成果，包含了一项关于扩大专属捕捞区的协定，确立了欧盟统一的对外渔业政策。但是，此次会议并没有在资源养护政策的安排上达成一致。欧委会提议建立 TAC 分配体系，根据在 NEAFC 和其他国际组织记录的渔获信息按比例将配额分配给各成员国（Leigh 1983；Wise1984）。除了对捕捞许可证进行管理外，欧委会并未提出其他捕捞努力量限制措施。由于决议不涉及捕捞努力量限制，因此在成员国中并未引起太大的争议。当然，仍有批评认为决议没有充分考虑捕捞努力量问题：

> 国际渔业委员会历年配额分配的经验表明，捕捞许可证和渔获上岸检查虽然有用，但很容易规避，真正有用的是努力量限制。（Churchill 1977，p.34）

　　由于未能达成一致的养护政策，《海牙决议》授权成员国在与欧委会磋商后采取非歧视性养护措施对近海渔业资源进行保护。这些条款是欧盟 1976—1983 年间养护措施制定的主要模型。协议中最后一个值得注意的是"海牙偏好"。根据决议条款，在实施 CFP 时，欧盟需要将严重依赖渔业的当地社区的需求考虑在内，这些区域包括冰岛，英国北部部分地区和格陵兰岛[60]（Leigh 1983；Wise 1984）。

　　经过这次谈判以及随后数次讨论，欧盟最终在 1983 年通过了资源养护政策。在成员国中，冰岛和英国要求将沿海国专属渔区扩大到 50 海里的呼声最大。欧委会曾在 1976 年提议建立 12 海里沿海国专属渔区，但是受到两方面的反对。首先是冰岛和英国，两国希望能扩大专属捕捞区域；其他成员国——尤其是法国——认为沿海国专属水域和 1973 年的准入政策的豁免权只在 1983 年之前有效，一旦公平准入原则生效，沿海国就不再拥有专属水域。最终，各方达成折中方案，决定 1970 年通过的公平准入政策在成员国水域继续有效。但是，允许成员国将近海 6 海里的水域划为本国渔民专属渔区，6 ~ 12 海里的水域主要为本国渔民享有，但允许在该水域有历史性捕捞权利的其他成员国渔民进行一定限制的捕捞作业。12 海里内公平准入的豁免权有效期 10 年，并且在 10 年后即 2002 年进行更新（Leigh 1983）。

　　对准入权的讨论很明显与养护政策的第二个主题有关，即 TAC 制度的实施和

138

139

---

〔60〕　格陵兰岛在 1985 年退出欧盟。

国家配额的后续分配。后者对 TAC 制度的顺利实施相当重要，能避免产生不必要的"捕捞竞赛"。[61] 如前文所述，由于大西洋委员会的管理者较为熟悉 TAC 制度，所以在早期就有意用 TAC 制度替代捕捞努力量限制制度。然而，事实证明在这方面达成协议具有一定的难度。

> 协议长期未能达成的原因很简单。"TAC 和配额"名义上是技术性问题，其本质是成员国资源分配的政治问题。成员国对渔获物的需求超过了总可捕渔获量。以前，渔业委员会的处理办法是提高 TAC 额度，往往导致过度捕捞。欧盟渔产品的供不应求导致成员国对配额的分配标准以及特殊鱼种的分配方式陷入持续的争论（Leigh 1983，p. 90）。

回顾以往不难发现，不仅在"收成不好的时候"过度的需求导致 TAC 额度的增加，现在的理事会仍在一直沿用这种做法。

CFP 养护政策最终在 1983 年 1 月 25 日通过，其中包括对上述准入条款的妥协。就 TAC 和配额而言，不同的种群有不同的分配要素。这些要素主要考虑三方面因素：成员国各个鱼种的历史捕捞数据；对爱尔兰、英国和格陵兰岛等国家和地区有一定偏袒的海牙偏好；以及对一些成员国国家管辖权损失的补偿——即非成员国专属捕捞区扩大对一些国家，尤其是德国和英国带来的损失（Leigh 1983）。分配原则——称作"相对的稳定"——到今天几乎未变[62]，并且仍是 CFP 最基本原则之一。

最后，除养护政策外，欧委会还在 1982 年通过了一项控制条例，为监管成员国捕捞努力量限制措施的实施情况提供法律依据。但是，欧委会的权力相对有限。今天我们再看 CFP 谈判，会惊讶地发现 20 世纪 80 年代初期人们对渔获量控制的关注是如此之少。在基本原则上意见的分歧及谈判的困难使人们忽视了保障措施有效实施的问题。而事实上，大西洋委员会的经验告诉我们，措施的合理实施和执行是制度成功的关键。

尽管困难重重，欧盟仍然通过并采用了较为合理的 CFP，通过对大多数种群实施 TAC 制度控制捕捞死亡率。此外，还通过了一项结构政策，其中包括一些敦

---

〔61〕 配额分配的讨论进行了 6 年多的时间，从某种程度上讲，是技术层面的讨论。因此我们在这一章不展开具体的描述。请有兴趣的读者参考 Wiser（1984）。

〔62〕 对相对稳定作出的唯一改动与欧盟新成员加入有关，而且这些改动并未改变欧盟原成员之间相对稳定的状态。

促欧盟在资源和捕捞能力之间达成平衡的条款。尽管如此，欧盟渔业的前景仍然不容乐观。虽然主要的政治障碍已经在 1983 年扫除，CFP 的实施和管理仍非易事。

5.4 1983—1992 年——得过且过，不作改变[63]

1983 年以后，不论是养护政策（包括控制和执行），还是结构政策都未得到有序的实施和管理，也没有为欧盟渔业资源的可持续利用创造条件。产能过剩和过度捕捞在 1983 年以后变得更为严重。

结构政策在很大程度上来源于"自给自足"的思想，这也是创造共同农业政策的主要动力。自给自足的思想在"二战"后得到发展，其基本目标是增加欧洲食物供给的内部能力，确保欧洲大陆战争期间不再发生饥饿问题。因此，政府的重点并不是考虑政策对鱼类种群长期可持续发展的影响，而是通过拨款等手段扩大渔船规模、增加渔船数量，从而捕捞更多的渔获。然而，该政策的立足点是认为海洋资源不枯竭。这个观念早已过时，渔船捕捞能力不可避免地急剧增长。从 1970 年到 1983 年，总注册吨位（GRT）的增长超过了 60%，而渔船功率增长更甚（Holden1994；Commission of the European Communities 1997；Lindebo 2003）。

由于一些鱼种在 20 世纪 60 年代中期到 80 年代初期有着异常高的繁殖率，因此捕捞能力的增加并未带来明显严重的经济后果，同时掩盖了渔船产能过剩这个问题的严重性，渔获量的持续增长甚至超过了"正常"或者可持续的水平（Holden 1994）。但是，其中也有例外。例如，北海鲱鱼虽然繁殖能力正常，但是由于渔获量出现显著下降，从 1977 起关闭了北海的鲱鱼渔业。虽然当时已经有研究指出了过度捕捞的风险，但相关人员却没有预测到产能过剩带来的严重后果。Holden（1994）对此给出了两个解释。首先，1978 年以前，欧委会渔业事务专家从未对这种情况提出过警告；其次，几乎所有成员国都从欧盟拨款中获利，一旦政策改变，他们将不再获得直接利益。因此，和预期相反，养护政策实施后捕捞能力仍然保持增长的势头。

到 20 世纪 80 年代早期，（一些）人们已经意识到有必要控制捕捞能力。于是政府采取了一系列多年期指导项目（Multi-Annual Guidance Programme，MAGP），旨在根据鱼类种群大小平衡成员国不同渔船的捕捞能力。所有 MAGP 成员国渔船

141

---

[63] 使用"得过且过"这个词语的灵感来源于 Lindblom（1959）。Lindblom 用这个词语主要来描述这样一种方式：官僚体制通过试错找到解决方案。我们使用这个术语显然没有那么乐观，而用来指代一种情形；在这种情形中，由于制度的路径依赖，试错过程并不会带来局势的改善，只有持续地尝试和犯错。

的吨位和功率进行了限制。1983—1986 年实施的 MAGP I设定了一个中等目标，即保持捕捞能力的稳定。尽管如此，只有两个成员国完成既定目标，渔船总捕捞能力仍然继续保持增长（有关丹麦渔船的发展情况，见第六章）。此前，欧盟没有实施这些项目的经验，各个成员国渔船注册和捕捞能力的测量方法并不一致，信息也不完整。尽管 MAGP I的成功有限，但是切实反映了欧盟限制捕捞能力增长的愿望，因此对欧盟的渔业政策来说，也是个根本（尽管不足）再定位的过程（Holden 1994；Lindebo 2003）。

颇为自相矛盾的是，通过结构政策 FIFG 分配的基金一直为渔船的建造或现代化提供支持，支持渔船报废项目提供的经费却少到可以忽略不计。这种情况一直持续到 1987 年。根据 Holden[64]（1994）的说法，欧委会收紧资助政策，只有达到 MAGP 目标的成员国才能申请建造渔船的资助经费。然而，这恰恰很好地说明 CFP 中两个基本条款是如何互相抵触的。

由于种种原因，虽然人们已经逐渐意识到资源养护的重要性，但是和结构政策一样，养护政策自 1983 年通过后，最初几年的实施并未获得很大的成效。如前所述，养护政策的谈判冗长又复杂，欧委会不得不在核定 TAC 额度的时候采用保守的态度，使成员国有一定的时间协商和消化。其次，在最初几年，TAC 协议的落实远远落后于日程。1982 年的 TAC 额度到 1983 年 1 月 25 日才得以通过；而1983 年的 TAC 在该年年底通过。1984 年的 TAC 在 1984 年 1 月 31 日通过，而 1985年的 TAC 在该年年初通过，这种做法一直延续至今。最初几年欧委会建议的 TAC反映了当时真正的捕捞死亡率，并且处在生物学不可持续的水平。1985 年，受到次年 1 月 1 日西班牙和葡萄牙入欧的影响，该年的 TAC 分配中增加了两个新成员国的份额，使当年的 TAC 额度远高于历史捕捞水平。就控制捕捞死亡率而言，TAC 的实施在最初几年并没有收到成效，在很大程度上只能看作成员国接受 TAC作为渔业管理的一种方式并制度化的过程（Holden 1994）。而且，早些年 TAC 和配额制度很难说得到了实施，登记的上岸量并没有真正反映实际捕捞情况，后者比上报的数据要高出很多。也就是说，实际捕捞死亡率被严重低估了。从长远来看，这也掩盖了捕捞能力和已有资源不匹配所产生的问题。

因此，我们可以得出结论，虽然在 1983 年采取了相对合理的政策，由于实施和管理缺乏效率和连贯性，早先几年并没有实现可持续渔业管理的目标。虽然其重要性不言而喻，但这几年更不如说是将 CFP 制度化的过程。制度在实施过程中

---

〔64〕 马克霍登对 1979 到 1990 年间 DG 渔业有很多重要的立场和看法。

产生的问题追根究底是多个国家之间合作的问题。之所以未能将 TAC 限制在更合理的范围内，很大程度上是由于各国不愿意打破当时的敏感局面，毕竟这种妥协是在数年艰难谈判的基础上建立起来的。此外，无法控制捕捞能力的增长很大程度上是由于渔船减产政策在推行中遇到了管理上的难题。不同成员国数据的记录和报告的系统各有差异，造成了管理上的困难。

从 1987 年到 1991 年间实施的 MAGP Ⅱ的情况与 MAGP Ⅰ的情况相似，只有少数成员国实现了既定目标。根据欧委会提出的计划，这期间渔船吨位减少3%，功率下降2%。考虑到技术进步带来的生产效率的提高，实际捕捞能力反而增加。根据 Holden（1994）的说法，为了使成员国逐渐接受捕捞产能的削减，并养成遵守管理目标的习惯，欧委会在种群问题仍然突出的情况下将 TAC 额度核定在比较容易接受的范围。即使如此，仍只有五个成员国达到欧委会的既定目标。在此期间，欧委会仍在为渔船的建造提供财政支持。该项资金目前仍远大于渔船报废获得的资金支持。也就是说，总捕捞能力仍在持续增长（Holden 1994；Lindebo 2003）。根据欧委会的报告，这两期初级阶段实施的 MAGP 的主要限制包括以下几个方面：

143

> 根据鱼种、渔区和捕捞方法对渔船进行的分类不够充分；
> 对渔船的监控只基于几个有限的物理容量参数，缺乏对其他参数和
> 渔船活动（渔船努力量）的考虑；
> 缺乏根据特定鱼种的现有状况设立的短期和长期目标；
> 缺乏统计数据和充分的措施对渔船捕捞能力和捕捞努力量进行管理；
> 政策非强制性执行（欧洲共同体委员会1991，p. 28）。

另外，Holden（1994）还指出一个政策实施中的具体问题——成员国将捕捞作业较少和暂停的渔船从注册名单划去（见第六章）。不管其原因是什么，结果就是捕捞能力和捕捞死亡率，并没有因为 MAGP Ⅰ和Ⅱ的实施而减少。

TAC 的额度一直没有下降到科学建议水平。20 世纪 80 年代末期，欧委会开始将关注放在一些特别的问题[65]上，不再将 TAC 可持续发展额度作为考虑重点。随后，一部分问题通过将 TAC 额度高于科学建议水平而得到很好的解决。无法阻止捕捞能力增长显然无法作为不能削减 TAC 额度的借口。Holden 对 TAC 设定的基本机制描述如下：

―――――――――

[65] 与斯瓦尔巴鳕鱼、西方鲭鱼、北海鳕鱼和黑线鳕相关的问题，详情请参考 Holden（1994）。

毫无疑问，TAC 的核定是个政治决定。政客需要对渔业企业施加的压力予以合理的回应，这是民主的体现。虽然他们会对科学建议进行一定的考量，但是这种考量往往由于社会经济原因被忽视，即所谓的"避免在政治上不得人心"。只有在明确无视建议会带来严重后果的情况下，这些科学建议才会得到执行，但也往往达不到严格执行的程度。（Holden 1994，p. 70）

Holden 即使在今天也可能会有同样的看法。平心而论，欧委会自 1991 年开始采取新的 TAC 核定策略，与现有的科学建议联系较之前紧密。但是，这并未在整体上改变 TAC 现有的规模。理事会采用的 TAC 往往高于欧委会建议的水平。此外，TACs 和配额的实施仍是个问题。欧委会不断变化的态度主要归咎于人员的更替，它的态度同两份报告不谋而合——1990 年高兰德的报告和 1991 年的 91 号报告，两份报告用十分具体的措辞指出并概述了 CFP 的问题。

高兰德的报告（Gulland 1990）由欧委会下属的专家委员会提交，为 MAGP Ⅲ 的筹备提供了系统化的建议，并针对欧盟渔船的过剩产能设定减产指标。这份报告认为需要将捕捞死亡率减少 40%，并建议将底层鱼种的捕捞量减少 30%，底栖鱼种的捕捞量减少 20%。不过，该报告未对中上层鱼类的捕捞量提供建议（Gulland 1990 in Lindebo 2003）。

欧委会以高兰德的报告为依据提出了新的提案。理事会同意在 1993 年到 1996 年[66]实施的 MAGP Ⅲ 中对捕捞产能进行大幅削减，底层鱼类的捕捞努力量减少 20%，底栖鱼类捕捞努力量减少 15%，中上层鱼类的捕捞努力量保持不变。虽然削减的力度未达到科学家建议的标准，但仍有实质性的变化。与之前实施的项目不同，渔船产能的减少并非体现在捕捞能力上，而是反映在捕捞努力量——捕捞能力的产物（GRT）、渔船功率（kW）以及作业天数上。因此，成员国可以通过减少渔船作业天数来减少部分捕捞努力量。此外，与之前项目不同，MAGP Ⅲ 旨在大幅削减捕捞受威胁鱼类种群的渔船的数量（Lindebo 2003）。

1991 年，欧委会发布了第 91 号报告（Commission of the European Communities 1991），其中包括了 CFP 在 1982 年到 1990 年实施过程的评价。第 91 号报告为欧盟

---

[66] 在 1992 年启用了一年期过渡项目，为理事会协商提供时间，并对 1993—1996 年实施的 MAGP Ⅲ进行修改（Lindebo 2003）。

不同的机构和其他机构之间的辩论提供指导，并由欧委会在 1992 年就 1993—2002 年新政策的提案提供建议（Commission of the European Communities 1991）。第 91 号报告对 CFP 在 1983—1990 年实施过程中产生的问题进行了概述，并指出，总体而言，由于捕捞死亡率过高，鱼类种群存在危机，还对渔民的收入带来负面影响。

此外，欧委会认为，欧盟渔船存在大量的产能过剩，大多数渔船必须减少捕捞活动，这可能导致潜在的行业危机。因此，欧委会认为，"现行的机制不能胜任渔业管理的需要"（Commission of the European Communities 1991，p. III）。

欧委会指出了导致这一局面的根源，包括：极度依赖 TAC 和渔获配额，却缺乏对捕捞能力的实际管控，从而产生海上捕捞竞赛如渔获物丢弃；缺乏遵守法规的政治意愿；CFP 的不同条款之间缺乏协调和连贯性；等等。最后，欧委会警告不作为可能带来的后果： 145

> 如果不采取强制性措施进行产业重组，大幅削减捕捞努力量，告知人们渔业"有风险"，严重依赖渔业的沿海区域和岛国的捕捞业及其相关产业可能在社会经济层面产生切实不可弥补的裂痕（Commission of the European Communities1991，p. 60）

此外，欧委会注意到 CFP 在七个主要方面有待改进，大多与 TAC 的核定、捕捞能力控制或管控执法有关：

· 根据辅助性原则，在所有层面对职责进行划分，赋予相关部门责任，尤其是渔民组织，可以在一定程度上负责管理措施的实施工作；
· 通过许可证制度严格限制渔业资源的准入权，并达成对捕捞努力量（渔区、鱼种、渔业等）的合理使用，通过削减过剩产能和完善捕捞计划减少过度投资和经济低效；
· 通过现有的渔业权和各个渔业的经济和社会特征对捕捞活动进行重新定义和分类（多年期、多鱼种、分析性 TAC 等）；
· 更严格的管理机制，通过现代技术实现渔船定位和信息交流，对一些渔船的行踪进行监管并告知相关机构，并对获得的信息进行协调；
· 对符合共同利益法规进行遵守，理想状态下，通过经济刺激鼓励渔民遵守渔业法规（选择性渔具的使用、遵守渔获物上岸标准），在欧盟层面采用威慑制裁（惩罚性配额、吊销许可证、停止援助、罚款）；

· 在提供新参数的基础上通过渔船分类强化结构管理、为捕捞努力量评估和管理打下基础；包括结构性基金改革保护伞下的结构性措施；

· 发挥内部资源和外部资源管理，其他供应来源和市场管理之间更好的协同作用（Commission of the European Communities1991, p. V）。

根据 Raakjær Nielsen（1993）的研究，第 91 号报告清楚地指出，CFP 主要问题在于无法确保渔业资源的合理使用。过去采用的管理措施导致了严重的产能过剩。第 91 号报告首要的关注点在于如何促进欧盟水域内渔业资源的合理利用，强调渔船产能和渔业活动以及种群规模之间的平衡，以及减少渔船产能的重要性，并提供了降低产能的建议，包括引入多年期/多鱼种的 TAC。同时还建议通过经济刺激来鼓励渔业资源的合理使用，但是欧委会并没有在管理措施中就如何进行经济刺激提供指导意见。

在 1992 年 CFP 面临中期修订的时候，几乎所有人都意识到了现状的严重性以及采取应对措施的必要性。MAGP III 设定的目标比前两次要求更高，但是 CFP 的中期修订及随后的实施方式和之前的预期有很大差别。

5.5 1993—2002 年——对显露的危机视若无睹

如上所述，在 1992 年 CFP 修订前期，欧盟的渔业管理充满了挑战。欧盟在第 91 号报告中已经发现了一些问题。1983 年法规仅仅要求对准入条款进行再次讨论，欧委会建议在此基础上进行更大范围的改革。CFP 的中期修订在基本法规的基础上增加了新的条款，并于 1993 年 1 月 1 日生效。新版 CFP 最重要的特点包括：将公平准入的豁免期限延长至 2002 年 12 月 31 日，这也是理事会唯一需要决定的问题；引入了多年期 TAC 制度和出海天数限制以控制捕捞努力量；通过了欧盟许可证制度的发展方案（Commission of the European Communities 1992）。

事实上，欧盟决策者并没有对出海天数限制和多年期 TAC 制度进行有效利用，虽然两者都得到了 1992 年修改后的基本法规的授权。出海天数限制的失败主要有两个原因，包括人们对同时采取 TAC 和捕捞努力量限制制度的反对态度，以及当时缺乏对捕捞努力量的科学评估。至于多年期 TAC 制度，虽然欧委会在 1993 年提出了一项相关议案，但由于缺乏相关机构的科学建议以及渔业企业的反对，理事会并未通过这项议案（Commission of the European Communities 2001b）。

介于以上种种，最终 1992 年 CFP 基本法规修订后增加的最重要部分是有关捕捞许可证的内容，并在之后经过数次修改和增补，强化了监管和指导欧盟渔船发展的职能。但是，如果对许可证制度的重要性理解无误的话，我们可以说，1992 年的修订对关键的渔业领域带来的改变差强人意，毕竟当时的形势已经十分严峻。

在 CFP 修改后，1993 年通过了一项新的控制管理条例（Council of the European Communities 1993）。监控措施的长期缺失，正如欧委会在第 91 号报告中所言，是由于缺乏政治意愿，"没有严格遵守 TACs 制度和配额制度"造成的（Commission of the European Communities 1991, p. 22）。1993 年的这项控制条例为 CFP 的各项条款的执行提供了综合性的解决方案。欧委会对成员国监管机构的管理权力得到加强，并在条例中增加了劝诫性惩罚条例。另外，1993 年的条例开创了利用现代卫星对渔业行为进行监管的先河（Commission of the European Communities 2001b）。控制条例在之后几年进行了多次修改，其中最重要的是在 1998 年。例如，卫星渔船监视系统逐渐成为欧盟成员国监管的重要工具，并在越来越多的渔船上应用。但是，无论是 1993 年条例，还是其后的修改，都没有从根本上改变成员国和欧委会在这方面原有的平衡。尽管 2002 年的改革的确加强了欧委会的相关权力，但是成员国仍在监管和执行中享有决定权[67]。其次，2002 年改革后在西班牙比戈设立了一个共同体渔业管理机构，这个机构通过统筹协调各国在监管和检查渔船方面的活动，在保留各国对本国渔业管理权力的基础上，加强了措施在实施过程中的一致性和有效性。[68]

可以说产能过剩是欧盟渔业部门在措施实施中遇到的最大的问题。即使是最新的科学技术，也不可能时刻对成员国的渔船进行监控，因此，如何保持捕捞能力和渔获资源的平衡是渔业管理的关键。所以，渔船减产项目也可以视为降低渔

147

---

[67] 在这一方面，值得一提的是欧委会有可能将违反措施和法规的案件提交至欧洲法院，而欧洲法院的裁决对成员国来说具有法律约束力。在个别极端案例中，惩罚可能相当严重，如节选所述："欧委会接受今早由欧洲法院作出的决定，因法国未遵守 1991 年法庭对其渔业法规执行中严重失职采取的判决，要求其支付一笔总额为 2000 万欧元的费用，以及从今日算起为期半年 57,761,250 欧元的罚金。"（Commission of the European Communities 2005）。

[68] 这是一个协调机构而并非执行机构，年预算约 500 万欧元，仅略高于丹麦在渔业管理活动中所费金额的一半（Fødevareministeriet and Fiskeridirektoratet 2006；Commission of the European Communities 2006）。

民违规动机作出的重要努力。但是根据高兰德报告中的结论，渔船减产活动在 20 世纪 90 年代上半期尚未达到显著的效果，也就是说，管理机构在渔船减产方面没有得到有效的帮助。尽管这样，MAGP III 仍解决了欧盟部分渔船产能过剩的问题。根据 2001 年欧委会绿皮书，渔船吨位减少了约 15%，功率减少 9.5% kW（Commission of the European Communities 2001b，详情参见表 5.1）。

148

表 5.1 1991—2002 年欧盟渔船的发展（不包括芬兰和瑞典）
1991 年的数据来自欧委会（1997），引用自 Lindebo（2003），
其他数据来于欧盟统计局（2006a，b）

年份	1991	1996	1998	2000	2002
渔船吨位（1000GRT）	2010	1964	1945	1951	1900
渔船功率（1000kW）	8347	7468	7524	7190	6880

到 1996 年年底 MAGP III 接近尾声的时候，欧盟渔船大体完成了目标，但是一些成员国，尤其是荷兰和英国，并未达本国的既定目标。而且，尽管大多数成员国完成了总目标，但是并未完全实现目标鱼种的减产要求（Lindebo 2003）。如前所述，MAGP III 旨在对捕捞受威胁的鱼种的渔船进行管理。因此，尽管 MAGP III 解决了一部分产能过剩的问题，但该问题仍然存在并且依旧严峻。而且，完成既定目标的成员国可以从欧盟获得拨款用于渔船的更新和改造，这意味着随着技术发展和捕捞效率的提高，渔船将面临更多产能过剩的问题。

在准备 MAGP IV 期间，欧委会委托相关专家提交了一份报告，作为高兰德报告的后续。在这份专家报告，即"拉森报告"（Lassen 1995）中，再一次对一些鱼类种群面临过高的捕捞压力提出了警告（Commission of the European Communities1998）。尽管如此，如拉森报告中对前几次的 MAGP 项目所记录的那样，理事会在实施 MAGP IV 的过程中并未有效减少欧盟渔船的产能过剩问题。根据欧委会的报告（2001b），MAGP IV 设定减产目标甚至不能抵消技术发展带来的效率增长。事实上，项目设定的目标总体适度，成员国远在项目截止前就完成了目标的要求。

项目的有效实施受到两方面的影响。其一与计算捕捞努力量减少的方法有关：

> 在 MAGP IV 的起草过程中，欧委会提议，对于有衰竭风险的鱼类资源，减少 30% 的捕捞努力量；对过度捕捞的鱼种，减少 20% 的捕捞努力量。理事会决定，该决议不仅针对以上述鱼种为目标渔获物的渔船，而且减少的比率还应根据渔获物的组成进行加权。种群资源越少，在渔获

物中的比率越低，而该种群在 MAGP IV 政策下得到的保护也越少，这显然不合常理（Commission of the European Communities 2000）。

其次，就单个成员国来说，部分捕捞努力量的减少可以通过限制出海作业天数得以实现。但是，根据欧委会的报告，很难对此进行管理（Commission of the European Communities 2000）。

几次 MAGP 项目实施失败后，欧盟在 2002 年进行改革，并从 2003 年 1 月 1 日起采用一项严格但相对简单的出入管理制度。[69] 149

当 2002 年欧盟决定改革时，当时的情形并没有比 1992 年改革前好一点儿。问题很明确，并且需要一个更全面的改革。决策者为何未对渔业中明显的资源危机提供解决方案，可能与当时的经济形式有关。在 20 世纪 90 年代后半期和新千年伊始，得益于当时良好的经济形势，利率下降而鱼价上涨，渔船没有破产的风险（丹麦有类似的情形，见第六章）。有利的经济气候使人们误以为 20 世纪 70 年代后期鱼种异常高繁殖率的情形重现，掩盖了渔业危机。因此，两次受外界因素的影响，欧盟的渔业避免了捕捞死亡率过高导致的严重后果。尽管决策者对社会经济方面的考虑多于对生物可持续发展的顾虑，但是这也意味着外界因素的影响有助于决策者做出有益的决策。另外，多年对潜在危机的频繁警告产生了类似于"狼来了"的故事效果，人们一直没有意识到问题的严重性。突然，鳕鱼种群面临崩溃的边缘。

作为 2002 年 CFP 改革准备过程的一部分，欧委会出台了《未来的共同渔业政策绿皮书》（Commission of the European Communities 2001a），与第 91 号报告具有同等重要的地位。绿皮书在世纪之交对 CFP 进行了评估，在发现问题根源时如此描绘黑暗的图景：

> 就资源保护而言，目前许多鱼种的种群数量已经低于安全生物界限。它们要么被严重过度捕捞，要么熟龄鱼质量过低，又或两者兼有。底层鱼类的情况尤其严重，如鳕鱼、无须鳕和牙鳕。照此形势，许多种群将面临崩溃。同时，欧委会现有渔船的捕捞能力远远超过了可持续捕捞的需求。

---

[69] 我们将不对出入管理制度进行详细的阐述。但值得一提的是，放弃 MAGP 项目，采用新的管理模式，意味着欧盟越来越意识到渔船产能过剩带来的影响。

现在资源枯竭的情况，在很大程度上，一是由于年捕捞限额超过了欧委会根据科学建议提出的额度；二是由于渔船管理缺乏相应的计划，决策的执行不力也是导致过度捕捞的原因之一（Commission of the European Communities 2001a，p. 4）。

在绿皮书讨论后欧委会提议的改革内容范围比 1992 年的修订更广，几乎涉及了 CFP 中的每一章节。在一些问题上，欧委会提出的改革建议比理事会最后采用的更为广泛。但是，我们在这一章将不对改革的具体内容展开讨论，但是会着重关注采用多年振兴计划这项决策背后的多重因素。

5.6 采用振兴计划——未来的希望?

决定采用振兴计划方案是 2002 年改革的一个关键结果和创新性改变。[70] 在 2003 年 12 月 19 日，欧盟通过了四种鳕鱼渔业的长期振兴计划，其中包括了北海最重要的鱼种（Council of the European Union 2004），该计划首次采用了一年前共同渔业政策中新增加的管理措施。振兴计划的出台主要为了缓解欧盟水域内一系列鱼类种群面临的严峻形势。高兰德的报告和拉森的报告中均提到欧盟水域内多数种群捕捞死亡率过高的问题，并建议采取相应的解决措施。有些种群的捕捞死亡率甚至需要减少 40% 左右。在绿皮书中，欧委会反省了 TAC 制度未能有效实施从而导致捕捞死亡率过高的原因：

> 为了对鱼类种群的利用率进行控制，CFP 在设定一年可捕量（总可捕量限制或 TAC 和成员国配额）、制定网目尺寸、禁渔区、禁渔期（技术措施）的时候几乎无一例外采用了上限。……TAC 制度实施的困难有多方面的原因，包括理事会在设定总可捕量的时候总是高于科学建议的数量、过度捕捞、渔获物丢弃、非法卸货以及渔船产能过剩等。再者，TAC 制度只能在渔业管理中扮演一个有限的角色，因为每一次作业都有可能捕捞多种鱼类上岸（混合渔业或多鱼种渔业）（Commission of the European Communities 2001c，p. 8）。

---

[70] 如上所述，2002 年的改革除了振兴计划的条款外还有其他几项重要的内容，如：严格的渔船出入管理制度、管理机构和股东的增加等。但是，在此我们选择对振兴计划进行分析，因为这是直接与捕捞死亡率相关的措施。

振兴计划旨在恢复鱼类种群，并通过设立具体的目标养护参考点，把种群数量保持在安全的生物临界点之上。设立的目标包括：（a）种群规模；（b）长期产量；（c）捕捞死亡率；（d）渔获物稳定性。振兴计划以渔业管理中预防性方法为基础，并将相关科学机构推荐的限制性参考点考虑在内。它们必须保证种群的可持续利用以及渔业活动对海洋生态系统的影响保持在可持续的水平。它们为单个种群或多鱼种渔业设计，同时还需考虑种群和渔业之间的相互作用和影响。这些振兴计划是多年制的，并为每个目标的达成设定了具体的时间框架（Council of the European Union 2002b）。

151

振兴计划方案中有几个新的要素值得注意。首先，基本法规要求将多年期振兴计划作为主要议题进行考虑，而养护政策的一个主要问题就在于它无法提供一年以上的计划，因而频频受到渔业企业和保护组织的批评。其次，振兴计划的条款提到采用"一系列设定的生物学参数对渔获量进行管理"的渔获法规［Council of the European Union 2002d，art. 5（4）］。若根据科学建议采用该项法规（并在以后几年一直遵守），渔获法规可以有效地防止理事会在设定 TAC 时超出生物建议的范围（Commission of the European Communities 2001a）。最后，法规指出，"为了完成设定的目标，振兴计划应该包括对捕捞努力量的限制"［Council of the European Union 2002d，art. 5（4）］。考虑到普遍的渔船产能过剩，渔获物丢弃以及非法卸货等问题，这意味着事实上大多数渔获振兴计划中都需要采用捕捞努力量限制措施。直接的捕捞努力量限制（投入措施）和 TAC 总体限制（产出措施）通常受到渔业企业的抵制，它们强烈反对同时受制于两种措施。

尽管欧委会的提议引发了争议，也在一定程度上反映了理事会在 2002 年改革中的总体分歧，振兴计划方案的实施并没有成为改革中有争议的部分。有关振兴计划的争议主要集中在谁来对 TAC 的设定以及捕捞努力量限制进行管理，以及捕捞努力量限制的具体作用。

提议中争议最大的部分是欧委会建议一旦采用多年期计划并决定第一年的总渔获物和总捕捞努力量后，由欧委会（经由管理欧委会的程序［71］）根据渔获法规决定之后几年的渔获物和捕捞努力量（Commission of the European Communities 2002）。大多数成员国表示无法接受该项提案，因为"渔获量和捕捞努力量的设定

---

［71］ 管理欧委会由各个成员国代表组成。如果欧委会的决定得不到欧委会的合格多数支持，提议将交由理事会处理（欧盟 2004）。

152 无法用一个简单的算术决定"（Council of the European Union 2002b，p. 13）。有渔业利益的成员国中只有瑞典和英国愿意考虑该提议（Council of the European Union 2002a，c）。提议最终并未通过，可能欧委会认识到根据渔获法规设定 TAC 是一个管理决策，理事会将会把它移交给欧委会，但是从改革的层面来说，这个提案可能只是一个讨价还价的筹码。根据 DG 的高级渔业代表所言（采访，2003 年 11 月），任何欧委会的提议都是"我们相信的最终结果和我们必须提议并达到我们想要的最终结果"相权衡的产物。这种争议，不仅体现在渔业中，也深深扎根于机构内部的斗争中。任一欧盟机构所提出的建议，只要是以牺牲另外机构的利益来扩大自己的影响力的，都会遭到后者的反对。

另一个争议性话题并未在欧委会原来的提案中提及，而是出现在理事会的谈判中。有代表建议在传统的 TAC 的基础上，在振兴计划中强制采用捕捞努力量限制措施。这个想法在理事会得到了很大的支持，包括比利时、德国、丹麦、瑞典、荷兰和英国。他们认为捕捞努力量限制可以和 TAC 制度同时进行，而单独实施 TAC 制度并不会带来预期的效果。与此相反，西班牙、法国、希腊、葡萄牙、爱尔兰、意大利和芬兰等对欧委会限制捕捞努力量的做法持怀疑态度（Council of the European Union 2002c）。这些成员国要么总体上对捕捞努力量限制的成效持怀疑态度，要么认为 TAC 限制和努力量限制结合并不理想。最终双方进行了妥协，并决定："除非不支持目标的达成，振兴计划应当包括对捕捞努力量的限制"［欧盟理事会 2002d，art. 5（4）］。由于有这项条款的补充，在各国开始个体振兴计划的谈判前，TAC 和捕捞努力量制度相结合的建议被暂时搁置。因此，捕捞努力量限制将不得不成为大多振兴计划的一部分。

5.7 欧盟渔业决策中的政治分歧

振兴计划的讨论可以在一定程度上看出理事会内部大体的政治分歧。Charles（1992）提出的总框架对这种分歧进行了理解和分析。他认为，"分歧是三个不同的渔业模式（或者'世界观'）产生的自然对立，每个模式基于一系列不同的政策目标"（Charles 1992，p. 379）。Charles（1992）认为这三个模式分别是：养护型——以资源养护为主要政策目标；理性型——主要是以生产力为代表的经济

153 状况为主要政治目标；社会/社区型——主要以公平的社会福利为政治目标。这些模式可以组合一个三角模型，每个角代表一个单独的渔业模式。这些单独的渔业模式理论上可以组成多种混合模式。

　　理事会内部对改革大致有三种不同[72]的政治态度[73]：欧委会虽然没有投票的权力，但在理事会事务协商和决策进程中承担了重要的角色，它建议根据养护主义的原则进行彻底的改革。另一个相似的角色是成员国组成的网络，他们自称"鱼之友"（Friends of Fish，FoF），主要由德国、英国、瑞典、荷兰和比利时组成（在一定程度上芬兰对结构性援助的看法与其他国家有出入）。FoF 倾向于综合性改革，但没有欧委会那种自然保护主义者激进的观点。成员国网络的昵称是对对立阵营的成员国名称的回应，后者将自己称为"渔之友"（法语：Amis de la Pêche，AdlP），英语称为"Friends of Fishing"。AdlP 由法国、西班牙、爱尔兰、葡萄牙，意大利和希腊于 2001 年 12 月成立，作为它们对绿皮书和欧委会过于自然保护主义的观点的回应。这些成员国，很大程度上从社会/社区角度出发，在策略协调、高层会议、共同发表同意或反对意见等方面达到了前所未有的合作程度。

　　在图 5.1，我们用 Charles（1992）提出的渔业模式的三角模型绘制了理事会内三种角色的位置。但这个三角模型只能对不同的政治组别进行简单定位，无法将所有成员安排确切的位置且不引起任何争议，尤其是像 2002 年改革那样复杂的进程，其他与渔业无关的因素也影响了成员国的政治地位（例如，国家机构的管辖权，以及欧盟各机构间权力的平衡）。另外，每个成员国有其特殊的关注点，这一点隶属于任何组别都不会改变。

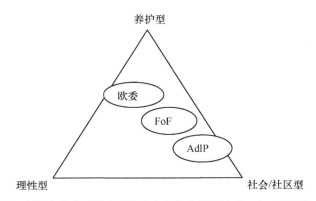

图 5.1　2002 年改革期间的理事会内部机构设置受 Charles（1992）启发

---

［72］　除了理事会主要分组外，丹麦人在 2002 年下半年担任理事会会议主席（成员国之间轮转的职位）后，采取了相对中立的办法，即按照惯例由会议主席来促成成员之间的妥协。处于欧洲内陆的卢森堡和奥地利在讨论中是不起眼的角色。

［73］　文中关于 2002 年改革时理事会的部门配置来自 Hegland（2004）。

　　所有参与的成员国都远远背离了合理化改革这个出发点，也违背了相对稳定这个基础性原则。而这些行为在改革中并未受到质疑，这也阻碍了 CFP 向着合理化改革的模式迈进。但在国家层面，一些成员国已经进行了一些合理化改革模式的尝试，并不断运用经济刺激确保渔业资源的可持续利用。

　　欧委会明确定位在养护模式，把种群恢复作为主要的关注和重点。AdlP 模式在很大程度上接近社会/社区模式。正如它们在过去 20 年所做的那样，对社会经济因素的关注高于资源养护，同时也倾向于为渔业寻求各种公共援助，这使 AdlP 在改革合理化的角度上远不及其他两个。最后，FoF 在大多数关于改革的讨论中的态度介于欧委会和 AdlP 之间，而在大多数议题上更靠近欧委会。

　　各个成员国有不同的立场，但是在决策的时候又达成联盟。本章将不对此问题做深入分析，但是有一些显著的因素值得一提。AdlP 成员国对渔业的依赖性高于 FoF 成员国，对后者来说，资源养护的利益正在逐渐高于渔业利益。此外，FoF 成员国大多是欧盟财政贡献国，而 AdlP 成员国则多是援助受益国，因而总体而言 AdlP 成员国对财政补贴更为支持。另外，AdlP 成员国的渔船普遍比 FoF 成员国的渔船更需现代化改造。最后，FoF 成员国从资源危机中积累了很多直接经验，而资源危机目前在北海和波罗的海最为严重。

　　2002 年改革中有趣的是，事实上可以不经过激烈的争论而对 CFP 完成一系列实质性的改革。例如，多年计划的实施，以及某种程度渔获控制计划也是如此。尽管如此，必须强调 1992 年 CFP 的修改为引进振兴计划的采用提供了必要的机制。CFP 中一些管理措施的成功实施取决于成员国是否有意愿减少捕捞努力量并改变 CFP 现有的执行方式，而并非仅仅靠某项政策的实施与否。

　　正如本章所述，CFP 的实施在很大程度上是治理和实施的失败经验总结。这种失败在很大程度上可以用决策过程中的路径依赖进行解释。路径依赖导致决策者没有采取充分的措施改变 CFP 的进程，更重要的是，没有解决产能过剩的问题。

　　我们认为，上述三种模式达到的平衡在理事会已经有所改变。2002 年的改革为离开原有的 CFP 路径踏出了第一步。往往由一件意外事件/进程的发生为路径的改变提供契机。这些事件往往引发重要的机构变革，Hall 和 Taylor（1996）称之为关键时刻。尽管 CFP 管理下渔业资源的关键性发展是渐进式的，但是许多重要商业价值的鱼种都面临崩溃，为 CFP 改革创造了关键的机遇。

　　CFP 在过去几年措施执行的不力导致现在多种鱼类种群面临崩溃。决策者对现有的路径产生了质疑，并且愿意/被迫进行改变，较主动地通过降低捕捞能力、减少捕捞活动恢复鱼类种群。早在 1992 年，欧委会就表达了这种意见，并在第 91

号报告中提出了一系列改善状况的建议，这也意味着欧委会在查尔斯的三角模型中由社会/社区模式转向资源养护模式。但十年以后，理事会决策者不再采用新的政策，执意用简单、短期的政治方法取悦渔业企业和渔业社区，事实上目前这种做法为企业和社区带来悲剧性的伤害。

　　FoF 成员国最近几年以欧委会为榜样，逐渐认识有必要对 CFP 政策的实施方法做出改变，以便实现种群的重建和渔业社区的长期发展。与此相反，尽管 AdlP 逐渐认识到有必要进行改革，但是渔业和渔业社区的保护在很大程度上仍是 AdlP 成员国关注的重点。因此，我们看到尤其是在最近几年，决策者在 CFP 问题上的 　156 重心发生了改变。

图 5.2　三种模式角力的变化受 Charles 启发（1992）

　　如图 5.2 所示，CFP 的重心发生了改变，并且逐渐由社会/社区模式向养护方向移动。受各个成员国的本国发展以及世界上其他国家发展的影响[74]，最终重心将向着理性型方向移动。

　　尽管我们认为重心将继续从社会/社区模式移动到资源养护，（也有可能是理性模式）我们并不能确定这种改变的程度或时间的长短，只有未来才能告诉我们答案。正如我们在本章所述，CFP 政策已经实行了 20 年，并没有达到很好的管理效果，尽管人们越来越意识到改变的必要性，但是至今相对稳定原则和其他因素在很多方面仍然面临僵局。相对稳定可能是路径依赖中最有弹性的组成部分之一。如果连对相对稳定都无法重新定义，那么 CFP 很难实现经济高效的改革。由体制带来的震惊是否足以推动改革的发展至今仍是未知数。尽管这样，理事会内重心 　157 的转变还是给了我们乐观的理由，至少意味着欧盟在未来可以采用更多实用的措施和方法。

---

[74]　一些私有渔获权的管理制度的广泛应用说明了这一点（也可参见第六章）。

参考文献

Charles, A. T. (1992). Fishery conflicts: A unified framework. Marine Policy, 16 (5), 379-393. Churchill, R. (1977). The EEC fisheries policy: Towards a revision. Marine Policy, 1 (1), 26-36. Commission of the European Communities (1991). SEC (91) 2288 final: Report 1991 from the Commission to the Council and the European Parliament on the Common Fisheries Policy. Brussels, Commission of the European Communities, 18. 1. 1991.

Commission of the European Communities (1997). COM (97) 352 final: The Annual Report to the Council and to the European Parliament on the results of the Multi-Annual Guidance Programmes for the fishing fleets at the end of 1996. Brussels, Commission of the European Communities, 11. 7. 1997.

Commission of the European Communities (1998). Factsheet 3. 2 Matching fleets with available resources. http://ec. europa. eu/comm/fisheries/doc_et_publ/factsheets/facts/en/pcp3_2. htm. Accessed 12 June 2006.

Commission of the European Communities (2000). MAGP IV not effective enough in dealing with overcapacity. http://ec. europa. eu/comm/fisheries/pcp/faq2_en. htm. Accessed 12 June 2006.

Commission of the European Communities (2001a). COM (2001) 135 final: The Green Paper. Volume 1: The future of the common fisheries policy. Brussels, Commission of the European Communities, 20. 3. 2001: 40.

Commission of the European Communities (2001b). COM (2001) 135 final: The Green Paper. Volume 2a: Implementation of the Community system for fisheries and aquaculture over the period 1993-2000. Brussels, Commission of the European Communities, 20. 3. 2001: 25.

Commission of the European Communities (2001c). COM (2001) 135 final: The Green Paper. Volume 2c: State of the resources and their expected development. Brussels, Commission of the European Communities, 20. 3. 2001: 47.

Commission of the European Communities (2002). COM (2002) 185 final: Proposal for aCouncil Regulation on the conservation and sustainable exploitation of fisheries resources under the Common Fisheries Policy. Official Journal of the European Communities, C 203 E, 27. 08. 2002 (submitted to Council 29. 5. 2002): 284-303.

Commission of the European Communities (2005). Press release, 12. 07. 05: Commission welcomes Court ruling on continued failure by France to comply with fisheries obligations. http://ec. europa. eu/comm/fisheries/news_corner/press/inf05_33_en. htm. Accessed 12 June 2006.

Commission of the European Communities (2006). Press release, 30. 10. 06: EU Fisheries Control Agency adopts first work programme for 2007. http://ec. europa. eu/fisheries/press_corner/press_releases/archives/com06/com06_75_en. htm. Accessed 7 November 2007.

Council of the European Communities (1992). Council Regulation (EEC) No 3760/92 of 20 December 1992 establishing a Community system for fisheries and aquaculture. Official Journal of the European Communities, L 389, 31. 12. 1992: 1-14.

Council of the European Communities (1993). Council Regulation (EEC) No 2847/93 of 12 October 1993 establishing a control system applicable to the common fisheries policy. *Official Journal of the European Communities*, L 261, 20. 10. 1993: 1-16. 158 T. J. Hegland and J. Raakjær.

Council of the European Union (2002a). 10796/02, working document, 31. 7. 2002: Proposal for 158 a Council Regulation on the conservation and sustainable exploitation of fisheries resources under the Common Fisheries Policy. Interinstitutional file: 2002/0114(CNS).

Council of the European Union (2002b). 13595/02, working document, 31. 10. 2002: Reform of the Common Fisheries Policy.

Council of the European Union (2002c). 15414/02, working document, 12. 12. 2002: Proposal for a Council Regulation on the conservation and sustainable exploitation of fisheries resources under the Common Fisheries Policy. Interinstitutional file: 2002/0114(CNS).

Council of the European Union (2002d). Council Regulation (EC) No 2371/2002 of 20 December 2002 on the conservation and sustainable exploitation of fisheries resources under the Common Fisheries Policy. Official Journal of the European Communities, L 358/59, 31. 12. 2002: 61-80.

Council of the European Union (2004). Council Regulation (EC) No 423/2004 of 26 February 2004 establishing measures for the recovery of cod stocks, *Official Journal of the European Communities*, L 70, 31. 12. 1992: 8-11.

European Union (2004). The Legislative Process. http://europa. eu/eur-lex/en/about/abc/abc_ 21. html. Accessed 15 June 2006.

Eurostat (2006a). Fishing fleet. Total power. http://epp. eurostat. cec. eu. int/portal/page? _pageid =1996, 39140985&_dad =portal&_schema =P ORTAL&screen =detailref&language =en&product =Year- lies_new_agriculture&root =Yearlies _new_agriculture/E/E3/edc13584. Accessed 9 June 2006.

Eurostat. (2006b). Fishing fleet. Total tonnage. http://epp. eurostat. cec. eu. int/portal/page? _ pageid =1996, 39140985&_dad =portal&_schema =P ORTAL&screen =detailref&language =en&product =Yearlies_new_agriculture&root =Yearlies _new_agriculture/E/E3/edc14096. Accessed 9 June 2006.

Fødevareministeriet and Fiskeridirektoratet (2006). Fiskeridirektoratetsresultatkontrakt 2007.

Gulland, J. (1990). Report of an independent group of experts on guidelines for the preparation of the multi-annual guidance programmes in relation to the fishing fleet for the period 1992-1996 (the Gulland report). Brussels, European Commission.

Hall, P. A. , Taylor, R. C. R. (1996). Political Science and the Three NewInstitutionalisms. *Political Studies*, 44(5), 936-957.

Hegland, T. J. (2004). The Common Fisheries Policy-caught between fish and fishermen? Department of International Affairs. Aalborg, Aalborg University. MA European Studies: 117(unpublished).

Hegland, T. J. (2006). Fisheries Policy-Making: Production and Use of Knowledge. In L. Motosand D. C. Wilson (Eds.), *The Knowledge Base for Fisheries Management* (pp. 219-237). Oxford and Amsterdam: Elsevier.

Hix, S. (1999). The Political System of the European Union. Basingstoke: Palgrave.

Holden, M. (1994). *The Common Fisheries Policy-Origin*, *Evaluation and Future*. Oxford:Fishing News Books, Blackwell Scientific Publications Ltd.

Lassen, H. (1995). Report of the group of independent experts to advise the European Commission on the fourth generation of multi-annual guidance programmes (the Lassen report). Brussels, European

Commission.

    Leigh, M. (1983). *European integration and the common fisheries policy*. London: Croom Helm.

    Lequesne, C. (2000). The Common Fisheries Policy. Letting the Little Ones Go? In H. Wallace& W. Wallace (Eds.), *Policy-Making in the European Union* (pp. 345-372). Oxford and New York: Oxford University Press.

    Lindblom, C. (1959). The Science of 'Muddling Through'. *Public Administration review*, 19(2), 79-88.

    Lindebo, E. (2003). Fishing Capacity and European Union Effort Adjustment. In S. Pascoe & D. Greéboval (Eds.), *Measuring Capacity in Fisheries* (pp. 57-80). Rome: FAO.

159   Raakjær Nielsen, J. (1993). Report 1991 from the EC Commission and the Danish Fishing Industry: Are there any grounds for optimism? *Proceedings of the Vth Annual Conference of the European Association of Fisheries Economists* (pp. 107-113). Brussels, Belgium.

    Skocpol, T. , Pearson, P. (2002). Historical Institutionalism in Contemporary Political Science. In I. Katznelson & H. V. Milner (Eds.), *Political Science: State of the Discipline* (pp. 693-721). New York: W. W. Norton.

    Wise, M. (1984). *The Common Fisheries Policy of the European Community*. London and New York: Methuen.

第六章　政策实施中的政治因素

——以《共同渔业政策》签署国丹麦为例

海格兰和拉凯尔

【摘要】就各国实施《共同渔业政策》（CFP）的情况而言，丹麦是欧盟成员国中表现相对较好的一员。但即便如此，仍有几项机制限制了 CFP 在丹麦的全面实施。本章通过研究丹麦在 CFP 实施中遇到的问题，借以探讨 CFP 在整个欧盟的实施情况。首先介绍丹麦国内负责制定和实施渔业政策的机构的设置情况，同时简单回顾 1983 年以来丹麦渔业发展和管理的历史进程。随后，阐述了丹麦渔业政策实施背后的机制和流程，并说明二者如何使既定的欧盟目标让位于国家利益。本章认为，要理解丹麦 CFP 实施相关的国内政策，首先要明白政策流程是主导利益、政策联盟/网络、主流话语三者协同交互作用的产物。欧盟一直无法将捕捞死亡率控制在可持续水平，其原因之一就是无法确保欧盟层面制定的养护目标能在成员国得到贯彻实施。

6.1　简介

捕捞死亡率控制一直是现代渔业管理的重中之重。欧盟各成员国捕捞死亡率有关的渔业管控在很大程度上是通过《共同渔业政策》（CFP）得以执行的。[75] 但是在有些政策上，成员国可以自主选择具体的实施办法。而且，成员国在政策实施中达成决策的过程也不尽相同。成员国政策实施方法的不同将影响欧盟通过 CFP 控制捕捞死亡率的程度，因此本章将深入分析 CFP 在丹麦的实施情况和背后

---

[75]　自 1983 年通过后 CFP 的发展情况在第 5 章有详细描述。

的主导因素。

丹麦决策体系的一个显著特点是丹麦的渔业[76]本身，尤其是捕捞业对 CFP 条例的实施有重要的影响，这在很大程度上（但不仅仅）是通过商业捕捞协会（Board for Commercial Fishing，BCF）实现的。BCF 是一个重要的咨询机构。根据丹麦传统，股东也会参与到公共管理的决策，所以责任部长在实施渔业法规时会听取 BCF 的意见（Raakjær Nielsen 1994；Raakjær Nielsen and Christensen 2006），但从一个更基本的层面来说，我们认为决策的制定有其根本的、深层的原因。丹麦的决策模式确实起到一定作用，比如强调股东的参与；但是作为渔业管理决策的主要动力，他们也植根于丹麦渔业制度的基本特征中。[77] 因此，为了解长期以来渔业决策体系及行政管理的行为，我们将探讨渔业从业者深入参与丹麦决策过程的含义；更重要的是，发现根本性的主导因素。本章还将以丹麦经验为例，分析欧盟跨国层面的决策是如何通过成员国政府在本国实施的。尽管各国有不同的偏好和目标，在实施欧盟政策时具有自治权，但是当决策在国家层面出现分歧的时候，往往是欧盟的机构而非各成员国政府部门出面承担责任。

尽管本章对 CFP 法规在丹麦的实施情况进行了批判性阐述，但并不意味着丹麦的表现不如其他欧盟成员。相反，在我们看来，丹麦是最忠实实施 CEP 的成员国之一。根据欧洲审计院在 2007 年对渔获价值最高的六个成员国在控制、检查和制裁处罚三个方面进行的评估，丹麦的表现都是较好的。报告的一项数据显示，丹麦和荷兰在 CFP 的实施过程中只收到了 3 项批评，是欧盟最忠实实施 CEP 的成员国。相较而言，西班牙、意大利和英国则分别收到了 10 项以上的批评，法国更是收到了近 20 项批评。

163　　本章由四个主要部分组成。第一部分由 CFP 入手（第 5 章亦有详细阐述），简要介绍了丹麦的法律、机构和立法体系，涵盖了丹麦实施过程中的法律和制度背景。第二部分介绍了 1983 年（当年欧盟通过了 CFP 所有条款）至 2007 年间丹麦渔业体系和管理制度的发展史。第三部分罗列了我们在调查研究中发现的推动丹麦国内政策实施和管理实践的主要因素，并举例说明这些因素在政策发展和实施过程中的作用和影响。最后，结合主要的经验教训就可能的问题进行讨论。

为了了解行政实践的演变以及丹麦渔业法规的实施状况，我们对行政、渔业

---

〔76〕　此处的渔业指的是捕捞业，包括渔船船队和加工业。

〔77〕　根据 Charles（2001）和 Raakjær（后文中将会提及）的观点，这是由自然、社会、管理体系共同作用的影响。

产业、研究相关人员进行了 11 次重点访谈。[78] 在丹麦渔民组织中，我们只选了高层人员（或渔民代表）做采访。此举的目的是平衡行政、研究、产业界的代表人数，确保受访人在渔业管理方面有大量的实践经验，能反映随着时间发生的变化。[79] 此外，我们也尽量选择互补性的人员，以便展现不同的观点和角度。

采访在 2006 年秋至 2007 年秋期间进行，并在分析前对访问内容进行了誊录。我们对 11 位受访者进行了匿名，因此用编号（1—11，见本章末的实验背景表）而非姓名表示，采访语言为丹麦语，我们的翻译对此进行了直接引用。采访共分 3 轮。第 1 轮的 4 次采访是开放探索型的，采用粗略的提问方式。采取这种策略主要有 2 个原因：其一就所掌握的内容而言，当时我们对关键问题尚不明确；其二我们希望受访人本身能主动提供关键主题和话题。之后的两轮采访中（分别进行 4 次和 3 次访问），我们根据前几次采访的结果制定了更精确的采访形式和结构。但所有的采访仍是开放性的，我们始终鼓励受访人就他们认为重要的内容进行讨论。除了对重要知情人进行采访外，我们也到渔业局查询了大量法律文档、数据、档案方面的资料。

据我们所知，目前尚未有丹麦行政实践和 CFP 在丹麦的实施情况的相关研究。为数不多涉及此类内容的研究都另有主题（比如，Raakjær Nielsen 1992a，b；Vedsmand 1998；Raakjær Nielsen and Vedsmand 1999；Raakjær Nielsen and Mathiesen 2003；Sandbeck 2003；Byskov 2005；Raakjær Nielsen and Christensen 2006；Hegland and Sverdrup-Jensen 2007）。因此，本章的调查研究具有高度探索性。本章并非要给丹麦行政实践和背后受质疑的主导因素提供一个结论性或综合性的观点。本章的目的是要跨出第一步[80]，列出影响丹麦 CFP 实施情况的一些主要问题，并找出这些问题和捕捞死亡率之间的关系。

164

6.2 法律及机构设置

海洋生物资源养护（CFP 养护政策的重要组成部分）是欧盟为数不多具有

---

[78] 6 位被采访人从事行政/研究工作，5 位被采访人从事渔业产业相关工作。此外，本章作者之一早年是渔民，之后成为一家大型加工厂的研究人员和董事长，一直致力于 CFP 通过后的丹麦渔业体系的发展研究。

[79] 在我们调研期间，所有受访者都具有 15 年以上从业经历，而大多数甚至一直从事相关工作。

[80] 受计划所限我们未能进行更深入的研究，但本章分析和论证的成果将为未来的研究打下基础，尤其是渔业局和渔民代表组织档案资料的收集分析。

专属管理权的领域。也就是说，除非明确授权，成员国无权制定生物资源养护
有关条例。即使得到授权，制定的相关条款在任何情况下都不能与欧盟管理目
标相悖。

养护政策是基于产出控制的管理制度（见第一章），对单一鱼种（有些情况
下多鱼种）的年总可捕量（total allowable catches，TACs）进行限制。成员国每年
获得固定比例的 TAC 配额，称之为"相对稳定原则"。TAC 制度与技术性管理措
施相结合，旨在减少非目标种群和幼鱼的误捕。渔船捕捞能力管理一直是 CFP 结
构政策中重要的组成部分（见第五章）。近几年，CFP 中又增加了投入管理的条款
（见第一章），如海上作业天数等。

欧盟对"捕捞死亡率"的定义是：在一定时期内某一种群的渔获量占该期间
渔业可获得的平均种群数量的比例［Council of the European Union 2002b，Art. 3
(f)］。值得一提的是，"渔获量限额"的定义又对此做了补充：除《欧共体法》
另有规定外，一定时期内数个种群或一个种群上岸量的数量限制［Council of the
European Union 2002b，Art. 3 (m)］，这意味着实际上欧盟检查的并非船上的渔获
物，而是上岸的渔获物。因此，很难确保协商一致的 TAC 能带来理想的捕捞死亡
率。捕捞作业中渔获物丢弃、择优弃劣、黑市卸货等都会削弱对捕捞死亡率的控
制。虽然科学家在制定 TAC 的时候试图把这些问题都考虑在内，但是他们对鱼类
种群的影响却无法直接衡量，因此产生诸多不确定性。此外，欧盟理事会（简称
理事会）在核定的 TAC 高于科学建议的标准的情况也不鲜见。因此，有人认为
（Commission of the European Communities 2001）这也导致欧盟水域内很多鱼类种群
的实际捕捞死亡率远远高于建议的水平（Gulland 1990；Lassen 1995；Commission
of the European Communities 2001）。

执行欧盟的决策是丹麦渔业政策和管理的重要组成部分，但这并不意味着成
员国无权选择各自的实施方式。成员国在某些领域中很大的自主决策权，而政策
在国家层面实施方式的不同对实际捕捞死亡率有很大的影响。下面我们将给出 4
个实例来说明，成员国不同的实施和决策会影响 TAC 和目标渔获死亡率的匹配
程度。

一是捕捞机会的分配。虽然理事会规定了 TAC 的总量，但由成员负责决定
本国船队中具体配额的分配方式（Council of the European Union 2002b）。有些船队
的渔获物丢弃远高于其他船队，这将对捕捞死亡率产生影响。

二是捕捞能力调整。欧盟一直受困于太高的捕捞死亡率，其中一个原因是成
员国船队的捕捞能力过剩。自相矛盾的是，欧盟的渔业指导金融工具（Financial

Instrument for Fisheries Guidance，FIFG）却鼓励捕捞能力建设。众所周知，捕捞能力过剩将导致捕捞死亡率过高，尤其是在管理措施不足、渔获配额无法匹配捕捞能力的时候。这种政策上的矛盾一直持续到 2002 年 12 月，一项基本的结构政策修正法案得以通过，其中明确指出，结构政策"不允许增加捕捞努力量"［Council of the European Union 2002a，Art. 1（1）］。

三是控制和执行。成员国对本国水域负有控制和执法责任。基本管理条例指出，除《欧共体法》中有明文规定外，各成员国必须确保对《共同渔业政策》相关法规的有效控制、检查和落实［Council of the European Union 2002b，Art. 23（1）］。该条例同时确定了指导纲领，明确了检查方式和检查内容。但众所周知，控制和执行从一开始就是 CFP 的大问题（e. g. Commission of the European Communities 2001；Commission of the European Communities 2006）。

四是仅针对国内渔船的措施。成员国有权为国内水域鱼类种群的养护和管理制定更严格的法规，但只对本国渔船有效（Council of the European Union 2002b）。原则上，严格的法规能降低捕捞死亡率，但在个别情况下，也可能导致渔获物大量丢弃，从而使实际渔获量与上岸量不符。丹麦对一些鱼种的最小渔获上岸尺寸标准要高于欧盟的规定。

丹麦渔业政策和管理的法律和机构设置在实施 CFP 时产生了重大影响。1999 年的《渔业法》[81] 被认为是 CFP 基本条款的丹麦版。但是欧盟法规的发展往往经过常规性重大化（尽管不是特别成功）的改革（见第 5 章），丹麦的《渔业法》却不是政策改革的产物。实际上，丹麦在 1983—1999 年间没有任何政策发展。尽管如此，自新《渔业法》开始实施，丹麦的渔业政策（见下文关于捕捞权分配部分）掀起了一场影响深远的改革。不过，这些改革仅有雏形，有些内容不在本章的讨论范围之内。改革的起因并不在 1999 年的《渔业法》本身，而是政治环境变化的产物（见下文关于个体影响部分）。

每年对渔业政策总体法律框架和指导性原则的修订体现在《监管公告》中，公告中会宣布下一年不同渔业的管理条例。这份公告在丹麦国内相当于欧盟的年度 TAC 和配额管理条例，为《渔业法》的实施和欧盟有关渔获量和捕捞努力量的谈判提供指导原则。《监管公告》发布后会在年内出台更为具体的管理细则，并在《补充条例 6》中公布。

---

［81］　1983—1999 年间丹麦国内的海洋渔业政策由三项主要法律和一系列其他法律组成。1999 年，渔业相关法律经梳理合并成《渔业法》（Folketinget 1999），几乎囊括了丹麦所有的渔业政策，但这种合并并非改革，更确切地说，是法律整理。

167   主管渔业政策的部门负责法规的日常实施。因此，该体系相对集权化。原则上地方政府无权作出管理决策。渔业部到 1994 年才正式建立，1994—1996 年间成立了一个农业和渔业事务双管理部门，1996 年以后粮农渔部（Food，Agriculture and Fisheries，MFAF）接手了渔业管理事务。随后部门职责不断扩大，涵盖了众多渔业以外的事务，而渔业相关议题在整个部门的管理中反而不如以前重视。1994 年以前，渔业管理的商业方面是考虑的重点，而现在，政府将渔业作为丹麦整个食品供应系统的一部分，更倾向于从消费者的角度进行管理。

   政治上，MFAF 中设有两个专门的渔业事务部，主要负责渔业政策和管理，包括为部长服务以及政策的发展。其工作目标包括渔业资源的可持续利用，确保丹麦履行国际义务，在欧盟和其他国际谈判中维护丹麦的利益，并为丹麦渔业产业的发展和结构性调整提供有利条件。

   渔业理事会（The Directorate of Fisheries，DoF）在 1994 年与农业部合并，并在 1995 年从渔业部独立出来，但渔业部依然对 DoF 负责，并提供财政支持[82]。DoF 由 1 个中央机构、3 个检查组和 4 艘管理船组成，负责丹麦渔业管理政策的日常实施和行政工作，如执法和数据收集等。

   多个委员会为 Dof 的行政工作提供支持和建议。其中最重要的是商业捕捞委员会（Board for Commercial Fishing，简称 BCF）[83] 和欧盟渔业委员会（Board for EU-fishing，BEUF）。前者授权在以下方面提供出建议，包括"商业捕捞实践、捕捞能力、渔具使用等法规的规划和发展，一手渔获物销售法规的发展等"（Folketinget 1999，§6，作者翻译）。后者授权为"欧共体《共同渔业政策》和§10 下欧共体法案实施中渔业相关法规的发展等方面的立场"提供建议。

168 （Folketinget 1999，§5，作者翻译）。本章重点关注 BCF[84]，及其在政策法规的实施和渔业实际管理方面承担的重要角色。

   传统上，BCF 在实施《渔业法》和《监管公告》中规定的国内渔业政策，修订《渔业法》和制定次年的《监管公告》等方面发挥了重要作用。并且，在 1983 年欧盟通过 CFP 后，BCF 就是丹麦渔业政策实施中关键的利益机构。委员会由《渔业法》中列出的终身会员组成，也可通过主管部长认命成为临时或半永久

---

[82] DoF 的运行机制基于与 MFAF 签订的所谓《绩效合同》，合同对预算和渔业任务都做出了规定。（Fødevareministeriet and Fiskeridirektoratet 2005）。

[83] 原为管理咨询委员会（the Regulation Advisory Board）。

[84] BCF 向我们提供了会议纪要。因为 BEUF 在某种程度上与丹麦在欧盟立法机构的立场有关，目前仍处在协商阶段，因此 BEUF 的会议纪要和建议是机密文件。

会员。

　　BCF 的成员从 1983 年至今未发生过重大变化。委员会由中央行政人员代表、渔民组织成员代表（渔民联合会和生产者组织）、加工业从业人员代表和工人及雇主组织代表组成。值得注意的是，BCF 直到 1994 年才吸收了两个渔民联合会组织：一个是海洋渔民协会，代表了日德兰半岛西海岸大型船队的利益，其主要办公地点位于埃斯比约；另一个是丹麦捕捞协会，代表了丹麦其他渔民的利益，主要为小型渔船的渔民。两个组织在 1994 年合并成为丹麦渔民协会（Danish Fisher-men's Association，DFA）。除法律特别提及的成员之外，渔业部部长近日邀请了世界自然基金会（World Wide Fund for Nature，WWF）加入 BCF。BCF 反映的是相对传统并在一定程度上较为狭义的法律股份所有人的观念（关于法律股份所有人观念的变化请参照 Mikalsen and Jentoft 2001）。

　　渔业部长通常也会指派 BCF 成员去参加其他委员会的活动。比如，2005 年 5 月成立了一个工作小组，就未来丹麦底层渔业的管理模式提出建议。在一定程度上受此工作小组的影响（Udvalget vedrørende Ny Regulering i Fiskeriet 2005），底层渔业管理在 2006 年 7 月进行了改革（见下文关于渔业权利分配的部分）。尽管 BCF 并未参与（因为这并非 BCF 主要职责），但工作小组被看作是 BCF 的产物。

　　丹麦渔业领域的决策和实施相关的机构设置与现今的社团主义的概念类似。虽然社团主义作为一种理论，传统上指宏观层面体现雇员和雇主关系的国家和民族组织相关的问题，但是这个概念在今天被广泛使用，涉及一系列正式利益相关者参与度较高的决策模型（Blom-Hansen and Daugbjerg 1999）。现在，社团主义常用来形容中观层面具体的政策领域相关的机构，这在丹麦尤其如此。虽然没有任何正式的宏观层次的社团主义安排，丹麦的社团主义/利益相关者在中观层面的参与度向来较高（Blom-Hansen 2001）。

169

　　另一个与此相关的概念是合作管理。在过去的几十年人们对渔业的合作管理有丰富的研究。从广义上来说，合作管理可以看作社团主义的一种。但一般来说，从利益相关者的参与程度来看，共同管理与中观层面或行业中的社团主义又有所不同。在共同管理计划中，渔业利益相关人员不仅参与渔业法规的制定和修订，同时还参与具体的实施过程。本质上社团主义和合作管理处于不同的连续层面（但也有紧密的关系）。一边是完全的国家主导，利益集团只能以外界压力对决策起作用；另一边是自主管理，所有的决策和管理工作都下放给渔民〔详情请见 Sen and Raakjær Nielsen（1996）〕。

　　在我们对用户群体和利益相关者在决策中的参与程度进行研究的过程中，其中的一个典型问题是，这些安排是促进还是违背了整体的社会利益。利益相关方可以通过为相关利益集团的成员提供某种形式的买入来提高符合共同利益政策的接受程度。另一方面，利益相关者的参与也可能导致管制俘获，即利益集团通过自身影响制定符合自身利益的政策，但这些政策不一定符合整个社会的最佳利益。这也是本章的一个基础理论问题，我们将在结束部分进行讨论。

因其强大、广泛的利益集团的存在对战后社会的整体发展产生了积极的影响，斯堪的纳维亚半岛一直是一个特殊的案例。人们认为，之所以利益集团能起到积极的作用，并影响整个社团主义的安排，是因为其利益——主要是经济的总体增长——与整个社会的利益是一致的（Blom-Hansen 2000）。但是近几十年来，不管是社团主义者还是学者都认为，如 Blom-Hansen（2000）所言，现有的制度没有发挥相应的作用，而是在变相维护本应变革的体制。此外，随着新利益和权益的崛起，传统的社团主义结构在某些方面已经出现颓势，比如在农业方面，农业利益相关组织不得不接受环境法规的约束（Blom-Hansen 2000；Blom-Hansen 2001）。

总之，丹麦在渔业政策领域并非没有权力，虽然 CFP 提出了总体纲领，制定了基本法规和条件，成员国在某些领域中依然享有自主决定权。而且成员国可以决定 CFP 的具体实施方式，这种权力可以影响 CFP 的监督力度，并达到既定的目标捕捞死亡率。

我们已经说过，丹麦体制是高度集中式的，几乎所有的决定都由国家作出。但是，在选择渔业法规的实施方式上，丹麦的政治决策体系受到国家传统的重大影响，即用户群体和利益相关者以社团结构的形式参与政策制定。在这种结构下，根据法律框架规定的总体指导方针，咨询委员会常常被赋予实质的决策能力。因此，即使一个国家是高度集中式的政治体制，也未必会采取自上而下的运作形式。

6.3　丹麦渔业及其管理

6.3.1　地理环境

简单介绍丹麦自 1983 年起渔业及渔业管理的发展史具有一定难度。尽管我们试图提供一个简单翔实的情况介绍，但现实却是错综复杂。丹麦渔业体系中不管是自然部分，还是社会部分，都极端复杂。而这却是了解丹麦渔业政策发展和实施的先决条件。

丹麦很多地区都有渔港分布，但最重要的渔港都在日德兰半岛上。日德兰半岛的西海岸面向北海，而北海又是丹麦渔船传统上最重要的渔场，所以渔港在此集中的情况并不意外。2006 年，丹麦一半以上的捕捞产值来自北海；斯卡格拉克海峡和卡特加特海峡约占 20%，贝尔特海和波罗的海略低于 15%（Fiskeridirektoratet 2007）。在过去二十年里，这个比例略有出入。虽然北海一直是丹麦的重要渔区，但有时北海以外的渔业，尤其是波罗的海的渔业总体上相对更为重要。

6.3.2 渔业和鱼种

171

2005 年，丹麦共有渔船 1167 艘，每艘渔船年成交额都超过 216731 丹麦克朗（Danish Kroner，简称 DKK）[85]（Fødevareøkonomisk Institut 2006），全职渔民 2000—2200 人（受访人 1 号和受访人 2 号），渔船的大小和捕捞方式不尽相同。作业工具包括贻贝刮刀、丹麦围网、大型围网、渔网、钓钩、陷阱网、底拖网、浮拖网等。渔船种类也有很大差别，有单人操作、小于 6 米的木船，也有高度现代化、拖网/围网兼超过 40 米，价值高达上亿 DKK（包括可交易捕捞权）的大船。然而，就吨位而言，以拖网为主，约占总吨位的 2/3（Fiskeridirektoratet 2007）。可以说，除了它们的捕捞功能，这些渔船没有任何相似之处，这也是渔业产业和 DFA 之间关系紧张的根源（见下文关于分歧和困境部分的详述）。

总体而言，丹麦船队有三种主要类型：（1）捕捞食用性的中上层鱼类如鲭鱼和鲱鱼的渔船；（2）捕捞非食用性鱼类[86]的渔船；（3）捕捞底层食用性鱼类的渔船，其中最重要的传统目标渔获物是鳕鱼。前两种渔船较为相似，但与最后一种有较大不同。捕捞鲭鱼和鲱鱼等食用性鱼类的渔船和捕捞非食用性鱼类的渔船都使用大型拖网和围网，有许多共同点，而第三种以捕捞底层食用性鱼类为主的渔船以大型船只为主，但很难对其特征进行界定。因其渔船大小不一，作业渔具也不尽相同。一种较为常见的区分方法是，小型渔船，或者所谓的近海渔船往往有 1—3 名船员，主要进行短途作业（1—2 天）；而大型渔船通常有 4 名操作船员（包括船长），主要是拖网作业。大型渔船通常雇有 6 名船员，根据出海时间进行轮班作业。这类渔船能适应不同海域作业，并根据情况更换渔具和作业方式，在172 白天和晚上捕捞不同的目标渔获物（Christensen and Raakjær 2006）。若想了解船队

---

[85] 216731 DKK 是根据丹麦渔业数据计算的商业渔船最低数额。渔获上岸产值低于此数额的渔船被认为是非专业渔船，高于此最低数额的渔船总产值占总成交额的 97%（Fødevareøkonomisk Institut 2006）。

[86] 这种捕捞用来制作鱼粉和鱼油的原料鱼的渔业称为"工业渔业"，但这是一个很模糊的称呼，所以我们现在称为非食用渔业。

之间更多的差别，请看后文分歧和困境部分。

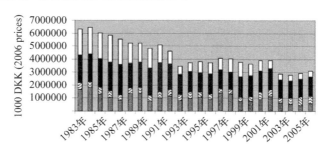

图 6.1　1983—2006 年间丹麦渔船渔获物上岸产值（国内和国外），以 2006 年价格计算
基本数据来自 Fiskeridirektoratet（1992，1999，2007）
以 2006 年价格计算时考虑了该时期通货膨胀率

图 6.1 表示三种渔获上岸产值的比重，其中鳕鱼使用不同的颜色进行标记。尤其值得注意的是，若采用 2006 年的价格进行计算[87]，产值仅有 1983 年的一半。虽然全球化和养殖业改变了市场结构，一些鱼产品的价格有所下降（拉凯尔稍后会提到这个因素），但这并非导致渔获上岸产值下降的首要原因。实际上，由于一些种群过度捕捞，无法很快恢复，导致丹麦的渔获物上岸量减少。下图 6.2 表示鳕鱼的捕捞趋势，其他几个种群的渔获量波动虽然没有鳕鱼明显，但也出现了类似的情况。由于种群数量的下降，丹麦捕捞业在过去的 20 年间大大缩水。图 6.1 显示，1983 年鳕鱼的产值与其他所有底层食用性鱼类种群的总产值相当。此外，这段时期底层消费性鱼类种群占所有渔获上岸总产值的 60%—75%，但是在 20 世
173　纪 90 年代末鳕鱼的比重却在不断下降，渔业企业的捕捞产值占总产值的 15%—30%。非食用性渔获物产值的变化主要有两个原因：（1）非食用鱼类通常生存期短，因此出现大小年的现象；（2）在一些年份，有些其他种类的渔船会为了补贴收入而捕捞非食用性鱼类，反之亦然。最后，鲭鱼和鲱鱼的经济收益自 1983 年来有较大提高：1983 年食用性鲭鱼和鲱鱼占总上岸产值的 8%—9%，而在 2006 年达到了 20% 左右。主要的两个原因是：（1）鲱鱼作为丹麦最重要的鱼种，虽然自2003 年起补充量下降，但这段时期总体状况保持良好；（2）鲱鱼的食用受到政策

---

[87]　需要注意的是，重新用"2006 年的价格"进行计算时，我们考虑了通货膨胀的因素，因此与 2006 年不同鱼种的实际价格无关。

的鼓励（历史上，鲱鱼一直作为鱼肉和鱼油的原材料）。

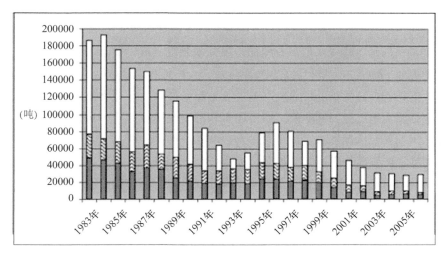

☐ 波罗的海、贝尔特海和松德海峡
▨ 斯卡格拉克海峡和卡特加特海峡（包括伊瑟湾）
■ 北海

图 6.2　1983—2006 年间丹麦渔船在主要海域鳕鱼的渔获量[88]
数据由 Fiskeridirektoratet 提供（1992，2000，2007）

　　图 6.2 进一步说明了上文的观点，并为当今渔业管理现状提供了实例。之所以选择鳕鱼作为研究案例，是因为它是丹麦渔船传统的重要渔获物。虽然种群数量的减少降低了鳕鱼的重视程度，但它仍然至关重要，并且和鲽鱼一起被丹麦人认为是与白鱼相关的物种。　174

　　图 6.2 显示，虽然鳕鱼的上岸量总体减少，但是偶有区域性的上升和下降，尤其是在波罗的海海域。冬季的波罗的海由于资源丰富，是丹麦渔民传统的渔场。丹麦一贯以来灵活的管理体系、免费的配额准入，使渔民有机会根据资源变动转移作业渔场（见下文关于捕捞权分配部分）。但是，这也引起了当地渔民间的冲突，使渔业管理机构遇到一定的挑战，这也是我们在下文分歧和困境部分需要探讨的内容。20 世纪 90 年代初，鳕鱼产量的急剧下降给当时的丹麦捕捞业带来严重的危机，不少渔船都面临破产的困境。相反，从 20 世纪 90 年代后半期开始，丹麦渔船的捕捞状况开始不断好转，鱼品价格上涨、银行利率下降等有利因素使渔业收入变得十分可观（Statens Jordbrugs-og Fiskeriøkonomiske Institut 2001；Raakjær

---

[88]　图 6.2 并非丹麦鳕鱼渔获总量，因还有部分捕捞鳕鱼的海域未包括在图表区域中。但是，在其他海域的鳕鱼渔获量在大多数年份数量较少，可以忽略不计。

Nielsen and Mathiesen 2003）。

6.3.3 捕捞权的分配

如前文所示，丹麦底层渔业的捕捞权分配制度最近经历了大范围的改革，称为新法规或 FKA 制度。[89] 自采用该制度后，大多数丹麦渔业主要通过可转让配额的形式进行管理。改革的长期效果和对丹麦渔业带来的变化在短时间内还无从知晓，但是其影响已经初见端倪。捕捞能力和捕捞权的分配实现跨区域、跨渔港和跨船队（另见后文结构政策部分）。接下来我们首先了解一下丹麦在 1983—2007 年间主导渔业管理的渔获配额制度。随后，就个人可转让配额（individual transferable quotas，ITQ）制度进行简单介绍。从 2003 年起在鲱鱼渔业中采用 ITQ 制度，在很大程度上为底层渔业管理制度的改革提供了思路和方向，并在 2007 年年初正式采用新的底层渔业管理制度，本节最后将就新法规进行讨论。

虽然无法在本节对丹麦渔业管理制度的发展进行系统的梳理，但我们将对其大体的发展方向和管理原则的主要变化做简单介绍[90]。为了使介绍更为具体，我们在一定程度上用鳕鱼渔业作为案例。

自 2007 年丹麦渔业管理引入配额制度，底层渔业的捕捞权主要以渔获配额的形式根据渔船尺寸的大小进行分配，这些配额只适用于特定区域特定时间内的短期捕捞。全国性配额每年分成 3—4 个时期进行分配，确保配额不会立即用完。并且将其他因素考虑在内，如不同区域的利益关系、渔具的不同以及在特定时间内特定鱼种的可捕性等。例如，2005 年卡特加特海峡的鳕鱼配额在如下几个阶段进行发放：1 月 1 日—3 月 31 日 50% 的配额；4 月 1 日—6 月 30 日 10% 的配额；7 月 1 日—9 月 30 日 20% 的配额；10 月 1 日—12 月 31 日 20% 的配额。这种配额制度反映了当地捕捞水域的状况：卡特加特海峡和波罗的海每年第一季度是捕捞高峰，由于有较高的单位努力量渔获量（Catch Per Unit Effort，CPUE）吸引其他地区的渔民来此捕鱼。北海鳕鱼的捕捞强度在一年中分布较为均衡，因此配额也以 4 个月为周期分三次进行平均分配（Fødevareministeriet 2004）。各个阶段的配额具体分

---

〔89〕 "FKA" 全称为 "fartøjs kvote andele"，意为渔船配额。

〔90〕 需要指出的是，简单的说明会省略一些细节性内容，而有些对管理制度有深入了解的人可能认为这些细节非常重要。此外，我们也不会对海上作业天数制度的影响进行讨论。该制度是针对鳕鱼复兴计划在欧盟层面实施的。当然，海上作业天数制度对丹麦渔业管理来说非常重要，并且具有深远的影响。但是，作为一项欧盟强制实施的管理措施，成员国几乎没有策略的调整空间，因此不属于本章讨论的范围。

配到每周、每两周、每月、甚至每两个月。渔获配额等同于个体渔船配额，但是，通常在短时间内被迅速用完，渔获配额根据渔船的尺寸进行分配，并在《补充条例6》中进行公布。渔获配额的数量由一段时期内的捕捞量（例如，全国总配额的50%，称之为"固定额"[91]）和渔业中渔船的参与数量决定。[92] 在一些配额较为灵活的渔业中，渔船在总配额不变的前提下采用自由竞争的捕捞模式。一旦达到总配额的一定比率（也称为固定额），渔业管理部门将在上述条规中增加一项更为严格的配额管理制度（Vedsmand 1998）。

176

这种制度有高度的开放性和灵活性。虽然有些地区对渔船的规模和渔具有一定的限制，但原则上所有渔船都有权在任何区域从事任何渔业捕捞[93]。但是这种制度的灵活性在某种程度上是短期渔获配额（多为两周或一个月）造成的。为了降低成本（如避免在恶劣天气捕捞）或利润最大化（如当CPUE处于高峰时根据市场情况来调整渔获配额以获得最高价格），必须以牺牲长期规划为代价。因为渔获配额不能"留待后用"，只能在规定时期使用，所以无论天气好坏或市场价格的高低，渔船都必须出海捕捞，以便从渔获配额中获得收益。从监管角度来讲，这种所谓的灵活性也很难管理。

尤其在鳕鱼渔业中，人们一直要求提供更多安全保障和长期规划，而并非不同海域捕捞的灵活性，因此1995年在波罗的海海域引入了年度个体渔获配额制度（Fiskeriministeriet 1994）。年度个体渔获配额规定了不同尺寸渔船允许捕捞的鳕鱼渔获量，要求配有捕捞许可证，对配额的具体使用情况进行详细说明。在年度鳕鱼配额下作业的渔船只能在波罗的海作业。虽然该制度下渔船无法在不同海域进行自由捕捞，但同时意味着即使在一定时期内留在渔港也不会有任何损失（虽然有条款说明渔船可以在一年的某些时间不采用年度配额制度）。除年度配额制度外，波罗的海区域进行捕捞的船只也可以季节性适用传统的短期渔获配额制度，享受制度的灵活性。北海的斯卡格拉克海峡和卡特加特海峡的鳕鱼渔业（和其他重要的底层渔业）也从2002年开始对15米以下的最小型（最单一）渔船采用相似的年度渔获配额制度（Fødevareministeriet 2001）。

基于年度渔获配额的TAC制度使渔业规划复杂化，而传统的短期配额制度也

---

[91] 例如，若某地某种鱼类的全国配额是1000吨，每年分四个时期进行平均分配。那么第一季度的固定额是250吨，第二季度500吨，第三季度750吨，第四季度1000吨。

[92] 比如，在2005年6月上半月，6米以下的渔船在卡特加特海峡鳕鱼捕捞的上限是50千克，6—12米的渔船125千克，12—16米的渔船250千克，而16米以上的渔船300千克（Fiskeridirektoratet 2005）。

[93] 少数渔业要求有严格的入渔证，最著名的包括主要在利姆海峡捕捞的蓝贻贝渔业和瓦登海捕虾业。

使渔民无法顺利安排一周后的捕捞计划。虽然短期制度旨在保证渔获配额的稳定，但在很多情况下却难以实现，因为无法确定该时期参与捕捞的渔船数量。因此，渔民高度依赖同行的出海情况。另外，一定程度上只有高度灵活性的渔船受益于传统的短期配额制度，只有这些渔船才能辗转于不同海域获益。不具备灵活性的小型渔船由于缺少安全性只能承担短期规划带来的负面影响，而且小型渔船易受天气变化影响。在大型渔船出海作业时，他们必须留在港内，但是也有人（Raakjær Nielsen 1992a）认为高估了大型渔船的灵活性。因为至少在初期阶段渔民往往更重视收益而非边际贡献，而且在很多情况下渔民从事同一种渔业的收益会高于改变捕捞方式带来的收益，因为改变往往意味着成本的增加。

最后，传统的短期配额制度会产生一定的后果。濒危鱼种（如鳕鱼）的短期配额往往较少，以免在下一个渔获配额实施前造成过度捕捞，或至少避免鳕鱼渔业的关闭。但这造成了繁重的行政负担，对渔民的捕捞安排来说也是个问题。在个别极端时期，为了保证鳕鱼渔业的开放，并不超过总配额、周配额甚至降至 25 千克或 50 千克。[94] 但是，正如我们稍后在个人因素中讨论的那样，这可能导致渔民以合法捕捞的名义获得非法渔获。而且，配额有效期过短也会导致渔船由于恶劣天气或其他因素无法充分利用配额的情况，这也是周期性渔获配额制度不断受到质疑的原因之一。

BCF 在渔获配额制度的实施过程中发挥了重要作用，渔业部长一般会认真听取渔业企业关于配额数量和周期的建议。按照不减少渔船数量的原则，渔业企业在配额较低的情况下仍然倾向于保持渔业开放。该项原则成为渔获配额制度的行政管理中一项重要原则。

1983—1990 年间，鲱鱼渔业主要通过对围网渔船个体渔获配额制度进行管理。自 1990 年起，拖网渔船允许进入鲱鱼渔业，[95] 以周次或月份为单位分配渔获配额。在 1990—2003 年间，BCF 和 BCF 下属鲱鱼管理小组在法规制定中担任了重要角色，丹麦在 2002 年决定在鲱鱼渔业中采用 ITQ 制度。新制度在往年提供年个体渔获配额的基础上，为渔船提供多年期配额，并且可以转让。这项制度引入了捕

---

[94] 丹麦法律禁止选择性捕捞。自 2002 年起（主要是商业鱼种）规定所有渔获物都可以合法上岸（指具有渔获配额并且大于最小可捕标准的渔获物），但这项条款难以执行。此外，渔需要丢弃没有渔获配额的渔获物（受访者 5 号和 11 号；Andersen et al. 2003；Fødevareministeriet 2001）。

[95] 管理制度的变动并未事先告知，只要受益的是埃斯比约地区的拖网渔船，而北日德兰半岛的围网渔船受到负面影响（Dansk Institut for Fiskeriteknologi og Akvakultur et al. 1991）。

捞权的私有化体系。[96] ITQ 制度从 2003 年起进行为期 5 年的试行，并不排除 3 年的延期。[97] 值得注意的是，虽然 ITQ 制度尚在试行阶段，但立即引发了结构性调整。渔船数量在开始两年就减少了 50%（Fiskeridirektoratet and Fødevareøkonomisk Institut 2005）。

在丹麦捕捞权分配原则调整后，2005 年秋季丹麦议会以微弱多数通过了一项针对大多数底层渔业的新监管体系，即新法规或 FKA 制度。同时，议会决定鲱鱼的 ITQ 制度永久有效，并为鲭鱼和其他非食用性鱼类设立相似的管理制度（Regeringen og Dansk Folkeparti 2005）。自 2007 年 1 月 1 日起实施的新管理体系基于特定区域特定鱼种的渔船配额分配情况[98]。虽然 FKA 制度对捕捞权的出售进行了严格规定，但这项制度的实施意味着全丹麦几乎所有的渔业活动都可以通过一定形式的可转让配额进行管理。

FKA 制度相对复杂，包括了大量为协调不同部门的利益以及确保捕捞能力与配额相符而设立的条款。此外，还特别为 17 米以下从事短途捕捞的渔船留出了一定的鳕鱼和龙利鱼配额。但是，这些配额只能转让给沿海渔民。这些制度主要为了保护小型渔船的利益，以免他们在市场竞争中被淘汰。渔民之间可以实现配额共享，无须为所有海域的所有鱼种申请个体配额。

FKA 制度在政治上的妥协很大程度上是由一个 2005 年成立的工作小组促成的。这个工作小组由 BCF 利益相关者和用户组成，并在一个相对固定的授权内运作。基于之前在鳕鱼渔业中积累的管理经验，丹麦政府决定，改革必须增加个体渔民获得配额并进行配额共享的机会（Udvalget vedrørende Ny Regulering i Fiskeriet 2005）。

人们希望 FKA 制度能对船队的结构性调整产生积极影响，使渔业资源和捕捞能力达到更好的平衡。2007 年年末，新制度使渔获配额高度集中，渔船数量大幅削减，并重新划分了渔船的捕捞区域。在 FKA 制度下，由于捕捞方式的个性化，BCF 的作用也遭到了大幅削弱，BCF 会议时间缩短（受访者 2 号），这将促使 BCF 继续在其他方面发挥更多的作用。

179

---

〔96〕 了解更多此决策的背景信息，请见后文强大的个体影响，或 Hegland and Sverdrup-Jensen（2007）和 Christensen et al.（2007）。

〔97〕 关于该制度的详细介绍，请见 Hegland and Sverdrup-Jensen（2007）或 Fiskeridirektoratet and Fødevareøkonomisk Institut（2005）。

〔98〕 配额根据 2003—2005 年间渔民的捕捞形式进行分配。虽然这项制度理论上只有 8 年有效期，但新规范为渔民提供了配额的实际支配权，但是配额不能进行自由买卖，而受限于船队的捕捞能力。

上述发展显示了丹麦如何在渔业中从作为公共资源管理的渔获配额制度改为现有的 ITQ 和 FKA 制度，通过配额对渔船活动进行限制。从一个开放灵活的制度到一个注重安全和细分的制度是一个重大的改变。在以前的渔获配额制度下，渔船的活动不仅取决于国家配额，还受制于其他船队的捕捞策略，因此渔民常常无法确定后续的捕捞活动，现有的制度使渔民得以对捕捞活动做出长期安排。

6.3.4　结构政策和渔船船队

在结构政策而言，丹麦一直通过渔船报废政策[99] 来削减捕捞能力。一方面是为了响应欧盟的渔船（适度）减产计划，另一方面也是丹麦为了提高渔船经济收益而主动做出的决策（受访人 1 和受访人 3）。虽然我们的一些调查对象提到渔船减产是一项全国性管理战略，但这些年效果却一直不尽如人意，稍后我们将会进行详述。丹麦渔船的捕捞能力（以吨为单位）的发展如图 6.3 所示。

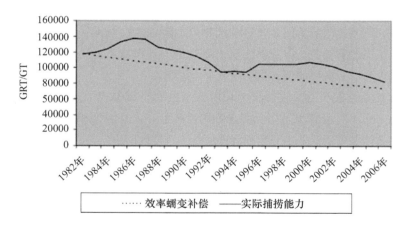

图 6.3　1982—2006 年间丹麦渔船船队捕捞能力发展情况（超过 5 GRT/GT 的船只）[100]
拉凯尔（后文中将提及）

---

〔99〕　渔民可以从渔船报废中获得一笔收入。渔船报废要求该渔船离开捕捞船队，随后又要求报废渔船必须拆除。

〔100〕　总注册吨位（Gross Register Tonnage，简称 GRT）代表经丈量确定的船舶内部总容积，允许减去不能用于载运客货的容积，如住舱。总吨位（Gross Tonnage，简称 GT），船体在上甲板下（或者船舱所谓围蔽空间）的实际载货容积，一般高于 GRT。自 1994 年起 GT 代替 GRT 成为衡量捕捞能力的标准。1982—1994 年间这两种概念通用。1993—1995 年数据有缺失，由此解释了此前和之后数据的下降和上升。

要了解捕捞能力中渔船吨位的发展，必须考虑技术发展带来的效率提高。[101] 180 这意味着丹麦渔船船队不仅要避免捕捞能力的增长，而且要保证渔船吨位每年至少下降 2%，才能维持现有状况。从图 6.3 可以看出，即使吨位从 1982 年的 118,000 吨减少到 2006 年的 83,000 吨，丹麦多年的渔船报废项目仍然不能抵消捕捞能力增长带来的蠕变。也就是说，实际捕捞能力仍在增长，并严重影响鱼类种群的可持续利用。

在图 6.3 中，还应注意到，点状线表示为补偿效率蠕变而应减少的捕捞能力，而实际上捕捞能力和渔业资源并没有达到平衡的状态。原因至少有三个。首先，如果效率蠕变的补偿保持平衡，那么我们相信 1982 年达到了这种平衡。这也许是真的（Vedsmand 1998），但并不确定；如果未达到平衡，那么可能导致捕捞能力过剩，而不是捕捞能力过低。其次，报废的渔船往往是效率最低的船只，我们的受访者也证实了这种情况（特别是受访人 1 号和 7 号）。最后，也是最重要的一点，如果 1982 年通过效率蠕变补偿达到平衡，那么已有的渔业种群资源将会维持 181 在 1982 年水平。但事实并非如此，一些种群资源在 20 世纪 80 年代初还异常丰富，自 1982 年起，却出现资源下降的状况，无法维持长期的发展（见第五章；Holden 1994）。鳕鱼，如上文所言，是在此期间资源下降最严重的种群（见图 6.2）。要维持捕捞能力和渔业资源之间合理的平衡，吨位的减少甚至要快于图 6.3 点状线所示。捕捞能力和渔业资源的长期失衡会导致种群状况的恶化，并产生恶性循环。[102]

1983—1987 年的能力建设和丹麦当时的情况有关。短时间内捕捞能力增长了约 15%，使丹麦以后一直面临产能过剩的问题。两个有意思的问题值得讨论：为什么在欧盟出台一系列渔船减产政策后仍然会有这种情况发生？（见第五章）以及是否有人注意到捕捞能力增长带来的问题？

Raakjær Nielsen（1992b）认为，这种情况是由（1）良好的资源状况，特别是波罗的海丰富的鳕鱼资源；（2）渔业补贴；（3）渔民不愿交税（渔民通过投资能避免交税，并有贷款提供经济支持）等多种原因导致的。但 Raakjær Nielsen 同时认为，渔民很快就意识到渔获配额的减少和繁重的债务负担使渔业变得无利可图。

---

[101] 一般认为，技术进步至少可以效率年增长 2%。此处虽称为蠕变，但有时技术革新如渔具的发展或牵引力的提高会带来效率的大幅增长。

[102] 这个讨论是基于简化后事件的描述，以免大量潜在因素妨碍我们得出正确的结论。比如，吨位并不一定是衡量捕捞能力的有效因素。另一个问题是，产能过剩未必导致过度捕捞，可以通过海上作业天数限制等措施限制渔船出港的次数。但总体来说，产能过剩往往使捕捞死亡率过高。考虑到上述因素，我们认为我们的结论虽然和实际情况稍有出入，但总体上是正确的。

因此，渔船报废相关的结构政策重新获得关注，而且在随后 20 年中，渔船报废项目成为丹麦的中心议题。

我们其中一个采访也印证了 Raakjær Nielse 的分析。这位受访人（受访人 6 号）列出了一系列产能过剩有关的其他原因。首先，产能建设初期对渔船的准入没有任何限制。虽然中央政府要求提交新船建造中包括总吨位和预算的申请，但实际上到 1984 年年底，绝大多数渔船的申请都得到通过。从 1985 年起新渔船的审批开始变得困难。船队在申请新渔船的同时，必须先移除相应的产能。在渔获量（特别是波罗的海地区）下降的情况下，很少甚至可以说没有渔民愿意承担这个风险。但是 1985 年前获批的新船建造审批仍有 2 年有效期，随之而来是新船建造的高峰期［新船建造许可证延后产生的影响在 1985 年引起 BCF 的极大关注（Fiskeriministeriet 1985b）］。到 1987 年为止仍有新的渔船进行建造并领取造船补贴[103]（见第五章）。虽然 1984—1985 年的时候已经在一定程度上对新船建造喊停，但是制度强大的惯性妨碍当局进行快速的调整和适应。1984—1985 年间 BCF 的会议记录表明，渔业行政管理机构在很短时间内就对导致产能增加的新船准入证发放制度进行了改革（Fiskeriministeriet 1984a）。1984 年初新船准入证的发放已经成为惯例。1984 年 4 月起政策开始收紧[104]，在建造新船的同时要求船队削减相应的产能（Fiskeriministeriet 1984b）。最初 14 米以下的船只不受此项规定制约，大型新建渔船的产能允许在原有基础上有 15% 的上浮。但是，随着时间推移，规定变得越来越严格[105]（Fiskeriministeriet 1985b）。

其次，受访人提到，虽然人们对于资源的忧患意识越来越强，但不像如今这般渗透人心。作为决策背后信息缺乏的案例，受访者提到，开放性渔业快要结束的时候，管理人员仍在瑞典和苏联之间波罗的海白色区域[106]根据开放性渔业的参与程度做出预算。

最后，受访人提到了"本地主义"。忽视本地社区以外其他地区的发展使产能建设超出了国家的可持续发展水平。当地很多银行向渔船提供投资贷款，却并未考虑其他地方的银行也在做类似的业务。其原因包括：（1）当地银行之间市场份

---

［103］　实际上，在 1985—1987 年间出现了新船许可证"供给不足"，这也就意味着某些渔船在完工不久就被出售（受访人 6）。

［104］　渔业部在此期间收到的新船建造申请，新船总吨位达 6000 GRT（Fiskeriministeriet 1984b）。

［105］　在对产能问题的持续关注下，1985 年成立了一个主要由渔业组织组成的董事会，负责处理此类问题（Fiskeriministeriet 1985a）。

［106］　该区域在渔民中称为灰色地带。俄罗斯和瑞典就白色地带/灰色地带的管辖权纠纷从 1978 年持续到 1988 年，该区域的渔业对所有渔船开放，导致鳕鱼资源严重的过度捕捞。

额的竞争；（2）为渔港和当地社区的利益支持当地渔民的愿望。在国家层面，　　183
这些贷款显然会带来负面影响，尤其是在渔业资源下降的情况下。博恩霍尔姆
岛上很多银行由于渔民无法偿还贷款而产生大量坏账，甚至有一家银行因此
破产。

如上文所示，渔船捕捞能力建设超过可持续水平有多种原因。产能过剩不仅
促使丹麦出台渔船报废政策，还对丹麦渔船的经济和资源养护产生严重影响。然
而如图 6.3 所示，这些问题还不足以唤起人们削减捕捞能力的意识。

6.3.5　管控与实施

针对丹麦渔船产能过剩的问题，管控与实施成为确保法规遵守的关键要素。
上文中提到，渔业委员会（The Directorate of Fisheries，DoF）负责陆地和海上渔
业法规的管控与实施工作。虽然 DoF 也负责管理其他事项，但管控与实施是其最
重要的职责。2007 年，DoF 约 75% 的预算资源都用于此项工作
（Fødevareministeriet and Fiskeridirektoratet 2006）。

我们的受访者（受访者 5 号和受访者 11 号）认为，丹麦渔业管控与实施的责
任集中在一个部门，而不像其他国家下放给多个部门，这是丹麦的优势所在。受
访者认为，由 DoF 集中负责缩短了指令传递的程序，有便于在管理中出现问题时
迅速做出反应。这种将管控与实施活动统一负责的做法有效缩短了检查人员和立
法人员的距离。DoF 与政府一直保持良好的关系，因此一旦渔业中出现管控问题，
可以向政府层面提供建议并得到及时解决。但是，DoF 并不是政府部门，而是基
于合约进行运作，因此得以和政治体系保持一定的距离，这也意味着渔业部长极
少对规章的实施进行干预。至少在过去某个时期，如果部长向渔业执法部门示意
的话，可以放松监管并导致大量的渔民欺诈行为（见"强大的个人因素"一节）。
受访者认为，在 1995 年改为现有体制后，这种情况已经不大可能发生（受访者 5
号和受访者 11 号）。

受访人同时提到，虽然他们管控部门在行政和制裁、设备和人员[107]配备方面
都相对不错，但是 DoF 预算的持续减少[108]（受访者 5 号和受访者 11 号）对法规　　184

---

[107]　渔业检查人员从 1988 年起开始接受正规的上岗培训，取代了之前用退休渔民执行检查任务的做法。一
　　　方面，管理变得制度化、检查人员专业化；但是，从另一方面来说，检查人员对于捕捞活动的了解没
　　　有以前退休渔民那么深入（受访者 5 号和受访者 11 号）。
[108]　近年来丹麦公共部门一直要求"效率增益"，实际上并不容易实现，尤其对与管理经济萎缩的产业部
　　　门来说具有很大的压力（见图 6.1）。为了配合预算的削减，2007—2010 年间 DoF 在渔业管理方面的投
　　　入减少了 15%（Fødevareministeriet and Fiskeridirektoratet 2006）。

的有效实施产生了挑战，迫使 DoF 不得不采用资源节约型措施，通常是 IT 解决方案。这也使人们对现有水平如何维持管控的高效性产生了质疑。此外，受政府合约的影响，DoF 内部程序性工作变得越来越多，增加了大量的案头工作。总的来说，丹麦的渔业管控与实施体系在 CFP 的框架下得到合理的运行，但是产能过剩和配额较少等问题导致了一些渔业违规行为的产生（受访者 2，4，5，6和 11 号；Kommissionen for de Europæiske Fællesskaber 2001；European Court of Auditors 2007）。

6.4　丹麦的实施策略——国内动力

6.4.1　国家的自主空间

　　虽然 CFP 通过制定框架性政策对欧盟的渔业管理产生了重要的影响（主要包括 TAC 制度和相对稳定原则，见第 5 章），但成员国和政府部门在措施的实施和执行过程中仍保留一定的自主权，尤其是上文 6.2 所提到的 4 个方面。在这些方面，国家决策和措施的实际实施程度影响 CFP 效力以及目标捕捞死亡率的实现，纵观欧盟，成员国在措施的实施中方法各有不同。本节将就影响丹麦渔业管理发展的国内动力进行讨论和分析——国内力量在一定程度上也妨碍了丹麦捕捞业做出清晰的长远规划，包括管理模式、捕捞船队的结构性发展等。我们将讨论以下几个问题：[109]（1）渔业和管理的分歧和困境；（2）个人因素的强大影响和机会之窗的存在；（3）个人与集体的不同视角。

6.4.2　渔业和管理中的分歧和困境

　　丹麦捕捞业的结构相当复杂，渔船种类由从事生计渔业的小型渔船到渔业公司运营的大型船队不等。从所有制结构来说，主要是自有渔船，但渔业公司下面资本密集型渔船的数量，尤其是拖网渔船的数量近几年明显增长。自 2005 年 11 月丹麦议会通过 FKA 制度后，这种趋势尤为明显。

　　虽然丹麦国土面积不大，但区域之间存在一定的差异，这也间接影响了渔获配额的分配。因为地理位置是分配的一个潜在考虑因素。而且，配额根据渔船大小或按年份分配的方式间接考虑了一些地区的地理利益。波罗的海的鳕鱼渔业很好地证明了这种地理差异的存在（Raakjær Nielsen 1997），可以简单归结为准入权

---

[109]　受访人在采访中提到这几个方面也是主要的国内动力。

的问题。数十年来，大量来自北海和丹麦其他地区的渔民都有过冬季在波罗的海捕捞鳕鱼的经历（1986 年在波罗的海捕捞鳕鱼的渔船超过 1200 艘）〔Sandbeck（2003）〕。波罗的海博恩霍尔姆岛上的渔民在夏季也去其他地方捕捞作业。但是，博恩霍尔姆岛的渔民一直认为他们对博恩霍尔姆岛周边海域的鳕鱼有优先捕捞权。实际上，丹麦渔民对第一季度鳕鱼配额的分配一直争议不断。博恩霍尔姆岛的渔民倾向于将配额在一年中平均分配，以确保加工业有稳定的货源，并使波罗的海的鳕鱼配额最大化。而波罗的海以外区域的渔民则希望在第一季度获得最大配额，不仅因为这期间的 CPUE 处在最高峰，而且在其他季度他们还将在波罗的海以外海域捕捞作业。因此，管理部门希望通过平衡双方利益来摆脱困境，使波罗的海鳕鱼渔业达到某种形式的稳定，并确保配额的"合理分配"使双方满意，避免冲突。

渔民在其他事务上有相似的利益和立场。比如，欧盟决定从 2006 年起对波罗的海鳕鱼渔业实施禁渔期措施，但是成员国有权决定具体实施区域和时间。博恩霍尔姆岛的渔民[110]和 DFA 渔民一致决定将禁渔期放在复活节、圣诞节、秋季假期等捕捞淡季（Fiskeridirektoratet 2006）。行政部门在很大程度上采纳了渔业协会的意见，并将绝大多数禁渔期放在上述节假日期间。因此，禁渔期几乎未对降低捕捞死亡率产生任何效果。这在预料之中，很好地说明了措施在成员国的实施并不一定符合欧盟立法的预期，资源养护也不一定是成员国主要的管理目标。欧盟已经注意到成员国的这种做法，并对原则进行了调整。今后将不再有"自由捕捞日"，而这项法规最终将收到预期的成效。

在 2003/2004 年前，DFA 政策规定，行政管理上任何丹麦渔民都不得被排除在任何渔业之外。因此 DFA 的口号是："丹麦渔场为丹麦渔民"，支持丹麦在渔业管理中将灵活性最大化。但是，这种观点长期以来受到挑战。从世纪之交开始，尤其受到从事中上层渔业捕捞来自大型资本密集型渔船的渔民的质疑。他们认为，丹麦船队（从管理上）应当细分，在鲱鱼和鲭鱼的配额分配上给从事中上层鱼类捕捞的渔船高比例专属配额。作为回报，这些渔船将退出其他渔业。[111] 从事中上层鱼类捕捞的渔民在 DFA 中有一席之地，但以丹麦中上层渔业生产组织（Danish Pelagic Producers Organisation，DPPO）为政治平台。自 20 世纪 80 年代起，DPPO

186

---

〔110〕 2005 年，博恩霍尔姆岛和克里斯蒂安岛渔民协会，以及格雷诺的渔民协会出于诸多原因退出了 DFA，其中最主要的原因是不满 DFA 在底层渔业新法规中的立场。这两个协会组成了丹麦渔业协会联盟，与DFA 在 BCF 享有同等地位，这两个渔业协会从 DFA 退出又一次体现了丹麦捕捞业的分歧。

〔111〕 但现实是，这些渔船并不愿意从其他渔业中退出，因为他们仍想保留非食用性鱼类的捕捞权。

一直支持 ITQ 制度的实施，并希望通过长期的规划为丹麦中上层渔船现代化争取资金。在 20 世纪 80 年代末，与挪威和苏格兰的渔船相比，丹麦从事中上层鱼类捕捞的渔船在技术上开始出现落后（更多详情，请见 Christensen et al. 2007）。

灵活性自然有其本身的优势，尤其是在种群资源下降的时候，渔民可以从事不同鱼类的捕捞。但是，有时灵活性也会产生多米诺效应，将某个渔业的问题延续到下一个；如 1986 年前后（见图 6.1）非食用性鱼类产生的问题。捕捞固定鱼种的渔船进入另一渔业，会对后者原有作业渔船产生压力，导致该渔业船满为患，经济收益显著下降[112]。这些渔船将被迫转向另一个渔业，从而引发恶性循环。船队缺乏细分，不仅使其自身所在渔业产生问题，还将波及其他船队，导致所有渔民的经济收益降低。为了说明问题的严重性，我们举例说明：如果渔船捕捞不同的渔获物，可以避免高昂的影子成本（一个船队的作业造成另一个船队成本增加的外部效应），丹麦渔船的生产利润可以增长 10% 左右——在 1988 年相当于 3.5 亿丹麦克朗（按 2006 年价格计算为 5.2 亿）（Løkkegaard 1990）[113]。

Christensen and Raakjær（2006）认为，渔民对于职业的不同看法在很大程度上与船只大小有关，并呈现两极化的观点。一方面，小型渔船的渔民把捕捞和家庭生计联系在一起，保持低成本运营，并不期望从捕捞中获得高利润，而是将其视为固有的生活方式。另一方面，拥有大型渔船、可以在不同海域作业的渔民视为动态投资者以及典型的领跑者，他们认为渔业和其他商业没有不同。

在受访人看来，以生活方式为导向和以商业为导向的捕捞方式清楚地反映了丹麦渔业目前的分歧，其中一位受访者（受访者 10 号）认为：

> 当 Bent Rulle 和他的前任们作为 DFA 主席的时候，捕捞是一种生活方式。这没什么问题……但是这属于垂钓协会的范畴。

相反，另一位重要受访者（受访者 4 号）表达了如下对拥有大型资本密集型渔船船主和他们经营生意的看法：

---

[112] 当大型渔船进入该渔业产业，他们拿走大部分配额，产生影子成本。此外，大型渔船的高功率渔具和发动机给鱼群造成压力，使小型渔船难以维持原有 CPEU。

[113] 作者并未意识到这项统计在 1988 年进行，但新规范配额的高价格说明丹麦渔业的影子成本仍然较高。而且，随着 FKA 制度下配额的分配越来越合理，渔民希望消除影子成本。

> 这些大亨在手头拮据的时候对渔船进行现代化改造，以便获得贷款
> 并进行私用；在风调雨顺的时候也对渔船进行现代化改造，以此来避税。

这清楚地表达了生计渔业的渔民对商业捕捞渔民的不满。

188　　丹麦渔业管理中一个不成文的目标是尽量在不同的观点和利益中达到平衡以避免冲突，但是这项政策在实施 CFP 时遇到了困难。在灵活性和明确分工之间寻找平衡点并非易事，需要考虑生计渔业和商业渔业不同的出发点和利益，并且在很大程度上代表了小型渔船和大型渔船之间的利益冲突。此外，由于还有区域和当地的政治考量，使得政策的实施变得异常复杂。

6.4.3　强大的个人因素和机会之窗的存在

为了充分了解丹麦管理制度的动态演变，首先要认识到强大的个人因素和机会之窗[114]对措施的实施、甚至制度本身变革的重要性。大多数受访者都认为，渔业政策很少受到政治官员的关注，这使强势的个人很容易对丹麦的渔业管理产生影响。[115] 一些受访者（受访者 1 号和 4 号）甚至认为，丹麦的渔业政策从这方面来讲是一个极端的案例。

为何会有如此的情况？丹麦的渔业管理高度集中，重大或根本性改变都通过国家议会（Folketinget）决定。因此，只有国会成员才有直接的发言权，而渔业政策和渔业事务却很少[116]能引起国会 179 名议员的注意，这意味着提出渔业议题的官员很容易处于主导地位。正如一位受访者（受访者 1 号）所言：　　　　　　　　　　　189

> 这是渔业领域的特色。只需一位、两位或三位活跃人士，他们就能
> 控制议会的主要话语权。

其他几位受访者也表达了类似的看法，没有任何反对意见。

政府官员对渔业政策及其实施普遍缺少关注，主要的原因是，据几位受访者

---

[114]　机会之窗的简介参见第 5 章。

[115]　需要注意的是，这些强势的个人仍然需要在欧盟的框架下活动。

[116]　但是，值得注意的是，有一些渔业事务的议题在国会得到广泛的关注，比如，最近刚通过的与 ITQ 相似的渔船配额制度，即 FKA 制度。之所以受到如此广泛的关注是因为关于捕捞权转让和所有权的讨论反映了左翼和右翼的意识形态差异。因此，这个议题从单纯的渔业问题上升为有关左翼和右翼差异的讨论。不幸的是，据一位受访者（受访者 3 号）所言，参与讨论的议员越多并不意味着讨论质量的提高。这种讨论往往缺乏深度的专业知识，比如，有关丹麦和欧盟在各领域的能力。

所言，捕捞业和其他政策领域相比显得无足轻重。这种现状并非出人意料，但过去的几年丹麦渔业政策的实施显然受到了严重影响。就经济而言，捕捞业确实处于边缘地带，而且与其他经济产业的关联性也逐渐变少。如前文所言，考虑到通货膨胀的因素，2006年的捕捞价值仅有1983年的一半（见前文图6.1）。而且，渔民数量的减少导致其选票难以对任何事务产生决定性影响。因此，大多数政府官员都选择关注可操作性强、关注度大的议题，以便能获得更多选票的支持。

对渔业政策缺少普遍的政治关注不仅使少数对这方面有兴趣的官员得到绝对的话语权，而且为产业代表铺平了道路，成为对政策具有影响力的人物（受访者1号和4号）。但值得注意的是，捕捞业从1994年起分成两个协会，在2000年合并成全行业的代表机构DFA，但是在政策优先权的问题上，尤其是涉及灵活性和船队细分等问题上，DFA内部关系一直处于紧张状态。捕捞业代表并未从他们的政治优势中获益，很多决策都只能维持现状。

政治体制中，尤其在以上这种状况下，渔业部长如果有意，可以对丹麦渔业政策及其实施产生强大的影响。当然，他也有可能不愿意做任何改变。主要或根本性的改变往往是出于形式所迫，为强势的个人或个人关系网提供了一扇机会之窗，促使现有制度或实践发生改变，甚至产生制度的变革。我们将在下文对1983年后上任的几位部长（在表6.1中姓名以粗体字表示）作详细的介绍。[117]

190　　　在大多数受访者看来，肯特柯克（Kent Kirk）是一位强势的个人。他在担任渔业部长之前和在职期间推行的渔业政策在很大程度上都使他家乡的渔港获益。肯特柯克曾是埃斯比约一艘渔船的船长，并从1975年起担任当地渔民协会的主席，1989年成为渔业部部长。[118] 他在1979—1984年[119] 间是欧洲议会的议员，并在1984—1998年选举中进入丹麦国会。

---

〔117〕 我们选择对受访者认为具有强大的个人影响力的几位部长进行分析，这完全符合我们25年中对丹麦渔业的了解。虽然我们不做深入探讨，但一个有趣的现象是，尽管整个时期都是联合政府执政，负责渔业的部长一直与同期的首相来自同一个党派。

〔118〕 他同时也是海上渔民协会董事会的成员之一，并在后半期担任副主席。海上渔民协会主要办公地点在埃斯比约。

〔119〕 1983年，在他任职欧洲议会议员期间，他通过丹麦和欧盟渔业政策历史上投放率最高的媒体宣传获得自己的地位。在1983年1月欧盟CFP谈判的最终阶段（第5章），他指挥他的渔船在英国12海里内进行捕捞作业。他认为，在1983年年初新的CFP协议尚未签署，而12海里内禁捕的政策已经结束，他有权从事以上作业，但他的渔船被英国渔政船拦下，并接受严重罚款。但是，欧共体法院后来宣布他无罪。

表 6.1　1983 年至 2007 年负责渔业事务的部长

● 格罗夫（Henning Grove），1982—1986 年，保守人民党
● 拉斯（Lars P. Gammelgaard），1986—1989 年，保守人民党
● 肯特·柯克（Kent Kirk），1989—1993 年，保守人民党
● 韦斯特（Bjørn Westh），1993—1994 年，丹麦社会民主党
● 亨里克（Henrik Dam Kristensen），1994—2000 年，丹麦社会民主党
● 瑞缇（Ritt Bjerregaard），2000—2001 年，丹麦社会民主党
● 玛丽安·费歇尔（Mariann Fischer Boel），2001—2004 年，丹麦自由党
● 汉斯·施密特（Hans Christian Schmidt），2004—2007 年，丹麦自由党
● 伊娃·汉塞尔（Eva Kjær Hansen），2007 年至今，丹麦自由党

　　肯特·柯克对渔业的兴趣不言而喻。他是唯一一位出席 BCF 会议的部长[120]（受访者 1 号和 BCF 会议纪要），这也可以说明他个人对这个领域的责任。然而，根据几位受访者（受访者 4 号、5 号和 6 号）以及丹麦水产养殖研究所（1991 年）的报告，肯特·柯克没有利用自己的职位和渔业知识来提高整个行业的利益，而是在牺牲其他地区的基础上为埃斯比约船队谋利。国会会议上，他与另一位国会议员，同样来自埃斯比约并做过船长的罗西（Laurits Tørnæs）[121] 组成强大的联盟，为埃斯比约渔船争取利益。

191

　　这个柯克—罗西联盟中的两位成员都在渔业中有既得利益，而且在各自的党派中都有较高的地位，因此在近十年中（1983—1993 年）对丹麦渔业政策产生了很大影响。比如，由于他们的介入，1984 年开始了大型拖网时代。如之前所述，引进这些大型拖网渔船的时候丹麦已经开始削减捕捞能力，并要求在申请新船建造时减少旧船相应的功率。1984 年，埃斯比约的许多渔民获得了大型拖网渔船的建造许可证。[122] 这些许可证的发放是基于一项指示性的渔船预算，即获得许可的渔船只允许在北大西洋捕捞非食用性鱼类，渔获物不记入 TAC。事实上，捕捞非食用性鱼类缺乏经济效益（之前已有一些人提出质疑），因此，这些渔船并未在北大西洋进行几次捕捞作业，随后便获准进入北海作业（受访者 4 号和 6 号）。这些渔船最初只允许捕捞非食用性鱼类，但随后便慢慢扩展到鲱鱼和鲭鱼。1990 年，管理制度在短时间内发生变化，这些渔船获得和围网渔船同等权利，获准在丹

---

[120]　所有他的前任和后任都由公务员代表出席。

[121]　罗西（Laurits Tørnæs）曾长期担任海上渔民协会的主席（1974—1987 年）。在 1971—1974 年间，他是埃斯比约渔民协会的主席，他也是联合政府中强势党派——丹麦自由党的成员，以及 1978—1993 年农业部长（自 1981 年起担任国会议员）。在此之后，他长期担任埃斯比约所在的里贝郡郡长。

[122]　一般指超大型拖网渔船。

麦北海从事鲱鱼捕捞，并且随后成为鲱鱼渔业的主要渔船，这导致实际捕鱼权从北日德兰半岛北部转移到埃斯比约，后者成为新型拖网渔船的母港。向拖网渔船发放许可证（虽然预算没有获批），随后又获进入北海作业，这些都是由肯特柯克和罗西促成的决定。人们称他们"扭断了格罗夫（时任渔业部部长）的臂膀"[123]（受访者 4 号所言，受访者 6 号表示赞同）。肯特柯克和罗西通过为埃斯比约提供特殊待遇推动该地区渔船和区域获利，不仅导致了区域资源的再分配，而且使北海的丹麦渔船结构性产能过剩更为严重，并引发了上述的一连串多米诺效应。

　　另一方面，肯特柯克在执政期间并未采取有效措施保持渔业资源和捕捞能力的平衡，从而导致捕捞死亡率过高以及渔船产能过剩。在 1990 年代初出现鳕鱼危机的时候，曾有机会改变当时的状况。肯特柯克的前任，拉斯（Lars P. Gammelgaard）曾试图将 ITQ 制度引入丹麦渔业，但肯特柯克上任后中断了这项工作。显然，肯特柯克希望捕捞能力和现有的法规维持现状，渔民随时拥有海上捕捞的权利（比如，每周 50 千克的捕捞限额）。这使法规的遵守完全依靠渔民的自觉，而当时的渔业检查也过于温和。也有人认为，部长通过妨碍公职人员追查违规行为（Sandbeck 2003），或者在会见渔民的时候淡化遵守法规的重要性（受访者 4 号），间接鼓励了渔民的违规行为[124]。韦斯特（Bjørn Westh）——肯特·柯克的继任，为了避免欧盟的查问，建立了一支强有力的执法队伍，抓获了一大批违法的渔民并进行相应的处罚。在肯特柯克就任期间，这些违法行为都得到了容忍（受访者 4 号；Raakjær Nielsen and Mathiesen 2003；Sandbeck 2003）。

　　第二位在我们认为起到很大作用的部长是亨里克（Henrik Dam Kristensen）。不仅因为他个人在渔业方面的功劳，更多的是因为他与本特（Bent Rulle）的合作[125]，后者在很多采访者看来是国家政治圈以外最具有影响力的个人。在 1994 年到 2002 年间本特对丹麦渔业政策的管理与实施发挥了极大的影响作用，这期间大

---

[123]　值得一提的是，在我们的采访中，只有反对者认为这项决议的后面有埃斯比约的游说。从这方面来说，受访者在某种程度上是带有偏见的。但是，埃斯比约的游说对决策有决定性影响的说法符合人们当时对这个游说的认识。

[124]　除此之外，渔获物的更名成为一种常见的做法。当时丹麦的鲽鱼有较大的配额且很少使用，因此很多渔民在报上岸量的时候将鳕鱼改为鲽鱼，或者有配额限制的鱼种改为其他鱼种。这些非法渔获物通过正常途径出售的时候仍需要交税，因此成为灰色鱼种。

[125]　本特是来自莱斯（Læsø）的渔船船长，莱斯是卡特加特海峡一个依赖渔业的小岛。他在 19 世纪 80 年代是奥斯特比（Østerby）渔民协会的主席，在 1991 年担任丹麦捕捞协会主席，1994—2003 年任第一位 DFA 主席。

部分时间正好是亨里克执政的时期。值得一提的是，在布鲁塞尔 CFP 协议谈判期间，本特在多个场合提到，丹麦部长亨里克是保护渔民利益的最佳人选。我们也相信，亨里克对本特特别重视，因为本特在 1994 年成为新成立的渔民联合协会主席，这是渔业产业第一次在社会上尤其是 BCF 中有了统一的声音。此外，亨里克作为社会民主党成员，支持本特的观点。本特呼吁着重保护渔民社区的渔业，他认为渔业不仅仅是一个普通的经济部门，而且要把捕捞当作一种值得维护的生活方式看待和保护（受访者 4 号和 6 号）。本特被认为是中小型渔船的代表，但在很多人眼中，特别是大型渔船以及渔业以外领域的人看来，他却是渔业发展和进步的障碍。他坚决反对在丹麦实施 ITQ 及 ITQ 类似的制度，担心会导致投机行为以及区域性产能失衡，最终破坏丹麦渔民特殊、独立的生活方式[126] 亨里克同样反对 ITQ 制度，和本特站在同一阵营（Fiskeritidende 1997）。

在许多方面，亨里克认同本特的观点，但是他也不想与整个捕捞业作对，因此也愿意达成协议。亨里克和他的政府与 DFA 并没有利益冲突。这种冲突厌恶不仅因为决策时丹麦的社团主义传统，而且可能是由于更务实的问题——渔业部当时正忙于与农业部合并，这在某种程度上创造了管理真空。此外，肯特柯克最近辞职，随即有丑闻传开，认为他在任期间没有遵守应有的法规（Sandbeck 2003），因此渔业部需要尽力满足捕捞业的要求以避免产生进一步的冲突。最后，就个人而言，本特是一个非常有魅力的人，在很大程度上对 DFA 的董事会的管理颇见成效（受访者 4 号、6 号和 10 号），也使他在和渔业部长的谈判中处于有利地位。在亨里克辞去部长职务后，本特在 DFA 中遇到来自大型渔船的强劲的反对派。由于他对 ITQ 的反对态度，他在 2003 年辞去主席职务，以便为下一位善于妥协的继任者腾出位置（受访者 4 号、6 号、8 号和 9 号）。然而，直到鲱鱼渔业采用 ITQ 制度，丹麦渔业政策未来的方向得到确立，这样的人选都没有出现（见上文资源分配一节）。

本特对丹麦渔业政策的贡献在于他在任职十年中丹麦渔民有统一的声音。然而，这也解释了他为什么没能充分利用自己的地位。他一直试图保持这种话语的统一，因此有时不得不通过妥协以保持某种平衡。也许这也在一定程度上解释了为什么几位受访者认为，他作为主席的馈赠是对任何事情都说"不"，并且想要维持原状（受访者 6 号、8 号和 9 号）。如果对许多事情说"是"，那他很有可能当不成该组织的主席（受访者 4 号）。当时没有改革丹麦渔业政策的机会之窗，也

---

[126] FKA 制度实施第一年确实导致严重的区域性捕捞能力失衡。

没有人真正有志于解决产能过剩的根本问题，而这最终导致类似 ITQ 的 FKA 制度的实施。

194   第三位对丹麦渔业政策路径及其管理和实施产生很大影响的部长是瑞缇（Ritt Bjerregaard）。和前任亨里克一样，她也是社会民主党成员。瑞缇在任职期间决定在鲱鱼渔业采用 ITQ 制度，试行 5 年。这个决定首次引入了捕捞权的直接所有权，相对丹麦以往的实践是一个巨变，而且与前任部长亨里克，DFA 主席本特的观点大相径庭。一些受访者（尤其是受访者 4 号）认为，这一决定随着 2007 年 FKA 制度的实施推动了底层渔业的发展。

    瑞缇在国会中强大的盟友是北日德兰半岛选举的林妮（Lene Espersen）[127]。后者的家庭从事中上层鱼类的捕捞，因此对这些渔业的管理尤其关注（受访者 1 号和 4 号）。有意思的是，林妮代表政党的另一派，使两人的联盟更为强大。因为丹麦政府，包括这一届，一直是少数派政府。瑞缇与林妮说服国会采用 ITQ 制度。虽然得到 DPPO、加工业和银行的支持，却违反以 DFA 为代表的大多数丹麦渔民的意愿（尤其是从事底层鱼类捕捞的渔民）。这项决定在国会得以通过可能是由于以下几个原因：（1）国会中不同政党成员的结盟；（2）人们逐渐意识到，鲱鱼渔业捕捞许可证发放过多对丹麦中上层渔业的现代化和竞争力造成了挑战；（3）当时比较活跃、强大以及同质的群体是从事中上层鱼类捕捞的船主，他们支持 ITQ 制度（受访者 1 号、4 号和 8 号，Christensen et al. 2007；Hegland and Sverdrup-Jensen 2007）。也就是说，时机正好，要不是瑞缇与林妮在特定的时刻有决心改革的意愿，这项决策很可能由于反对而推迟实施[128]。

195   自从 2005 年丹麦国会采用 CFP 后，丹麦渔业管理制度发生了根本性改革，丹麦自由党的施密特（Hans Chr. Schmidt）出任渔业部部长。汉斯施密特对渔业事务有特别的兴趣。在他 2007 年 9 月的辞职演说上，他特别提到处理渔业事务是他任

---

[127]   林妮（Lene Espersen），现任司法部部长，是在北日德兰的希茨海尔斯鱼港的中上层鱼类捕捞船东的女儿。她曾是一位渔民代表，但在柯克 / 罗西任职期间失去这个职位。林妮与瑞缇一起对渔业政策产生了重大影响。

[128]   在理论层面上，垃圾桶模型（首先由 Cohen 等人在 1972 年提出）对于理解丹麦渔业管理的发展和实施背后的决策过程和决策体系似乎是个合适的模型。垃圾桶模型的一个基本信息是决策过程的不同要素——问题、解决方案、参与者和选择机会不可能总是整理成一个清晰的事件链，最终做出一个深思熟虑的决定，正如一个简单的、传统的决策模式提供的那样。相反，决策的这四个要素作为独立的支流发挥作用（Cohen et al. 1976）。这意味着"垃圾桶决策过程的一个主要特征是问题和选择的部分解释。虽然我们通常认为决策是一个解决问题的过程，但通常并不如此，问题在一定的选择中解决，但是只有当问题，解决方案和决策者的动态组合使行动变得可行时才能做出决策。"（Cohen 等，1976，第 36 页）。感谢受访者 8 号在我们丹麦情况寻找合适的决策模型时给我们启发，对垃圾桶模型进行思考。

职期间最享受的事情。丹麦的自由党是市场化解决方案的有力支持者，因此汉斯·施密特明确表示对 ITQ 的支持，以及用 ITQ 的方式解决问题的思路。引进以市场为主导的方法第一个重要步骤是 2002 年在鲱鱼渔业中采用 ITQ 制度。虽然只是 5 年的试行，但是 ITQ 制度的首次实施对于丹麦的渔业管理发展来说是一个里程碑式的决定，而事实上为渔业的未来发展决定了方向。2005 年，新 DFA 主席对 ITQ 的支持态度再次强化了对这种管理方式的认可。因此，在他就任期间，改革之窗出现，与他的前任的情况形成对比。他只是遵循了他的政治愿景，并得到了 DFA 上层的大力支持，并进行了改革。[129] 通过引入私有权，丹麦的捕捞权不再是共有财产，对大部分鱼类种群，包括所有经济上重要的鱼种来说，变为丹麦式的 TAC 制度。

那从中得到的经验是什么？在渔业问题尚未引起政治层面的重视前，比如丹麦的情况，这种问题只会吸引少数党派的注意。这使那些有兴趣和有专业知识的人在相关事务的讨论中处于有利地位。对政治官员、对行业代表均是如此。尽管我们没有进行直接调查，但似乎可以得出这样的结论：在丹麦更重要的经济部门，或其他受到公共关注的领域，或其他渔业在经济或公共讨论中占据重要地位的国家中，个人因素不会产生同样的影响力。

196

我们很难判定这种体系孰好孰坏。个人对渔业管理和政策实践到底产生了积极还是负面的影响，最终取决于对发展的不同看法。然而，我们有理由认为，与受个人影响不大的管理体系相比，丹麦体系显然更为脆弱，更易受管理层个人喜好的影响。另外一个风险是，由于一些个人可以在没有妥协的情况下实施自己的意见，因此不容易达成必要的折中，而且制定一个能得到普遍接受的渔业发展战略或愿景变得异常困难。

6.4.4 观点的不同——个体与集体

在采访中我们发现，捕捞行业对管理中有很多不同的看法，但看法的不同通常是由于个体的不同考虑，而不是为了寻找共同长期性的解决方法。一些受访者

---

[129] 值得一提的是，改革在议会中以微弱多数的票数通过，只有联合政府和丹麦人民党表示支持。有趣的是，虽然丹麦社会民主党在鲱鱼渔业中引入 ITQ 制度中起到推动作用，但是在瑞缇上任后该党改变了对 ITQ 的态度。DFA 内部也有强烈反对的声音，主要来自拥有中小型渔船的渔民，重现了丹麦渔业以往的分裂态势。还应提及的是，法律上的产权并没有得到批准，因为国会提出了一项为期八年的终止条款，但是条款的终止需要议会进行连续 2 次选举对制度进行改变，因此这一条款很可能不被采用。终止条款更多只是政府表示丹麦鱼类资源并未私有化的粉饰，事实上他们在 2005 年通过了新的条例。

提到，丹麦的渔业政策很难在一部分渔民获益的时候不损害另一部分渔民的利益。[130] 一些采访者称之为忌妒，并认为损害所有人利益的政策反而相对容易得到渔民的接受。受访者认为渔民的嫉妒是一个相对简单的表述，正如其中一位受访者（6 号）所言：

> 嫉妒控制了很多东西。很多人投入大量的精力防止他人获得利益。

我们认为，嫉妒实际上是指过于注重个人利益，而忽视寻找对整个渔业有利的共同的解决方法。

一些受访者认为，这种推论不仅存在于普通渔民中，在领导层同样如此。受访者认为，在渔业协会代表委员会中只为自己的渔船争取利益，这是标准做法（受访者 6 号和 10 号）。一个受访者（受访者 10 号）如此描述：

> 讨论法规中的一些条款是否需要改变，往往会以这样的考虑结束：这对我来说意味着什么？我能否从中获益？

受访者 4 号对渔民的想法有更细致的描述：

> 渔民往往是个人主义者。渔船是由 3 个船员组成的小社会，也是渔民想要尽力发展并做到最好的一个单元。……所以，如果有新的提案，渔民最先想到的是，"这会对我的渔船、我的世界、我的社会产生什么影响？"如果有任何地方与他的想法冲突，他都会说"不"。

这表明，驱动因素并非嫉妒，而是由于对新措施或新法规结果的不确定性以及由此产生的不安全感，这似乎是符合"你知道你有什么，而不是你会得到什么"的哲学思路。许多渔民倾向于以自己的渔船为背景对建议进行评估。绝大多数渔民都是为了获得经济收益，因此以个人的角度出发看待问题是正常的，即使从长远来看，以集体主义的角度考虑问题不管对群体还是个人会有更大的利益。这种

---

[130] 这种决定在经济学上称为帕累托改进，帕累托改进到最后可以达到帕累托最优。受访者提到的例子包括以各种方式阻止一些渔船在外国水域从事捕捞作业，即使没有其他丹麦的竞争（受访者 6 号），以及即使在鳕鱼资源最为丰富的时候，渔民自己不从事鳕鱼捕捞也不希望其他人捕捞鳕鱼（受访者 2 号）。

趋势是阻止实施和管理实践理性发展的主要原因（受访者 2 号、6 号、8 号和 10 号）。然而，一位受访者确实提到，这种态度与社会整体的变化有关。社会通常向着自由化，以市场为导向，以及个人主义的方向发展（受访者 6 号）。

此外，一些受访者还提到，渔业代表（一定程度上还有政治官员）在决策中有时仅考虑到小部分渔船，甚至极端情况下个别渔船的利益（受访者 2 号、8 号、9 号和 10 号）。受访者用上述偏好解释了这一点，渔民对于事件的讨论是基于案例而不是一般性原则。因为在渔业部门，渔业代表并不是"专业代表"，而是渔业中较为活跃的人。如果你支持了全局性建议，但是损害了自己代表的渔民的利益，他们会立即质问为何没有把他的特殊情况考虑在内，甚至有可能导致如一个受访者所说的那样非组织性的"规则和行政实践的扩散"（受访者 5 号），而不是推动了一个理性的发展战略。

6.5　评价与启示

198

捕捞死亡率和鱼类种群资源状况之间的平衡是分析渔业管理绩效中重要的一步。本章通过分析丹麦渔业政策的发展和实施中主要的国内驱动因素，为理解 CFP 在控制捕捞死亡率方面的失败提供了新的解释。

欧盟 CFP 中养护政策部分对捕捞死亡率提出了要求，并把年 TAC 作为主要的控制手段。养护政策通过结构政策措施的辅助，旨在对渔船的捕捞能力和捕捞活动进行管理。如前所述，捕捞死亡率并非直接统计得出结果，因此与 TAC 并无明显关联。直接统计的是渔获物的上岸量，而不是渔获量，因此，丢弃的渔获物数量并未考虑在内。此外，欧盟的渔业执法不够严格，不能有效防止产能过剩带来的非法捕捞。最后，出于多种原因，欧盟理事会中成员国的渔业负责人在核定 TAC 时往往高于科学建议的标准（见第五章）。以上研究结果让我们有理由认为：丹麦在 CFP 框架内的进行的渔业行政管理和实践不能保障欧盟水域内渔业资源的可持续利用。

另外，在 CFP 框架内，丹麦政府在捕捞权分配及渔船捕捞能力的调节上有很大的自主权，这也会影响 CFP 的有效性，包括 CFP 措施是否能得到有效的实施，以及是否对死亡率进行有效的控制。在这个方面，法规的遵守和执法实践[131] 同等

---

[131]　值得一提的是，执法在很大程度上仍然是成员国的责任。Raakjær Nielsen（1992a）认为，这造成了类似公地悲剧的状况，因为如果没有机制确保其他成员国会采取同样的做法，没有成员国会严格要求本国渔民严格遵守法规。

重要。

要了解丹麦政策的发展过程，首先要认识到捕捞死亡率和养护政策在丹麦的渔业政策实施过程中从未受到重视。所有利益相关者（资源养护 NGOS 除外）中都考虑到了资源养护的问题——至少在原则和理论层面按照 CFP 和 TAC 制度中所列出的那样。但是，利益相关者不会没有意识到这些资源养护措施并没有切实的可行性。可以说，丹麦的渔业管理和政策实施主要关注的是如何分配和管理捕捞额度，而在制订具体实施方案的过程中，对养护措施的规避被认为是合法的。例如，把休渔期放在没有捕捞活动的节假日，或者设置低到不合理的渔获配额替代渔业关闭。[132]

在本章，我们通过对机构和个人进行结合分析，研究了政策的发展过程，并清楚地发现政策的发展受到具体案例、相互关联的利益，关系网/联盟和话语等多方面作用，它们都相互作用，影响政策的制定。

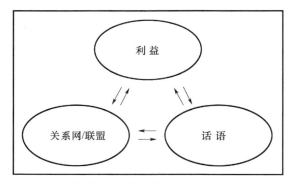

图 6.4　个人层面影响政策进程的动力（见下文拉凯尔所述）

图 6.4 从个人层面分析了影响政策进程的几个因素（在特定的制度环境中）。在我们综合分析散漫的渔业政策为何以及如何以现有的方式实施的时候，可以参考该图。政策的改变由多种互相关联的因素引起，从而影响其进程和发展。在本章中，我们清楚地发现，丹麦渔业政策进程是由利益驱动的，或者更具体地说，不同的个人/团体一直追求不同的利益，用户群体、利益相关者、利益集团以及政府部门之间存在利益冲突。政策的进程也受到关系网/政治同盟的影响。拥有相似或相近利益的不同个人组成联盟，共同影响政策的最终结果。所谓的关系网/联盟，可以是紧密的联盟，也可以是为特定问题临时组成的关系网，并且本质上随

[132]　丹麦并不是个例，可以说在所有欧盟成员国中都有类似的情况。

200 时间而进行动态变化。最后一个因素是话语，它定义了推理的主线。正如 Hajer
（2002）所言，人们需要理解整体的立场，就像完全理解话语的意义需要了解实际
措辞一样，因为话语用来追求特定的目的。当这三个要素：利益、关系网/联盟和
话语一起产生作用，可以使政策发生重要变化。

根据分析我们发现，推动丹麦渔业管理和行业发展的并非出于对鱼类种群现
状的担忧，而是国内的不同因素和顾虑。因此，重要的一点是平衡部门内部不同
利益，包括渔业中对捕捞这个概念的根本分歧：捕捞到底是商业行为还是生活方
式。事实上很多争辩的内容在很大程度上都由这两种渔业观念的差异引起的，这
两种观念本身可以被理解为根本的基础话语。

我们也可以清楚地看到，利益的不同也与两个有根本性差异的渔业观念相关。
一方旨在维持现状和灵活性，一般不愿做出重大改变。相反，另一方的目标是寻
找基于市场的解决方案，希望丹麦的捕捞业能进行彻底的结构调整，即使可能在
当地产生强烈和不均衡的社会经济负面影响。

关系网和联盟会随着时间的推移而变化。如图 6.4 所示，过程的动态对任何
与驱动因素有关的变化都很敏感。我们在分析中也注意到这种情况，而且我们发
现这些驱动因素相互影响。然而，当考虑利益和话语时，情况相对稳定——随着
时间的增长而变化。这表明，引起变革的主要驱动因素是不断变化的关系网和联
盟，这也解释了为何重要权利掌握在议会中少部分（主要）议员手中。由于渔业
部门在国民经济中相对不重要，这些少数人的力量显得更为强大。因此，虽然不
同的话语和利益相互竞争，但真正改变平衡和体制的是强大的关系网和联盟的变
化。然而，应该记住的是，虽然养护和鱼类种群的状况从未在丹麦受到特别关注，
但它们仍是重要议题，偶尔会在养护政策失败后开启一个机会之窗——环境的话
题可能在未来占有一席之地。

分析的一个基本主题是渔业部门本身在渔业尤其是捕捞业的决策中参与的程
度。如法律和机构设置一节中所述，渔业的决策过程根植于社团治理体系，长期
向小部分利益相关者或渔民进行政策的咨询。当然这种做法越来越受到质疑。从 201
分析中可以清楚地看出，这种社团主义结构在弱势——或者更准确地说——在较
温和的部长执政时有较好的效果。如果部长比较强势，那么与理想的合作治理模
型相比，社团主义结构的作用相对不大。因为这样的部长在一定程度上可以利用
关系网和联盟绕过社团主义结构独自做出决策。然而，即使团体主义结构在技术
层面上起作用，它能否像预期的那样，让利益相关者参与做出符合社会最佳利益
的决策，这仍然值得怀疑。有几个例子表明，社团主义结构做出了至少从整个社

会的角度来看是值得质疑的决策、产业设法通过了对自身有利的政策（比如，公共资助的报废计划，以免费渔船配额的形式分配捕捞权），却没有解决他们本应解决的问题。因此，人们有理由质疑，在渔业政策领域，在这个相对一小群人享有特权的地方，社团主义结构究竟是在为公共利益服务，还是以整个社会为代价，优先考虑一小部分群体的利益。而且这种优先利益会随着时间的推移而变化，并在一定程度上脱离这小部分群体的利益。在丹麦的渔业决策体系下，群体的利益，有时小部分人的利益，通过传统的社团主义制度或强大的联盟和关系，能够绕过社团主义进程，对政策的实施产生影响。在某些情况下，从整个社会的角度来看，这些政策还是有问题的。这是社团主义制度中一个有趣的现象。决策的形成最好参考受到措施影响的人群的意见，平衡不同的利益，经过充分磋商，并考虑到整个社会的利益。

　　在某些情况下，制度为特殊利益服务，而不是为了整个社会。这在一定程度上与利益相关者狭隘的观念有关，我们在分析的时候间接考虑到这一点。丹麦渔业政策的决策体系中主要代表了传统利益相关者的利益，包括：渔民、鱼产品加工者/贸易商、雇主组织和雇员组织。但是，在很大程度上这个体系没有代表其他利益相关者的合法要求。[133] 资源危机随着时间的推移成为现实，这些利益团体，包括消费者、环保主义者、当地社区和下一代等，所涉及的利益和要求已经远远超过传统的渔民所需的利益（Mikaelsen and Jentoft 2001）。然而，在政府和机构就商业捕捞做出决策的时候，这些利益偶尔得到顾及，很多时候这些人的意见和观点都无法得到体现。不过，正如 Mikaelsenhe 和 Jentoft 所言，"为了民主，管理者必须对决策中有'合法'利益的群体负责并进行回应。"据我们分析，丹麦政府的主要目标是保持渔业群体的和平。因此，国家行政部门在多大程度上能充分保护这部分群体的利益很值得怀疑。新的利益相关者可能无法获得当前利益相关者的支持，因为这会削弱后者的影响力。

　　最后，对政策过程的分析指出了理解动态变化的重要性，强调了图 6.4 所示的三个要素之间协同作用的必要性。随着时间的推移，将有机会实施更大的改革。但是这些机会能否得到利用取决于当时的情况——尤其是要看主导利益以及联盟/关系网的作用、问题的严重性，以及何种程度的解决方案才能指导改革进程。虽然强大的个体行为会影响政策的实施，但我们认为，只有参与决策过程的大多数人意识到捕捞业面临的问题，才会有机会之窗使现有的形式发生根本的变化。最

---

〔133〕　最近，世界自然基金会（WWF）作为半永久成员加入 BCF 说明该制度并未完全静态化。

终选择的解决方案——基于市场的方法——实际上在近二十年中陆续都有提起，并一直得到少数群体的支持，但是在 2004 年前一直遭到大多数丹麦渔民的反对。在 2005 年，由于基于市场的解决方案占据了主导地位，而且支持 ITQ 制度的强大的政治联盟与当时要求关于变革的话语需求一致，从而引发了丹麦渔业在 1983 年引入 CFP 后最大规模的改革。

参考文献

Andersen, M., Dalskov, J., et al. (2003). Foreløbig rapport om omfang af og årsager til discard i dansk fiskeri. In J. W. Valdemarsen (Ed.), *Report from a Workshop on discarding in Nordic fisheries* (pp. 102-123). TemaNord 2003:537. Copenhagen: Nordic Council of Ministers.

Blom-Hansen, J. (2000). Still corporatism in scandinavia? A survey of recent empirical findings. *Scandinavian Political Studies*, 23(2): 157-181.

Blom-Hansen, J. (2001). Organized interests and the state: A disintegrating relationship? Evidence from Denmark. *European Journal of Political Research*, 39: 391-416.

Blom-Hansen, J., Daugbjerg, C. (1999). Staten og de organiserede interesser: En teoretisk introduktion. In J. Blom-Hansen and C. Daugbjerg (Eds.), *Magtens organisering-Stat og interesseorganisationer i Danmark* (pp. 6-21). Århus: Systime.

Byskov, S. (2005). Hvad blev der af Esbjerg-fiskeriet? Forandringer i Fiskeriet fra Esbjerg 1965-2005. In Morten Hahn-Pedersen (Ed.), Sjæk'len, *Årbog for Fiskeri-og Søfartsmuseet* (pp. 9-25). Esbjerg: Fiskeri-og Søfartsmuseet.

Charles, A. T. (2001). *Sustainable Fishery Systems*. Oxford:Blackwell Science.

Christensen, A..-S., Raakjær, J. (2006). Fishermen's tactical and strategic decisions-A case study of Danish demersal fisheries. *Fisheries Research*, 81: 258-267.

Christensen, A..-S., Raakjær, J., et al. (2007). The voices of Danish fishermen in resource management-An examination of the system of negotiated economy. *Ocean & Coastal Management*, 50: 551-563.

Cohen, M. D., March, J. G., et al. (1972). A garbage can model of organizational choice. *Administrative Science Quarterly*, 17: 1-25.

Cohen, M. D., March, J. G., et al. (1976). People. Problems, Solutions and the Ambiguity of Relevance. In J. G. March and J. P. Olsen (Eds.), *Ambiguity and Choice in Organizations*, (pp. 24-37). Bergen, Oslo and Tromsø: Universitetsforlaget.

Commission of the European Communities (2001). COM (2001) 135 final: The Green Paper. Volume 1: The future of the Common Fisheries Policy. Brussels, Commission of the European Communities, 20. 3. 2001: 40.

Commission of the European Communities (2006). Third Edition of the Common Fisheries Policy Compliance Scoreboard. Online version.

Council of the European Union (2002a). Council Regulation (EC) No 2369/2002 of 20 December 2002 amending Regulation (EC) No 2792/1999 laying down the detailed rules and arrangements regarding Community structural assistance in the fisheries sector. Official Journal of the European Communities, L 358, 31. 12. 2002; 49-56.

Council of the European Union (2002b). Council Regulation (EC) No 2371/2002 of 20 December 2002 on the conservation and sustainable exploitation of fisheries resources under the Common Fisheries Policy. Official Journal of the European Communities, L 358/59, 31. 12. 2002; 61-80.

Dansk Institut for Fiskeriteknologi og Akvakultur et al. (1991). *Perspektivplan for den nordjyske silde-og makrelindustri* 1992-1996. Hirtshals.

European Court of Auditors (2007). Special Report No 7/2007 (pursuant to Article 248(4) second paragraph, EC) on the control, inspection and sanction systems relating to the rules on conservation of Community fisheries resources.

Fiskeridirektoratet (1992). *Fiskeristatistisk Årbog* 1991, Fiskeridirektoratet.

Fiskeridirektoratet (1999). *Fiskeristatistisk Årbog* 1998, Fiskeridirektoratet.

Fiskeridirektoratet (2000). *Fiskeristatistisk Årbog* 1999, Fiskeridirektoratet.

Fiskeridirektoratet (2005). Referat af Erhvervsfiskeriudvalgets (fiskeri) møde den 20. oktober 2005 i Fiskeridirektoratet, København.

Fiskeridirektoratet (2006). Referat af Erhvervsfiskeriudvalgets (fiskeri) møde den 26. januar 2006 i Fiskeridirektoratet, København.

Fiskeridirektoratet (2007). *Fiskeristatistisk Årbog* 2006, Fiskeridirektoratet.

Fiskeridirektoratet and Fødevareøkonomisk Institut (2005). Redegørelse om Individuelle Overdragelige Kvoteandele (IOK) i dansk sildefiskeri (Nordsøen, Skagerrak og Kattegat samt atlanto-skandisk sild), Ministeriet for Fødevarer, Landbrug og Fiskeri; 49.

Fiskeriministeriet (1984a). Referat: Det rådgivende Fiskeriudvalg, den 13. januar 1984.

Fiskeriministeriet (1984b). Referat: Det rådgivende Fiskeriudvalg, den 30. april 1984.

Fiskeriministeriet (1985a). Referat: Det rådgivende Fiskeriudvalg, den 26. juli 1985.

Fiskeriministeriet (1985b). Referat: Det rådgivende Fiskeriudvalg, den 29. november 1985.

Fiskeriministeriet (1994). Bekendtgørelse nr 981 af 07/12/1994 om regulering af visse fiskerier i 1995.

Fiskeritidende (1997). Niels Anker Kofoed må flytte sig, 3. april.

Folketinget (1999). Lov Nr. 281 af 12. 05. 1999; Fiskerilov.

Fødevareministeriet (2001). Bekendtgørelse nr 996 af 07/12/2001 om regulering af fiskeriet i 2002 og visse vilkår for fiskeriet i 2003.

Fødevareministeriet (2004). Bekendtgørelse nr 1187 af 07/12/2004 om regulering af fiskeriet i 2005 og visse vilkår for fiskeriet i følgende år.

Fødevareministeriet and Fiskeridirektoratet (2005). Fiskeridirektoratets resultatkontrakt 2006.

Fødevareministeriet and Fiskeridirektoratet (2006). Fiskeridirektoratets resultatkontrakt 2007.

Fødevareøkonomisk Institut (2006). *Fiskeriregnskabsstatistik* 2005/*Account Statistics for Fishery* 2005. *Copenhagen.*

Gulland, J. (1990). Report of an independent group of experts on guidelines for the preparation of the multi-annual guidance programmes in relation to the fishing fleet for the period 1992-1996 (the Gulland report). Brussels, European Commission.

Hajer, M. (2002). Discourse Analysis and the study of policy-making. *European Political Science* 2 (3): 61-65.

Hegland, T. J. , Sverdrup-Jensen, S. (2007). Fiskefælleden i Danmark-velsignelse ellertragedie? In E. Christensen and P. Christensen (Eds.), *Fælleder i forandring* (pp. 129-144). Aalborg: Aalborg Universitetsforlag.

Holden, M. (1994). *The Common Fisheries Policy-Origin, Evaluation and Future.* Oxford: Fishing News Books, Blackwell Scientific Publications Ltd.

Kommissionen for de Europæiske Fællesskaber (2001). Fiskerikontrol i medlemsstaterne: Danmark. Bruxelles, 15. 10. 2001, Arbejdsdokument fra Kommissionen.

Lassen, H. (1995). Report of the group of independent experts to advise the European Commission on the fourth generation of multi-annual guidance programmes (the Lassen report). Brussels, European Commission.

Løkkegaard, J. (1990). Anvendelse af omsættelige individuelle kvoter for at styre fiskeriet på markedsvilkår. Rapport fra den 22. Nordisk Fiskerikonference i Rønne 13. -15. august 1990.

Mikalsen, K. H. , Jentoft, S. (2001). From user-groups to stakeholders? The public interest in fisheries management. Marine Policy, 25: 281-292.

Regeringen og Dansk Folkeparti (2005). Aftale om Ny regulering af dansk fiskeri, 26. oktober. Raakjær, J. (forthcoming). Fisheries management systems in crisis! Senior doctoral dissertation, Department of Development and Planning, Aalborg University.

Raakjær Nielsen, J. (1992a). Fiskerisektorens strukturproblemer i en socio-økonomisk belysning. PhD afhandling, Institut for Produktion, Aalborg Universitetscenter.

Raakjær Nielsen, J. (1992b). Structural Problems in the Danish Fishing Industry-Institutional and socio-economic barriers to adjustment. Marine Policy, 16(5): 349-359.

Raakjær Nielsen, J. (1994). Participation in fishery management policy making. National and EC regulation of Danish fishermen. Marine Policy, 18(1): 29-40.

Raakjær Nielsen, J. (1997). Socio-economic effects of the Danish quota system. In G. Pálsson and G. Petursdottir (Eds.), *Social Implications of Quota Systems in Fisheries* (pp. 219-234). TemaNord 1997: 593. Nordic Council of Ministers.

Raakjær Nielsen, J. , Christensen, A. -S. (2006). Sharing responsibilities in Danish fisheries management-experiences and future directions. *Marine Policy*, 30: 181-188.

Raakjær Nielsen, J. , Mathiesen, C. (2003). Important factors influencing rule compliance in fisheries-lessons form Denmark. *Marine Policy*, 27: 409-416.

Raakjær Nielsen, J. , Vedsmand, T. (1999). User participation and institutional change in fisheries management: A viable alternative to the failures of "top-down" driven control? *Ocean and Coastal Management*, 42(1): 19-37.

Sandbeck, T. (2003). Dansk fiskeri-redningskibene og fiskerikontrollen. Stenstrup: Skib Forlag.

Sen, S. , Raakjær Nielsen, J. (1996). Fisheries co-management: A comparative analysis. *Marine Policy*, 20(5): 405-418.

Statens Jordbrugs-og Fiskeriøkonomiske Institut (2001). *Fiskeriregnskabsstatistik 2000/Account Statistics for Fishery* 2000. København：Ministeriet for Fødevarer，Landbrug og Fiskeri.

 Udvalget vedrørende Ny Regulering i Fiskeriet（2005）. Rapport. Arbejdsgruppen om ny regulering af det demersale fiskeri. Ministeriet for Fødevarer，Landbrug og Fiskeri：64.

 Vedsmand，T.（1998）. Fiskeriets regulering og erhvervsudvikling-i et institutionelt perspektiv. PhD afhandling，Bornholms Forskningscenter.

205 **私人通信**

受访者 1：渔业行业（第三轮采访）
受访者 2：渔业行业（第三轮采访）
受访者 3：行政／研究（第一轮采访）
受访者 4：渔业行业（第三轮采访）
受访者 5：行政／研究（第二轮采访）
受访者 6：渔业行业（第一轮采访）
受访者 7：管理／研究（第一轮采访）
受访者 8：行政／研究（第二轮采访）
受访者 9：行政／研究（第二轮采访）
受访者 10：渔业行业（第一轮采访）
受访者 11：行政／研究（第二轮采访）

第七章　资源养护政策实施中的政治

——欧盟/丹麦和挪威的比较

耶塞柳斯、海格兰、希拉里帕莱夫斯基和拉凯尔

【摘要】本章讨论了渔业资源养护政策的实施情况，政策的实施首先是为了达成既定的政治目标。然而，它也可以作为蓄意颠覆或改变政治目标的手段。本章描述了渔业管理中多重目标的发展，并阐述了在实施阶段颠覆或改变养护目标的途径。通过欧盟/丹麦和挪威的比较，本章指出了实施过程中推动预防养护目标颠覆的因素。

7.1　引言

在本卷引言部分，我们介绍了将渔业管理作为数个独立环节组成的简单因果链的理想模型。根据这一模型，政治决策是基于科学知识；国家行政机构为了实现政治目标而设计切实的管理战略；而渔业企业会遵守各项法规。这部分，我们概述了最近几年学术文献中指出的每个环节中一些潜在的缺陷：种群资源的科学评估不一定完全精确；政治决策有时优先考虑短期收益而不是长期可持续发展的回报；而渔业企业不一定遵守所有规定。基于因果链模型，每个环节都与前一步相关，每个缺陷都可以在管理过程中自我传播，最终破坏管理目标并导致资源的管理不善。

然而，即使是这些批评承认渔业管理是一系列独立环节运作的过程。另外，一种更有成效的方法是将模型中的各个环节看作互相作用、互相依赖的网络，而不是一个简单的因果链。最近已经有文献质疑这些环节的独立性，下面有几个
例子：

● 科学的种群评估不一定具有政治独立性（Rozwadowski 2002：188，193）。

● 政策的行政实施手段和渔业企业对规范的遵守程度可能影响渔业数据的准确性，从而影响科学知识的准确性。许多标准科学模型在实施过程中需要进行数据收集，然后模型中非法/未报告渔获却是统计的难点。政治决策也会影响数据的收集。例如，欧盟只统计渔获上岸量并强制丢弃非法渔获的做法难以对捕捞死亡率进行监测。

● 渔业企业对法规的遵守可能比预期复杂。之前认为捕捞作业是受利益驱使而没有政治意图的观点已经受到彻底的质疑（Gezelius 2003；Hauck 2008）。在政治决策过程和实施策略设计中担任角色的不同会影响渔业企业对法规的遵守程度。

● 将政策的实施看作行政部门对既定的政治目标的不懈追求有时在国家层面是恰当的（Christensen 等 2007）。然而，本章的一些案例表明，决策和实施之间并没有清晰的界限，尤其是在实施欧盟政策的时候。成员国在具体实施过程中对超国家的政治目标进行了新的界定。

图 7.1　本章节主题的划分

图 7.1 中的阴影框标记了章节的主题。本章重点讨论渔业管理链各环节关系的特殊类型：相互冲突的政治议程之间的竞争可能的实施过程中重新定义政治目标。我们的重点是资源养护政策的实施，因此主要关注在实施中牵涉政治因素时，非养护议程对养护目标产生的能力。政策的实施未对资源养护产生积极作用可能是因为没有达到预期的目标，也有可能是因为政策的实施者试图达成养护之外的其他目标。

本章的一些案例都说明了政策的实施并非和政治毫无关系，但是一些案例说明政治实施的程度和机制有明显的多样性。这些案例说明不同形式的社团主义安排在资源养护和政策实施中为渔业组织提供了重要的发言权。但是，在养护政策的实施过程中不同利益之间的冲突削弱了养护目标的重要性并最终导致了不同的结果。本章的分析试图为这种不同进行解释，强调国家在政治决策上的自治权，国家在政策实施层面的观点框架，以及超国家主体在确保国家服从政策方面的能力。

7.2　渔业管理中多议程的发展

养护政策能否实施取决于政策实施阶段行政机构能在多大程度上将资源养护作为主要的管理目标。本书的几章表明，资源养护并非是一贯的政策目标，尤其是超国家政策，极有可能在国家层面的实施过程中受到制约。

"政治目标"和"政治议程"在渔业管理中是两个重要却模糊的概念。本书的案例介绍了对目标的不同追求，如工业现代化和资源保护。虽然它们可以被称为有差异的潜在竞争目标，但它们不代表有基本价值冲突，因为国家保护鱼类资源最终是为了人类的福祉。国家在捕捞管理中的主要任务是促进渔业的规范和发展，以保障和增加人民的福利。然而多年来，实现这个总目标的努力已经逐渐发展成对越来越多具有潜在冲突的子目标的追求。

在渔业治理早期，国家在渔业捕捞中关注的重点是提高捕捞效率。两种类型的政策在提高效率方面占据主导地位。首先，如第三章所述，是加强监管，避免因渔具损坏和渔民冲突导致效率降低。具体措施主要包括捕捞区域和捕捞渔具的限制，确保有序捕捞。其次，如第二到第五章所述，是促进渔船船队现代化的政策。大量财政资源用于发展整个北大西洋的渔业产业。国家支持产生了技术进步，导致捕捞船队产能过剩。因此，提高捕捞效率的政策产生了意想不到的副作用，迫使各国处理一个新问题：过度捕捞。到20世纪60年代，人们在注重工业现代化的同时日益关注资源养护问题。

过度捕捞的出现要求人们加强对捕捞活动的控制，但一开始国家政治并没有考虑在内。当代海洋法将鱼类种群养护归为国际政治问题。因此，国际渔业委员会成为制定渔业资源养护措施的主要负责人。然而，20世纪70年代后期200海里专属经济区的设立将近海渔业划入国家管辖权范围，促使沿海国承担起鱼类种群养护的责任。因此，资源养护成为沿海国除工业发展外第二个主要任务。如第三章和第五章所述，渔业发展和资源养护的双重任务也在劳动的行政分工上显现出来。

现代化和养护的双重任务使一些政策的长期目标产生了冲突：捕捞效率和资源养护。这种双重性代表了渔业治理中持续的紧张状态。此外，将资源养护纳入政治的一部分也造成捕捞作业的短期利益与长期可持续发展之间的潜在冲突。在短期效益和长期可持续之间达到合理的平衡是必要的，因为渔业的长期成功至少需要它在短期内生存下来。短期生存的重要性通常使反对养护政策的渔业人员在政治辩论中获得合法的发声，大大增加了渔业治理中将资源养护纳入政治议程的复杂性。

这个问题的复杂性并没有随着资源养护机构的成立而解决。第二章和第三章讨论了渔民为争取总可捕量（Total Allowable Catch，TAC）最大份额时出现的无序竞争问题。渔业管理人员不得不将捕捞船队和个体渔船的 TAC 进行划分，使渔民便于预测、调整捕捞努力量获得更大收益。资源养护政策因此在国家层面产生了第三个任务：捕捞权的分配。这可能是三者中政治上最困难的任务。因为与渔业发展和资源保护不同，它与渔业从业者之间的深度利益冲突密不可分。虽然资源保护对所有人有益，行业发展也同样合法化，但捕捞权的分配不可避免是一个"零和博弈"。因此，分配使渔业管理成为一个敏感的政治话题，并给管理人员带来合法化的问题。

国家和国际资源保护制度往往依赖分配上的妥协，意味着有时政治协议可能对生物可持续性带来不利。为了建立或维持养护制度，TAC 额度经常会超过生物学上所需的水平。欧盟 CFP 实施后不乏类似的例子，但东北大西洋蓝鳕鱼的管理可能是最近最突出的案例（Gezelius 2007a）（见第五章或 Holden 1994）。分配利益冲突对养护的影响不仅与政治官员建立资源养护机构的能力有关，与其政治利益也密不可分。长期生存取决于短期的现状，不仅渔业企业如此，推选的领导也不例外。资源养护中的一个基本问题是，不可持续的管理方式会产生长期的政治成本，而严格的养护政策产生的分配冲突往往产生非常显著的短期成本。因此，当选的领导人常常倾向于或被迫以牺牲资源养护的长期目标为代价解决捕捞权分配的短期问题。

渔业管理中有几个例子说明如何解决这个问题。例如，在加拿大东海岸鳕鱼渔业崩溃之后，一个与分配过程完全独立的机构为鳕鱼 TAC 提供了关键的建议（Gezelius 2002）。而在北极东北部鳕鱼种群管理上，挪威和俄罗斯自 2004 年起严格按照科学建议核定 TAC（Government of Norway 2003）。这样的制度安排并不总能顺利通过，即使能顺利通过，也不一定能降低分配成本，或行之有效。因此，对政策决策者和分配有关的渔业组织来说，短期内政治上的生存仍是实现资源养护目标过程中的一个潜在挑战。

图 7.2 说明了渔业管理中议程扩展的动态。方框中的是国家承担的任务，箭头代表因果关系，该图只关注政府的因素。虽然捕捞权的分配来自资源养护的需要，但是资源养护只是政府因素的其中一环。毫无疑问，工业现代化和国民福利

212 相关的国家政策造成了渔船的产能过剩，但技术进步是另一个主要因素。同样，渔业科学的发展是现代资源管理出现的必要条件。但是，图 7.2 说明了政治议程引发新的议程，从而产生越来越多潜在的目标冲突。

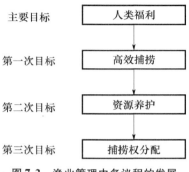

图 7.2　渔业管理中多议程的发展

　　渔业资源的有效养护不仅要求养护措施支配养护政策，而且要求养护措施在实施过程中保持主导地位。当政策实施中带有政治因素，资源管理中措施的多样性显得尤为重要。因为政治因素对政策实施的干扰可能导致对养护关注度的下降，并最终进入恶性循环。首先是由于实施过程中其他议程的干扰导致养护政策效率的降低。随后，对养护政策有效性的信任程度减少，从而降低根据原来的目标实施政策的意愿。在下文中，我们将对政策进程的动态进行概述。非养护性措施在执行养护政策时得到实施。为此，我们将专注于丹麦案例，这与 Cohen 等人（1972）在描述多议程在组织选择过程中的作用时提出的"垃圾桶"模型有一些相似之处，丹麦和挪威的对比将有助于增加对这些动态的理解。

7.3　实施偏差的存在机制

213

　　正如本章前面提到的，政治决策和行政实施之间往往没有明确的区分。一些研究案例清楚地表明，渔业管理过程这两个要素是密切相关的。特别是有关丹麦的研究（第六章）显示了在原则上本应"中立"的行政实施层面，政治决策是如何重新定义，政治目标是如何改变的[134]。如第六章所述，丹麦是成员国在 CFP 实施中适度偏离欧盟目标的范例。因此，可以合理假设，丹麦政策实施中政治化的

[134]　Zetterholm（1980）解释了为何实施政治化被认为是政治参与的一种形式。

情况在欧盟其他成员国同样存在，政策实施过程中政治的渗透在很大程度上是欧盟结构的常态。因此，我们以丹麦案例的调查为基础，对欧盟实施 CFP 过程中遇到的困难和问题做一个综合分析。

我们的分析表明，很难简单从细节上预测政治决策在实施期间将如何遭到重新解释或规避，或应如何避免这类情况的发生。受委托代理方法（下文将作详细讨论）的启发，我们用"实施偏差"一词形容政治目标在实施中被重新定义或被替换的过程。在一些情况下难以将实施偏差的因素考虑在内，主要是因为路径依赖的存在限制了决策者采用潜在的替代策略（见第五章）。此外，我们的分析表明，在实施过程中替代性政治目标的操纵和实施在很大程度上取决于渔业管理制度的总体规划，特别是在国家自主权方面。一些迹象表明，国家在渔业管理中的自主性越高，政策在实施期间被重新定义或规避的可能性越小。

委托代理方法有助于理解实施偏差的存在机制。这个（可以说是理性主义的）方法指主体将任务委托给其他参与者，并确保这些代理人根据主体的意愿对委派的任务进行忠实执行。在这种方法中，代理人的不忠被称为"代理偏差"，指代理人在任务的执行中优先考虑自己的目标，而不是根据委托人的意图执行委派任务的过程。在本节的上下文中，"代理偏差"与"实施偏差"指相同的过程。委托代理方法已经以各种形式在欧盟得到应用。受 Blom-Hansen（2005）的启发[135]，我们将这种方法应用于第五章和第六章欧盟渔业法规的实施中。委托代理方法至少为我们了解丹麦在实施偏差中与法罗群岛、挪威的不同之处提供了思路。

在 Blom-Hansen（2005）之后，理论上委托人在分配任务的时候有两种事前机制和两种事后机制[136]对代理人进行管理。第一个事前控制机制是谨慎选择代理人，使产生代理偏差的动机降到最低。欧盟是 CFP 的委托人，而成员国是决定养护和结构政策的具体实施方法的代理人。[137] TAC 制度是养护政策的基本组成部分，但它同时也是资源的分配工具。欧盟根据成员国相对稳定性原则对 TAC 进行分配，这可能是 CFP 中最具路径依赖性的因素（见第五章）。不幸的是，欧盟成员国，作为 TAC 配额的接受方，在资源养护、管理和实施中陷入了囚徒困境。因为无法确定能否从政策的实施中获益，成员国在政策的实施中往往偏离养护政策

---

〔135〕　Blom-Hansen 将该方法用于欧盟聚合政策的实施。

〔136〕　如名称所示，事前控制机制是委托人在委派任务之前或在委派任务的过程中采用的机制。事后控制机制可以在代理关系建立后使用。

〔137〕　如第五章所述，这是 CFP 中最直接影响目标捕捞死亡率的两个要素。

的初衷。[138] 这些代理人有强烈的动机偏离共同养护目标，优先考虑国内利益，由此看出，成员国不能成为忠实的代理人。然而，欧盟制定了一系列实施战略为这个问题提供了部分解决方案。例如，欧盟通过设立区域咨询委员会（Regional Advisory Councils，RACs）强调渔业管理中跨国利益群体的区域化程度和参与程度，通过减少成员国的主导作用缓解政策在实施中的囚徒困境。此外，为摆脱囚徒困境，欧洲共同体委员会（欧委会）接管了一部分成员国的管理和实施工作。尽管如此，成员国在不久的将来仍将作为主要代理人负责政策的实施工作。

第二个事前控制机制是代理工作的授权和框架的设计。如果委托人创造的激励制度使代理人忠实实施委托人目标获得的利益或机会远高于忽视或颠覆目标带来的收益，那么代理偏差就可以减少。了解 CFP 的激励机制，就可以了解欧盟实现目标捕捞死亡率的困难程度。有几个例子可以说明欧盟通过提供利益或降低成本激励成员国对政策进行忠实的实施。第五章提到一个案例，欧委会决定从 1987 年起，对没有达到欧盟渔船减产计划预期目标的成员国，欧盟不再提供新船建造补贴。这一决定使结构政策下成员国为破坏资源保护的行为付出了代价。另一个例子是将海上天数计划作为养护政策的一部分，通过限制渔船海上作业天数降低捕捞死亡率。该制度设计的初衷是鼓励渔民使用选择性渔具以便获得额外的捕捞天数，并在国家层面鼓励该种渔具的使用。在这两个例子中，欧盟提供的激励制度鼓励了成员国的资源养护行为。

然而，问题在于影响捕捞死亡率的根本性措施 TAC 制度。该制度并没有为渔民采用环保的方式进行捕捞提供强烈的动机。如第五章和第六章所述，分配给欧盟成员国的配额与上岸量挂钩，与渔获量无关，因此无法记录渔获物丢弃产生的捕捞死亡率，也无法从渔民配额中扣除。各成员国减少渔获物丢弃的意愿极低，因为破坏资源的负面影响由所有成员国共同承担，于次年获得较低的配额。这是"公地悲剧"动态的典型例子（Hardin 1968）。虽然欧盟意识到这个问题，但是迄今为止还没有建立一个有效的激励机制来解决这个问题。

在解决渔获物丢弃物问题方面仍存在许多立法、行政和执法方面的障碍（Gezelius 2008）。而相对稳定的原则是解决渔获物丢弃问题的重大政治障碍。大多数成员国不愿意就相对稳定展开辩论，[139] 而事实上相对稳定原则在 2002 年的改革谈判中就已经达成。这种不情愿的态度也使欧盟在解决渔获物丢弃问题上无法顺

[138] 见第一章关于囚徒困境的介绍。
[139] 需要注意的是，相对稳定是 1983 年有关养护政策的谈判中最敏感的话题。

利采用一种手段，如捕捞能力管理，代替基于 TAC 的管理制度。问题是，TAC 制度既是资源分配手段，也是资源养护手段，将 TAC 再次记入国内努力量配额将为配额分配的相对稳定带来很大的问题。另一个解决渔获物丢弃的做法是出台渔获物丢弃禁令。这将改变激励结构，使渔获量和上岸量数目相等——至少在理论上如此。然而，这种变化也会影响相对稳定，因为各成员国的渔获物丢弃数量有很大差异。而且，禁止丢弃的规定在实施中必然会遇到一系列挑战，尤其是在行政和执法方面。最终这项规则流于纸面（见第一章和第三章）。在本书的撰写过程中，欧盟正在积极探索如何禁止渔获物丢弃，部分基于挪威（见第三章）以及冰岛、新西兰和加拿大的正面经验（Commission of the European Communities 2007）。但是，就事前控制机制而言，欧盟迄今为止在捕捞死亡率这类最重要问题上仍然无法提供合适的激励机制，因此如何在实践中做到事先控制，目前尚不确定。实践中遇到的问题不仅涉及行政、立法和执法，而且还有政治因素的作用。因为以目前欧盟理事会（理事会）的表决制度，只要少数成员国投了反对票就可能造成提案的流产。我们下面会讲到，少数反对是 CFP 重要的惯性。

上面我们对已经欧盟实施事前控制机制有关的问题进行了分析，在某种程度上事后控制机制也是如此。我们对第一种事后控制机制——监督代理——仅作简要描述，因为第二种事后控制机制——代理偏差的制裁——对 CFP 来说更有意义，因此着重介绍。欧盟有各种方式对代理偏差进行监管。一个简单例子是自 2003 年以来每年都需要提交的 CFP 合规记分板。合规记分板列出了不同成员国对 CFP 条款的履行程度。然而，值得注意的是，一些关键问题的信息诸如渔获物丢弃等不能进行系统访问。众所周知，履约程度很难进行监测，而且在 CFP 的框架下，渔获物丢弃并非违法，因此不在记分板的计分范围之内。此外，合规记分板很大程度上基于成员国自己提供的信息。这意味着，记分板中的信息只有在成员国提供的信息真实有效时才是可靠的，而情况并非总是如此。例如，配额超限的统计只有在成员国对所有上岸量进行登记才算可靠，这意味着没有未记录的上岸量，这几乎在所有成员国都不现实。

至于第二个事后控制机制，代理偏差的制裁，为了确保代理人遵守委托人的要求，有必要对代理偏差的行为进行制裁（或其他行动）。可以对两种偏差——犯罪性代理偏差和非犯罪性代理偏差——进一步探索。在我们的情况下，犯罪性偏差指直接违反规则，而非犯罪性偏差指在不直接违反规则的情况下与规则的意图或总体政治目标有冲突。当根据合规记分板或其他来源中的信息确定为犯罪性偏差时，委员会作为欧盟的代表，可以将相关成员国上诉至欧洲共同体法院，或者——通常情况下——威胁这么做，法院可以通过罚款等方式对成员国进行惩罚，这种做法有时是一个直接有效的制裁机制。然而，如上所述，在 CFP 框架下最常见的偏差是非犯罪性偏差，例如，渔获物丢弃或通过欧盟补贴扩大捕捞能力等。与犯罪代理偏差相反，委员会不能对非犯罪偏差行为进行制裁，因为非犯罪偏差只能通过完善法规监管框架（例如制定更明确的目标）或通过其他成员国施加同侪压力等进行"制裁"。因此，欧盟通常需要通过理事会制裁非犯罪性代理偏差。然而，欧盟是一个由多个成员国组成的主体，欧盟的权利根据具体情况而变化，因此理事会对非犯罪性代理偏差的制裁能力受到严重限制。理事会有关 CFP 的决策制度（见第五章）允许有否决权的少数成员国否决制裁非犯罪性代理偏差的决议。这种执法的无效性加剧了成员国囚徒困境的状态。因为虽然原则上成员国都希望对非犯罪性偏差进行制裁，但一旦得知其他成员国以牺牲资源养护为代价向国家利益进行偏移的机会成本很低，也会倾向于争取自己国家的利益。结构政策"渔业金融指导工具"（FIFG）的实施就是一个很好的例子。旧船更新和新船建造的补贴造成欧盟渔船的产能过剩，然而由于补贴为个别成员国带来好处，直到最近仍有少数人反对取消这类补贴（见第五章）。由于补贴的继续存在，即使是反对补贴的成员国也很难放弃这些补贴，因为与继续使用补贴的成员国相比，前者会失去竞争力。因此，在理事会上赞成取消这种补贴的成员国在很大程度上仍在继续申请此类补贴。

总而言之，从委托代理角度来看，不得不承认 CFP 的特征之一是代理人有很大动机偏离资源养护，而委托人在预防这类事情的发生中处于弱势，从而在很大程度上使 CFP 陷入路径依赖，处于僵局。在实践中，这意味着在欧盟层面制定的政治目标在国家一级被重新解释和规避，并在 CFP 提供的框架内尽可能追求本国利益。

把委托代理方法的重点放在激励制度上对了解欧盟渔业政策的制度动态非常有用。委托代理方法提供的解决方案在很大程度上以国家合理追求国家利益为前提。因此，这种理性分析表明，CFP 中养护政策的实施与囚徒困境有很大的相似之处。在欧盟和丹麦，我们发现政治目标已经被重新定义，而且引入了别的政治目标，渔业管理在实际实施过程中已经政治化。但是，委托代理方法并没有帮助我们理解关系网和同盟的作用。关系网和同盟通过关键少数的作用在 CFP 的实施中造成了僵局。因此，有必要在委托代理方法中补充有关关系网的分析以便充分了解渔业政策的执行动态。

关键少数的概念有助于了解政治决策和 CFP 实施中的政治化动态。Nedergaard（2007）对欧盟部长理事会关于临时工作指令提案的反对意见进行了政策网络分析。受他的启发，我们认为 CFP 的政治决策过程是受不同利益的行为者驱动，形成不同的网络和联盟以追求其特定利益的过程。在欧盟层面，理事会内部针对2002 年改革有三个不同的政治立场（见第五章），但这些网络实际上相对稳定，并且在其他场合也影响了 CFP 的决策。政治立场的稳定不仅与各成员国有关，而且与欧盟行政管理有关。虽然欧委会没有表决权，但它在理事会的谈判中发挥了重要作用。根据 Burns（2004）的看法，欧委会是理事会决策过程中的具有主要影响力的行动者，而就 CFP 而言，欧委会侧重于资源养护。由德国、英国、瑞典、荷兰和比利时，在较小范围上，还有芬兰等国组成的成员国网络，非正式地称为"鱼之友"（Friends of Fish，FoF），[140] 这些成员国虽然没有欧委会那么激进，但是赞成全面改革并一直对资源养护给予关注。反对者成员国网络被称为"渔之友"（Amis de la Pêche，AdlP），[141] 包括法国、西班牙、爱尔兰、葡萄牙、意大利和希腊，这些成员国反对欧盟过度保护主义的做法，强烈呼吁先考虑渔民和渔业社区的短期内的生计，即使这需要牺牲一部分的资源（详见 Hegland 2004）。这两个成员国网络都代表着关键少数群体，因此，理事会在决策的时候发现自己处于最不利地位，从而在决策层产生僵局，无法制定全面战略，开展理性变革。

219　　可以认为，成员国渔业结构和政治关注（见下文拉凯尔所述）分散化特质直接破坏了理想型委托代理结构。从一开始，参与政策制定的绝大多数成员国的目标都与欧盟不同，因此无法制定有效的激励措施确保政策的合理实施。丹麦是一个典型但并非极端的例子来说明不同的行为者和利益相关方如何绕过欧盟的政策目标对政策的实施产生影响。在第六章中，我们看到丹麦的决策过程是动态的，通过利益、关系网/联盟和话语之间的协同作用对政策产生影响，强势的个体对实施过程产生影响。此外，丹麦的社团主义体系往往注重寻求短期解决方案，逐渐背离资源养护目的，造成实施偏差。因此，在丹麦渔业政策制定和实施领域，社团主义制度是否有助于政策的推动，为整个社会服务，目前尚存在疑问。因为在某些情况下，政策的制定似乎只有一小部分群体获益。

　　最近有关 CFP 变化的研究（Sissenwine and Symes 2007 and Symes 2005）主张通过体制改革影响 CFP 的决策和实施，以此解决欧盟水域由于过度捕捞带来的问题。Symes（2005：265）认为，必须解决经济与社会目标之间的矛盾。解决办法之

---

〔140〕　一般来说，丹麦属于这个群体，但是在 2002 年改革时，丹麦在 2002 年后半年担任理事会主席。在轮值期间，受其主席的职责所限，为了尽量促成两派的妥协，丹麦站在一个相对中立的立场。

〔141〕　英语：Friends of Fishing。

一是采用基于市场的捕捞权分配制度。然而，各国对欧盟成立转会市场的态度不一，可能导致 CFP 的大规模制度变革，破坏相对稳定。此外，根据 Sissenwine 和 Symes（2007，第 2 部分 P70）的分析，市场干预重要的是确定适当的地理范围，并为管理干预和实施战略选择最合适的制度安排。在这方面，区域海洋和 RACs 是在欧盟层面引入这种体制变化的好例子，但是丹麦的经验表明，大量利益相关者的参与，如 RACs 目前的情况，可能会产生另外的问题，并不一定会减少实施偏差。

　　Sissenwine 和 Symes 对 CFP 的现状和未来的挑战提供了一个非常精确的诊断。我们的观察也证实了他们的结论。然而，这些问题的存在不是由于缺乏适当的解决办法，而是缺乏采用解决办法的政治意愿。如第五章所示，近 25 年 CFP 的实施经验表明，过度捕捞问题的政策性和技术性解决方案只有在政治官员接受的条件下才具有可行性。因此，不能只看重方案的内容，如果缺乏相应的政治支持，这些方案极有可能在欧盟层面无法通过；即使通过，也有可能在成员国的实施过程中遭到规避。另外，即使政府有促进政策顺利制定和推行的意愿，但成员国的基本政治理性可能会妨碍政府进一步作为。欧洲审计法院（European Court of Auditors，ECA）在最近一次评估（2007）中发现，政策在成员国的实施往往破坏了 CFP 的初衷，这个问题在第五章和第六章有特别描述，说明 CFP 的实施是在国家层面政策政治化的极端例子。因此，改善 CFP 绩效的先决条件是理解和考虑政治进程。因此，我们认为，除非考虑到权利关系对政策制定和政策形成的影响［根据 Peterson 的分类（1995）］，资源养护能否在不久的将来在 CFP 中占据主导地位仍是个问题。

　　欧委会有时会提出一些建议，邀请或者说迫使 AdIP 成为关键少数派（详见第五章）。需要注意的是，要确保政策的顺利实施，在起草提案时通过理事会签署协议并在成员国中推行比欧委会任何措施或政治干预都有效。也就是说，重要的是考虑如何在不断变化的政治环境中让提案顺利通过并适应不同的实施偏差。解决目前政治僵局的办法之一，是欧委会从战术层面——对现有的体制进行改进——采用灵活的策略确定长期行动目标，明确养护原则，从长远的角度加强绩效管理。这种策略可能在短期内造成小范围的紧张局势，但不会遭到关键少数的反对。这需要政治官员采用更为严格的 CFP 政策，因为其后果在短期内不容易为选民所察觉。总的来说，近年来欧委会似乎已经在逐渐推行这样的策略（例如，参见第六章波罗的海海上作业天数限制制度）。

7.4 实施偏差的预防机制

在第三章和第四章对挪威和法罗群岛管理制度的介绍中，我们没有发现资源养护政策在实施层面受到很大程度挑战的迹象。就法罗群岛而言，其底层鱼类资源属于本国所有，因此完全由本国政府管理。鱼类种群的国家排他性使法罗群岛无须面临欧盟成员国的囚徒困境，因此，法罗政府没有明显的理由背离资源养护政策。与丹麦相比，挪威是一个更有趣的案例。尽管不是欧盟成员国，但挪威和丹麦有两个相似之处。首先，与丹麦类似，挪威的大多数鱼类种群和其他国家共同管理，这使政策在实施的时候不可避免遇到囚徒困境。此外，挪威与欧盟就数个鱼类种群进行共同管理，这也使挪威清楚地认识到欧盟 TAC 政策在实施过程中的不足。原则上，这可能导致挪威在实施 TAC 时不能全心投入。但是，挪威拥有大量欧盟 TAC 份额，对挪威渔业极为重要，这可能在一定程度上降低了这个问题的严重性。其次，和丹麦一样，挪威的利益相关者在渔业管理中有很大的影响力。挪威渔业组织在政策实施体系的构建中也发挥了重要作用，并负责几个具体任务的实施。在理论上，因为利益相关者在国家行政事务中代表不同的政治利益，这种团体主义管理可能带来潜在的实施偏差。虽然挪威和丹麦渔业管理体系具有相似性，但前者在资源养护方面显然做得更好，[142] 这是有一定原因的。

正如第三章所述，挪威的政治决策中清晰地反映了政治利益的多样性。例如，在核定 TAC 的讨论中，因为关注渔业短期内生存和分配问题，人们偶尔会质疑将资源养护作为主要政治目标的合理性（Gezelius 2002；Jentoft 1991：11-16；Sagdahl 1992）。然而，第三章以及以前的研究（Christensen et al. 2007；Gezelius 2003）几乎不支持这样的假设。这些研究认为，一旦资源养护目标在政治层面得到确认，在实施过程中就不再受到质疑。与丹麦代表的欧盟（见第六章）相比，TAC 制度在挪威的实施通常被视为既定政治目标在行政上的实现。从渔业组织承担的作用来看，这尤其引人注目。因为渔业组织在实施过程中表现了对养护目标的高度配合和遵守。例如，渔产品交易组织忠实地履行了执行任务。挪威渔民协会通常被

---

〔142〕 虽然我们的数据并未显示挪威在基本资源养护目标方面有重大背离，但第三章描述了挪威与欧盟渔业协定中挪威的实施偏差：北海和斯卡格拉克海峡的鲱鱼配额的空间划分。尽管挪威表示反对，但该政策还是被采纳。挪威选择不执行这种空间划分政策，挪威渔民也普遍存在不遵守情况（Gezelius，2007b）。这个例子说明，挪威在面对有争议的多国决策时，偶尔也会有实施偏差，而且它显示了实施偏差中国家自主权和意见一致的重要性。

政府认为是养护政策中"负责任"的行为者（Gezelius 2003）。

在第三章中，我们提到，人们一直坚信挪威的渔业管理体系能确保渔业捕捞 222
的可持续发展。因为在后 EEZ 时期，挪威几乎没有经历过任何持续性[143]的渔业危
机，这是体现实施体系功能的一个标志。在 TAC 制度的实施过程中，资源养护目
标的稳健性可能是这种功能的一个重要方面。

与丹麦相比，挪威有几个因素确保政策在实施中资源养护问题得到相对有力
的关注。首先，对于最重要的鱼类种群，挪威拥有较高的 TAC 份额[144]，这意味着
政策在挪威的实施直接影响挪威渔民的长期福利。然而，这并不是原因的全部。
虽然不及挪威，丹麦的主要鱼类种群也有相当大的 TAC 份额[145]。可以说，挪威对
资源养护问题相对强势的一个重要因素与挪威渔业管理的国家自主权有关。尽管
挪威和欧盟成员国与其他国家联合管理一些鱼类种群，但各国的自主权有很大的
差别。如第五章和第六章所述，CFP 涵盖了广泛的政策领域，并为成员国的行动
设立了严格的框架。因此，政治问题从欧盟向国家层面转移。此外，这些政治是
多数派决策制度的产物，意味着成员国可能被迫接受自己反对的决定。这种多数
派决策体系不仅导致成员国在欧盟决策前进行激烈的讨论，而且在政策下放到国
家层面后，各国内部也不可避免有一番争论。CFP 由此成为一个双重政治体系：
在欧盟层面就基本渔业管理条例进行谈判后，下放到成员国会进行第二轮国内 223
讨论，然后才能进入行政实施阶段。政策制定和实施之间没有明确的制度化
划分。

在第三章中，有人认为福柯（1999）"话语"概念有助于理解利益的划分。
简要地说，"话语"的概念是指一定领域内人际互动隐含的规范边界。这些规范边
界在给定的交互式环境中定义了合法的参与者、合法的观点、合法的价值观等。
如果我们把渔业管理视为一种话语，政治阶段与实施阶段之间的模糊区别可视为

[143] 挪威鳕鱼渔业在 1989—1990 年曾面临一场危机，但这场危机时间很短，并在几年内恢复正常。

[144] 挪威拥有东北极地鳕鱼和黑线鳕鱼 50% 的 TAC 份额，挪威春季产卵的大西洋鲱（通常也称为大西洋
—斯堪的安鲱鱼）约 60% 的 TAC 份额，北海鲱鱼约 30% 的 TAC 份额，北海鲭鱼近 65% 的 TAC 份额，
而绿青鳕的 TAC 份额完全归挪威所有（挪威政府，2007）。

[145] 丹麦最具经济价值的鱼类种群的配额如下：西部波罗的海鳕鱼 44% 的 TAC（欧盟有整个 TAC），东部
波罗的海鳕鱼 23% 的欧盟 TAC，北海和斯卡格拉克海峡鳕鱼 25% 的 TAC（占欧盟配额的 29%），北海
和斯卡格拉克海峡鲱鱼 27% 的 TAC（占欧盟配额的 35%），北海和斯卡格拉克海峡鲽鱼 28% 的 TAC
（欧盟占 TAC 的 98%），北海玉筋鱼欧盟 95% 的 TAC。挪威龙虾，对丹麦经济的重要性仅次于鳕鱼，
在北海（欧盟水域）和斯卡格拉克海峡的 TAC 占 16.5%，在北海（挪威水域）的配额占欧盟的 95%
（2007 年丹麦政府，2007 年配额）。这些数字主要涉及丹麦最重要的渔场所在的北海和斯卡格拉克海
峡，但波罗的海鳕鱼渔业除外。

实施阶段表达的合法议程方面的模糊界限。

　　实施话语的框架由此确立，打开了政治利益的"垃圾箱"（Cohen et al.，1972）。开放式垃圾箱可能对养护目标的原始追求带来潜在的威胁，并在实施过程中造成囚徒困境的局面。因此，欧盟作为委托人对代理人（成员国）的管理变得至关重要。如果国家层面的政策实施话语被认为纯粹是管理的问题，那么对欧盟成员进行集中控制的必要性可能不那么突出。可以认为，挪威和丹麦之间的关键差异与实施话语的框架有关，这种框架部分是由渔业管理中政治自主权的不同造成的。

　　与欧盟成员国一样，对挪威渔业造成限制的 TAC 是通过国际谈判确定的。然而，国家自主的相似性在很大程度上到此为止。与欧盟条例相反，TAC 制度对挪威渔业的规范是基于共识，意味着挪威政府享有有效的否决权。此外，与欧盟成员国不同的是，一旦缔约方之间确定和分配了 TAC，挪威有权制定自己的管理条例[146]。这意味着，尽管 TAC 是在国际层面达成的协议，但政治利益纠纷却鲜有体现在挪威的实施体系中：TAC 在挪威只是一项高限制性、常规性、基于共识的决定。挪威授权的立法赋予渔业和海岸事务部制定和实施 TAC 的职责。如第三章所述，渔业和沿海事务部在国际配额谈判准备时，咨询了主要渔业组织的意见。主要渔业组织也作为挪威代表团的活跃成员参加这些谈判。养护政策协商一致的性质、渔业和沿海事务部以及主要渔业利益相关组织在谈判中的参与，意味着 TAC 的主要实施者也将对养护政策负责，无须在实施阶段进行再次讨论，否则意味着政策实施机构在质疑自身决策的合法性。这是挪威与欧盟的主要区别。在欧盟，国家政府和渔业利益相关者受限于资源养护政策的约束，几乎没有发言权，也无须承担责任。所以，挪威的管理制度具有 CFP 不具备的实施偏差预防机制。

　　正如第三章指出的那样，挪威授权立法体系和协商一致的 TAC 决策将政策的实施大体归为行政问题，这也是其常规性、长期性、复杂性和技术性的本质决定的。TAC 的实施过程经历不同政治领导的更替，其复杂性往往超过政治官员的处理能力，福柯认为将政策的实施设计成行政话语意味着受到行政部门规范的影响和限制，行政话语框架限制了对不同政治目标的追求。在这个话语框架中，政策实施中对养护目标的关注基本上是默认为理所当然的。因此，挪威政策实施体系

---

[146]　与其他大西洋沿海国类似，挪威是一些双边和多边管理和执行协议的缔约方，但这并没有限制挪威在本国渔业管理中的自主权。

的发展是典型的由实施方案变动带来的进步，而不是政治领导人不停变动带来的更改。[147] 因此，该体系是一个长期自下而上的增量过程，意识到现有实施能力的不足，进行不断的改进，以便实现既定的养护目标。

主要渔业组织参与了养护政策的制定，从而在实施阶段也承担了养护的任务。但是，这并不排除利益相关者对养护目标的潜在影响，特别是当养护政策造成分配冲突或对特定群体的福利产生影响的时候。在这方面，必须铭记挪威社团主义的不对称性质。正如第三章所言，渔业行业和国家行政部门之间的相互作用不是一种平等的权力关系，渔业组织影响力的大小取决于国家行政部门的重视程度。因此，渔业组织的影响力受国家行政部门的话语框架的限制。

自 1977 年以来，挪威渔业并未出现长期的资源危机，严格制定的实施话语逐渐制度化。没有资源危机意味着养护措施的实施不至于严重威胁大多数渔民的短期利益。虽然渔民对配额的分配可能略有不满，但不至于引发破坏性冲突。因此，短期利益和政治和平总的来说并没有在养护政策的实施过程中改变话语框架并导致实施偏差。没有出现长期资源危机也增加了行政部门对实施体系的信心。尽管类似的体系在其他国家并没有收到明显成效，这种信心至少维持了实施话语框架的稳定，使挪威没有像其他国家一样陷入囚徒困境的沮丧局面。

7.5 结论

表 7.1 对丹麦和挪威影响实施偏差的因素进行了比较。丹麦较低的国家自主权以及政治因素从国际层面到国家层面的转移导致政策在丹麦的实施时引发了政治辩论。这种情况在渔业利益相关者对政治目标的实现缺乏责任心的情况下变得更为严重。在丹麦的案例中，这些因素决定了政策的实施是一种部分政治性、部分行政性的话语。在实施方案中政治和行政之间的模糊区分打开了渔业管理多层次、部分矛盾的利益"垃圾桶"，对此持反对态度或不愿意承担执行成本的参与者可以合法进行战略性调整。尤其当成员国知道其他欧盟国家也建构了类似的实施话语的时候，他们在政策的实施中往往采取囚徒困境的应对方式。CFP 实施中的囚徒困境式的动态变化导致了委托代理关系的典型问题：有效控制和提供合理的激励机制以确保代理人对法规的遵守。

丹麦和挪威的对比相当有意义。尽管两国有显著的共同特征，但是在实施偏

[147] 第三章指出了这种一般模式的一些偏差。

差方面似乎有所不同。两国都有强大渔业部门，有社团主义参与渔业管理的传统，并在国际上承担了资源养护的责任，但是都有产生实施偏差的环境。在解释不同水平的实施偏差时，我们强调了权力结构在决策中的重要性。虽然丹麦的食品农业和渔业部在很大程度上负责各种形式国际决策的执行，但挪威的渔业和海岸事务部在国际上始终是资源养护政策的坚定支持者。挪威主要的渔业利益相关者在很大程度上参与了决策过程，并承担了共同养护的责任。与丹麦相反，从国际到国家的政治转移在挪威受到严格限制和规定。所有这些因素限制了挪威实施话语的高度政治化。我们认为，在挪威的情况下，重要鱼类种群的 TAC 大国配额、国家自主权、赋权立法和不对称的社团主义等几个因素的结合决定并限制了实施话语，将实施偏差的可能性降到最低。可以假设，没有长期的渔业危机使公众增强了对现有渔业管理制度的信任，因此实施话语的框架得到制度化并被默认接受。

表 7.1　实施偏差的影响因素

影响因素 国家	国家渔业管理自治权	重要种群的 TAC 配额	从国际到国家层面的政治转移	利益相关者对养护政策的责任心	实施话语的制定
丹麦	低 国际多数决定	各有不同	昂贵 覆盖所有政治领域	低	政治和实施之间界限模糊
挪威	高 国际一致表决通过	高	高度限制 只有 TAC 和国家分配	高	实施作为公务职责

本卷研究采取了案例比较的方法，提醒我们关注单个案例研究中被忽视的问题。那么我们可以从比较方法中学到哪些经验？在第一章中，有人认为，在研究渔业管理这种复杂并和环境因素有极大相关性的内容时不能抱有太大的野心。为了了解管理机制，我们对实施偏差及其产生的原因进行比较研究，其背后相关因素可能远远不止我们选择的几个案例所反映的内容（Glaser&Strauss 1967；Ragin 1994）。这些机制主要包括渔业管理中权力形式和权力关系之间的相互作用。其中一种权力关系可能涉及国家渔业管理的自主性，即超国家行为者授权后对政府施加的政治影响。这种权力的实际影响，除去其他因素，还取决于超国家主体的控制和认同。这种控制和认同一部分取决于国家在政策实施中话语框架隐含的默认权力。话语的构建取决于国家行政和政治行为者之间的权力关系，管理制度造成的实施偏差的大小取决于这些权力结构之间的相互作用。例如，国家的高度自主权和授权立法有助于将实施话语作为公务进行构建。一旦构建成功，只要国家行

政机构坚持原则，忽略或排除挑战这种话语框架的行为，那么利益相关者在实施过程中的高度参与并不一定导致实施偏差。如果利益相关者对政治决策承担共同责任，那么在社团主义制度下实施偏差的风险将得到进一步降低。

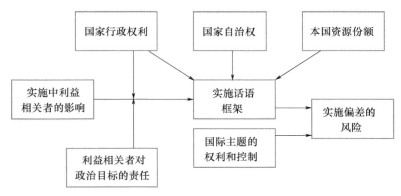

图 7.3　影响实施偏差的因素

我们对实施偏差及其原因的比较分析侧重于对权力关系和权力形式的讨论。图 7.3 说明了这些权利关系在因果机制中的作用以及如何影响实施偏差。我们强调了影响实施偏差的两个主要因素。首先，国家实施话语的框架是产生实施偏差的关键因素。如果国家实施话语可以审议基本政治目标，那么第二个因素——国际主体的权利和控制——在防止实施偏差上起到重要作用。我们将丹麦案例中实施偏差的高风险归因于政治和实施话语之间模糊的界限以及欧盟在确保成员国遵守欧盟政策目标的能力有限。

我们强调了影响实施话语形成的几个因素。首先是利益相关者在实施过程中的影响，它可能使话语中包含多个利益目标。第二和第三分别是国家的自治程度以及在欧盟中得到的资源份额。这两者对国家机构是否决定在实施层面展开政治辩论产生影响。我们认为，利益相关者能否在话语中体现多个利益目标取决于渔业组织和国家行政部门之间的相对权力关系，以及渔业组织对于将要实施的决策的负责程度。

228

我们不能简单地认为这些机制必然在所有可能的条件下发挥相似的作用。我们选择的案例仅涵盖了实施过程中一部分情况。因此，本书的观点只针对个案进行讨论。也就是说，实际上实施偏差的情况可能远远超出我们在本书中讨论的几个案例。虽然因果机制可能根据影响因子的不同有所差异，但图 7.3 因果模型中提到的几个因素仍然值得考虑。

参考文献

Blom-Hansen, J. (2005). Principals, agents, and the implementation of EU cohesion policy. *Journal of European Public Policy*, 12(4), 624-648.

Burns, C. (2004). Codecision and the European Commission: A study of declining influence? *Journal of European Public Policy*, 11(1), 1-18.

Christensen, T., Egeberg, M., Larsen, H. O., Lægreid, P., Roness, P. G. (2007). *Forvaltning og politikk*. Oslo: Universitetsforlaget.

Cohen, M. D., March, J. G., et al. (1972). A Garbage Can Model of Organizational Choice. *Administrative Science Quarterly*, 17, 1-25.

Commission of the European Communities (2007). COM (2007) 136 final: Communication from the Commission to the Council and the European Parliament: A policy to reduce unwanted by-catches and eliminate discards in European fisheries. Brussels, Commission of the Euro-pean Communities, 28. 3. 2007.

European Court of Auditors (2007). Special Report No 7/2007 (pursuant to Article 248(4), second paragraph, EC) on the control, inspection and sanction systems relating to the rules on conservation of Community fisheries resources.

Foucault, M. (1999). Diskursens orden. Oslo: Spartacus.

Gezelius, S. S. (2002). Environmental Sustainability and Political Survival-A Comparative Analysis of the Cod Fisheries of Canada and Norway. *Environmental Politics* 11(4), 63-82.

Gezelius, S. S. (2003). *Regulation and Compliance in the Atlantic Fisheries: State/Society Relations in the Management of Natural Resources*. Dordrecht: Kluwer Academic Publishers.

Gezelius, S. S. (2007a). The Social Aspects of Fishing Effort: Technology and Community in Norway's Blue Whiting Fisheries. *Human Ecology*, 35(5), 587-599.

Gezelius, S. S. (2007b). Three Paths from Law Enforcement to Compliance: Cases from the Fisheries. *Human Organization*, 66 (4), 414-425.

Gezelius, S. S. (2008). Management Responses to the Problem of Incidental Catch in Fishing: A Comparative Analysis of the EU, Norway, and the Faeroe Islands. *Marine Policy*, 32(3), 360-368.

Glaser, B. G., Strauss, A. L. (1967). *The Discovery of Grounded Theory: Strategies forQualita-tive Research*. New York: Aldine de Gruyter.

Government of Denmark (2007). Vedtagne TAC-kvoter for 2008. Endelig version, 19. december 2007. Copenhagen: Ministry of Food, Agriculture and Fisheries.

Government of Norway (2003). St. meld. nr. 43 (2002-2003). Om deifiskeriavtalane Noreg har inngått med andre land for 2003 og fisket etter avtalane i 2001 og 2002. Oslo: Ministry of Fisheries.

Government of Norway (2007). St. meld. nr. 32 (2006-2007). Om deifiskeriavtalene Noreg har inngått med andre land for 2007 og fisket etter avtalene i 2005 og 2006. Oslo: Ministry of Fisheries.

Hardin, G. (1968). The Tragedy of the Common. Science, 162(3859), 1243-1248.

Hauck, M. (2008). Rethinking small-scale fisheries compliance. *Marine Policy*, 32(4), 635-642.

Hegland, T. J. (2004). *The Common Fisheries Policy-caught between fish and fishermen?* Aalborg: Department of International Affairs, Aalborg University. MA European Studies: 117 (unpublished).

Holden, M. (1994). *The Common Fisheries Policy-Origin, Evaluation and Future.* Oxford: Fishing News Books, Blackwell Scientific Publications Ltd.

Jentoft, S. (1991). *Hengende snøre: Fiskerikrisen og framtiden på kysten.* Oslo: Ad Notam forlag.

Nedergaard, P. (2007). Blocking minorities: networks and meaning in the opposition against the proposal for a directive on temporary work in the Council of Ministers of the European Union. *Journal of Common Market Studies*, 45(3), 695-717.

Peterson, J. (1995). Decision-making in the European Union: towards a framework for analysis. *Journal of European Public Policy*, 21(1), 69-93.

Raakjær, J. (forthcoming). *Fisheries management systems in crisis!* Senior doctoral dissertation, Department of Development and Planning, Aalborg University.

Ragin, C. C. (1994). *Constructing Social Research.* Thousand Oaks: Pine Forge Press.

Rozwadowski, H. M. (2002). *The Sea Knows No Boundaries: A Century of Marine Science under ICES.* Copenhagen: ICES.

Sagdahl, B. K. (1992). *Ressursforvaltning og legitimitetsproblemer: En studie av styringsproblemer ved forvaltning av norsk-arktisk torsk.* Bodø: Nordland Research Institute.

Sissenwine, M., Symes, D. (2007). Reflections on the Common Fisheries Policy. Report to the General Directorate for Fisheries and Maritime Affairs of the European Commission. July 2007.

Symes, D. (2005). Viewpoint: Altering course: future directions for Europe's fisheries policy. *Fisheries Research*, 71, 259-265.

Zetterholm, S. (1980). Implementeringspolitik: En form avpolitisk detagande. In: J. Andersen, S. Bislev et al. (Eds.), *Grænser for deltagelse-om politisk indflydelse og medbestemmelse.* Institut for sociale forhold, administration og politiske institutioner. Aalborg: Aalborg Universitetsforlag.

索　引